暨南大学产业经济研究院"产业转型升级"丛书

国家自然科学基金重点项目（71333007）：推动经济发达地区产业转型升级的机制与政策研究
国家自然科学基金面上项目（71673114）：知识溢出影响创新地理的理论机制和实证研究
国家社科基金重大项目（17ZD047）：共生理论视角下中国与"一带一路"国家间产业转移模式与路径研究
广东省高水平大学建设之"应用经济与产业转型升级"重点建设学科经费

资助

丛书主编 胡军

陶 锋 等著

# 全球价值链分工与企业区位战略研究
## ——国际比较案例集

中国财经出版传媒集团

经济科学出版社
Economic Science Press

## 图书在版编目（CIP）数据

全球价值链分工与企业区位战略研究：国际比较案例集/陶锋等著 . —北京：经济科学出版社，2017.12

（暨南大学产业经济研究院"产业转型升级"丛书）

ISBN 978 - 7 - 5141 - 8969 - 8

Ⅰ.①全…　Ⅱ.①陶…　Ⅲ.①企业管理 - 战略管理 - 案例　Ⅳ.①F272.1

中国版本图书馆 CIP 数据核字（2018）第 003051 号

责任编辑：杜　鹏　张　燕
责任校对：靳玉环
责任印制：邱　天

### 全球价值链分工与企业区位战略研究
#### ——国际比较案例集

陶　锋　等著

经济科学出版社出版、发行　新华书店经销

社址：北京市海淀区阜成路甲 28 号　邮编：100142

总编部电话：010 - 88191217　发行部电话：010 - 88191522

网址：www. esp. com. cn

电子邮件：esp_ bj@163. com

天猫网店：经济科学出版社旗舰店

网址：http://jjkxcbs. tmall. com

北京季蜂印刷有限公司印装

710×1000　16 开　17.5 印张　320000 字

2017 年 12 月第 1 版　2017 年 12 月第 1 次印刷

ISBN 978 - 7 - 5141 - 8969 - 8　定价：68.00 元

（图书出现印装问题，本社负责调换。电话：010 - 88191510）

（版权所有　侵权必究　举报电话：010 - 88191586

电子邮箱：dbts@esp. com. cn）

# 总　序

　　在经济全球化的进程中，发达国家的跨国公司凭借雄厚的资本实力、领先的技术和品牌控制着价值链的关键环节，同时还利用海外直接投资、离岸外包、战略联盟和研发合作等组织架构，在全球范围内扩展和延伸其战略资源的边界，保持着全球价值链治理者和利益分配者的地位。然而，发展中国家或地区如我国东南沿海地区的企业往往处于弱势地位，收益被压榨，特别是在发展中国家进行到高端工业化的进程中，广泛地出现了被"俘获"和被"锁定"的现象。

　　当前世界经济复苏乏力，全球贸易持续低迷，以保护主义、孤立主义为代表的"逆全球化"思潮抬头，进一步挤压了发展中国家制造业的国际市场空间。同时，以互联网、人工智能和新材料、新能源为先锋的新一轮科技革命，使得生产、生活方式发生深刻变化，产业链全球化延伸和再配置过程加速。为抢占新一轮经济科技竞争制高点，各先行国家纷纷推出以重构国家价值链为主要内容的产业振兴计划，试图进一步增强其国家竞争优势和调整国际分工格局。在此背景下，发展中国家参与全球竞争、向技术链和产业链高端环节攀升的难度加大，推进产业转型升级的空间被进一步挤压。

　　改革开放以来，我国东南沿海地区，特别是长三角、珠三角和环渤海三个经济圈，通过大规模承接国际产业转移，使得"中国制造"在全球价值链的参与度不断加深。目前，东南沿海地区已集中了全国80%左右的加工制造业。然而，近年来这一地区发展面临土地空间限制、能源资源短缺、人口膨胀压力、环境承载力"四个难以为继"的制约，经济发展的"瓶颈"问题日益凸显，并引起国家决策层的高度重视。我国东南沿海地区作为全球第三次产业转移的主要承接地，既是当前产业转型升级形势最为严峻的区域，也是发达国家跨国公司进行产业中高端领域投资的重要区域，在产业链全球布局调整中仍将担当重要的角色，也是我国未来推进经济结构调整的主战场。在新一轮产业革命促使全球产业链再配置加速的背景下，我国经济发达地区产业发展进入重要转型期，其能否及时而顺利地克服结构性风险加大、产业发展后劲不足、自主创新能力亟待增强、能源和环境压力加大等一系列难题，关系到我国推进经济结构战略性调整的大局能否顺利实现。

我们应该清楚地认识到，我国经济发展已经进入新常态，向形态更高级、分工更复杂、结构更合理阶段演化。为此，我们迫切需要从理论和实践上进行深入的研究和探索。近年来，我们的团队以国家自然科学基金重点项目"推动经济发达地区产业转型升级的机制与政策研究"为依托，本着"有限目标、重点突破"和"从局部到整体"的原则，立足于我国转型经济的制度背景，深入研究我国经济发达地区推进产业转型升级的内在机理、战略、模式、路径和政策。我们的团队运用多学科交叉的理论与方法，综合"阶段—要素—制度—功能"多维分析视角和"环境—战略—政策—行为—过程—结果"的一体化逻辑，重点研究"产业转型升级的相关概念与分析模型""产业转型升级的影响因素及运行机制""典型国家产业转型升级的演进模式与机制""中国经济发达地区产业转型升级的演进模式、水平及其影响的分析和评价""推动中国经济发达地区产业转型升级的战略分析与政策研究"等重要专题和方向。

产业经济学科在暨南大学有着悠久的发展历史和厚实的学术根基。该学科源于1963年我国著名工业经济学家黄德鸿教授领衔建立的工业经济专业，1981年获硕士学位授予权，1986年获博士学位授予权，是华南地区最早的经济类博士点，1996年被评为广东省A类重点学科，是原国家计委批复立项的暨南大学"211工程"重点建设项目之一。2002年本学科被批准为国家重点学科并延续至今。为了进一步加强产业经济学国家重点学科的建设，暨南大学于2006年成立了产业经济研究院（以下简称"产研院"）。2014年由产研院牵头组建的"广东产业转型升级协同创新中心"入选广东省首批国家级"2011计划"协同创新中心。2015年该学科入选广东省高水平建设大学重点建设项目。

产研院秉承"顶天立地"的学术传统，坚持"学科交叉研究、复合型人才培养、服务地方产业转型升级"三位一体，致力于成为全国产业经济学领域顶尖学术单位和卓越智库。本学科长期聚集于中国经济的转型升级，主要研究方向包括产业结构与经济增长、产业组织与企业理论、产业布局与区域创新体系、产业政策与政府规制等。建院近10年来，产业经济学科团队先后承担了国家自然科学基金重点项目、教育部重大攻关课题、国家社会科学基金重点项目等国家级重大重点项目，以及国家级一般项目和其他省部级以上纵向项目60多项。相关科研成果主要发表在《经济研究》《管理世界》等国内权威期刊以及SSCI等收录的知名国际期刊。此外，深度服务地方产业转型升级也是产研院的重要使命，近年来，在产业竞争力、产业发展规划、产业政策与企业发展战略等领域承担各类横向课题150多项，相关研究成果成为地方政府决策的重要依据。

暨南大学产业经济学科长期致力于进一步推进和丰富符合我国国情的产业经济理论体系。我国是一个发展中的大国，我国东南沿海地区的产业发展既有与其他国家先行地区的相似之处，又在发展任务、发展机制、发展路径和模式等方面具有鲜明的"中国特色"。以我国经济发达地区产业转型升级的机制与政策为研究对象，直面资源约束趋紧、环境污染严重、生态系统退化的严峻形势，在"产业发展"与"资源集约利用""环境保护""体制机制创新"等有效融合的基础上，构建区域产业和产业链演化的宏、微观机制模型和转型绩效评估模型等理论模型，对于在产业技术理论、产业结构理论、产业组织理论和产业区域布局理论、产业发展与生态环境互动理论等方面融入"中国元素",丰富中国特色的产业经济理论,具有重要的理论创新价值。为了更好地展示这些研究成果,为广东乃至全国的产业转型升级的理论创新和实践探索贡献力量,我们决定筛选部分成果以"产业转型升级丛书"的形式出版。

胡军

2016 年 12 月 18 日于暨南园

# 前　言

　　企业价值链的空间选择行为是产业经济和城市经济运行的微观基础。传统区位理论将企业视为单一整体，而忽略企业内部经济活动的功能异质性，进而难以解释全球价值链分工背景下企业内部经济活动的功能分割和空间分离的微观机制与宏观影响。诸如研发、生产、营销等功能异质的经济活动在空间范围的优化配置是产业经济转型升级和城市层级体系演变的重要体现。这种优化配置在全球、国家、区域、城市和集群等不同的空间层次展开，既有利于开发不同空间区位的比较优势或资源禀赋，又有利于规模报酬递增效应在空间层面得到充分的发挥。因此，新经济地理学和全球价值链理论拓展了企业区位理论的研究视野，并使得异质性经济活动的区位演变及其对产业和城市发展的影响成为当前学术研究的热点。

　　生产过程的空间分割是当前全球价值链分工体系的显著特征。作为全球价值链的治理者，跨国公司根据各国资源禀赋、产业基础和市场条件，在全球范围内布局生产设施、研发中心和营销机构，从而实现资源的优化配置。我国制造企业的价值链成长经历了一个更复杂的过程。改革开放之初，我国东南沿海地区以组装制造环节参与全球价值链分工，最终产品制造的大规模增长创造了巨大的中间产品需求，从而推动了中间产品本土供应规模的迅速扩张和供应体系的日趋完整，并且围绕制造过程的生产性服务活动也快速发展起来。从微观层面来看，中国制造企业的价值链逐渐延伸和拓展，从单一的组装制造成长为包含多个价值环节（如研发、生产和销售）的完整价值链条。与价值链一体化进程相对照，内部交易成本的增加使得制造企业不断通过外包、设立子公司或分支机构等形式，推动价值链功能延伸和空间扩张。而 21 世纪以来我国东南沿海地区要素成本的持续上涨进一步加剧了企业向我国中西部地区和东南亚国家进行产业转移与空间扩张的趋势。实际上，21 世纪以来，管理多区位和多功能企业已成为中国大中型制造类企业提升竞争力和优化资源配置的核心战略之一。微观企业区位选择行为的累积效应势必影响国家宏观层面的产业转型升级和空间布局以及城市之间的分工格局，因而势必成为国家产业政策、区域政策和城市化政策关注的重点领域。

那么，价值链功能分解和空间分离如何影响企业区位选择行为？具体而言，多功能型企业如何在不同的空间层次优化其价值链资源配置才能最大限度地提升其综合竞争力？总部、研发、制造、销售和物流等不同功能环节选址的影响因素有何差异？在城市这个地理层面，一个城市要具备什么样的经济地理特征才能吸引企业入驻？在经济转型期的中国，企业价值链空间结构演进对于产业转型升级和城市层级体系优化有何影响？这些问题在理论和实践上均极为重要且有待研究。

与传统区位理论强调要素资源禀赋优势不同，现代经济地理学强调集聚经济是决定企业区位选择的关键性因素。集聚经济可以分为两类：企业外的城市集聚经济和企业内的功能集聚经济（Alcácer and Delgado，2013）。在价值链功能分解的背景下，企业区位决策理论要回答的一个关键问题是：两类集聚经济如何影响多功能型企业的选址决策？城市集聚经济是指大量企业在一个城市集聚发展带来的正外部性，这种外部性是基于市场机制来实现（Giroud，2013）。但现有的关于城市集聚经济的研究主要是把企业作为单一整体，而未区分企业所属的价值链环节。现有文献认为，城市集聚经济主要包括以下五类：劳动力池效应、中间投入共享、知识溢出效应、本地市场效应、基础设施共享。不同价值链功能环节对以上不同类型的集聚经济的依赖性可能存在明显的差别，比如各功能环节都能从城市的专业性劳动力市场受益，但相比于制造，总部、研发、营销更依赖于一个城市的高级劳动力。

现有文献偏重研究基于市场交易的城市集聚经济，而忽视了企业内部的功能集聚经济对企业区位选择的影响（Alcácer and Delgado，2013）。即企业相同或不同价值链环节的空间集中发展可以带来各种生产上的优势，包括价值链水平和纵向关联效应、母子公司的相互依赖性。如研发中心与制造工厂的邻近有利于新技术的应用与调试、新产品的试生产与标准化；而母、子公司的地理邻近不仅降低运输成本，也提升信息传递效率，从而有利于控制与协调，最终提升公司整体的绩效水平，等等。可见，企业内集聚经济总是偏向于引导企业价值环节的集聚发展，如全部分布在母公司总部周围的邻近区位。外部的城市集聚经济与内部的功能集聚经济对企业区位选择的影响并不一致。在"无摩擦"的世界里，企业价值链环节显然会依据各个城市集聚经济发展水平的差异，而分散布局到各个城市（Giroud，2013）。然而，如果企业内集聚经济足够强大，则足以改变城市集聚经济所形成的企业空间结构。

企业价值链空间结构演进对国家产业发展和空间布局具有重要影响。发达经济体的产业发展主要遵循从国家价值链到全球价值链的演化历程。与发达国家不同，中国最初是以加工组装环节嵌入全球价值链参与国际分工的，中国制造一开始就具有极强的外部依赖性。本书认为，中国产业转型升级的路径应该是：从全球价值链的重要一环（当然是主要制造环节），到构建和优化国家价值链，再到主导构建和治理全球价值链。在此过程中，中国将逐步从全球价值链低端环节逐渐升级到更高端环节，特别是在一些优势产业领域将从全球生产体系的"外围"逐步接近"中心"，从而改变全球经济体系的结构。构建国家价值链具有特别重要的战略意义，从微观企业层面来看，形成全国性的多区位企业，在全国范围内实现价值链资源的空间优化配置是大多数中国制造企业走向国际化和形成跨国公司的必经阶段。从产业发展的宏观层面来看，一方面，服务功能的扩张有利于避免中国经济增长和就业过度依赖于生产活动；另一方面，服务功能的扩张和升级有利于中国在全球价值链体系中实现功能升级和链条升级，而非仅仅是工序升级和产品升级。

企业价值链空间结构演进也会对城市层级体系变化产生深刻影响。关联性企业的大规模集中，即集聚经济，推动城市的形成与增长。然而，随着企业的集中，集聚的不经济性会逐步显现。大城市的拥挤效应和竞争成本会增加企业的成本压力。不同价值链环节的要素成本承受能力存在明显差异。一般而言，生产环节要低于研发、商务等服务环节；而生产环节规模经济重要性低于研发、商务等服务环节；另外，不同环节对大城市集聚经济（特别是功能型专业化）的依赖性也不同。因此，在价值链功能分解和空间分离的背景下，如果城市集聚经济的影响足够大，企业就可能把研发机构和营销部门集中布局到技术条件和市场条件优良的大城市，而把制造工厂集中布局到中间品制造较成熟而劳动力相对便宜的中小城市。企业的选址行为很可能形成一种循环累积过程，进而推动城市走向功能专业化，即大城市成为研发和高端商业服务活动的集中地，而中小城市成为制造活动的集中地。因此，本书认为，企业价值链区位选择是城市层级体系演化（特别是城市部门专业化和功能专业化）的微观基础。正是由于企业价值链功能分解和空间分离，中国城市层级体系内部分工格局正在发生深刻变化，即大城市和中心城市走向功能专业化，而中小城市或外围城市走向部门专业化。

对中国正在发生的产业空间结构变化和城市层级体系演进，学术界进行了大量有益探索，产生了富有价值的研究成果。然而这些研究主要集中于宏观层面或部门层面，这可能会忽略许多事实，对经济活动诸多细节的刻画也不够清晰。与现有大多数研究不同，本书试图深度刻画产业经济与城市经济运行的微观基础，即企业价值链的空间选择行为。更进一步，本书试图以跨国比较案例研究为基础，为企业的价值链空间选择策略构建起一套研究方法或分析模式，以期读者可以更好地理解企业价值链功能分解和空间分离过程及其对产业经济和城市经济运行的影响。在价值链结构与企业区位战略理论分析的基础上，筛选出电子信息、纺织服装、化工、家电、汽车和生物医药六个行业，对每个行业的国内外代表性企业的价值链选址策略和行为进行深度的案例分析，并且要分析海外跨国公司在中国的价值链扩张过程和中国企业在海外的价值链扩张过程。

本书具有如下三个特点：其一，着眼于全球价值链分工演进趋势，首次引入价值链区位分析法，以代表性行业为例，讨论特定企业在全球范围内的价值链区位战略和扩张过程。其二，首次提供充分具体的国际比较研究案例，既研究全球性跨国公司在全球范围及中国大陆的价值链选址，又讨论中国大型企业的国家价值链建设和海外价值链扩张，中外案例相互印证。其三，在特定行业全球价值链结构解析的基础上，注重从微观企业选址策略和行为来推演其所属行业的区位发展动态，进而有助于观察者更好地理解产业空间演进和转型升级以及城市功能分化的微观机理。

但愿此书的出版有助于读者们更好地理解全球价值链分工背景下跨国公司和中国企业的价值链区位策略及其对产业和城市发展的影响。因能力所限，本书存在许多不足之处，恳请广大读者批评指正。

陶锋

2017 年 8 月 18 日于暨大惠全楼

# 目　录

# 第一章 价值链结构与企业区位战略

生产过程的空间分割是当前全球价值链分工体系的显著特征。作为全球价值链的治理者，跨国公司根据各国资源禀赋、产业基础和市场条件，在全球范围内布局生产设施、研发中心和营销机构，从而实现资源的优化配置。中国制造企业的价值链成长也经历了大体类似的过程。改革开放后，中国东南沿海地区以组装制造环节参与全球价值链分工，最终产品制造的大规模增长创造了巨大的中间产品需求，从而推动了中间产品本土供应规模的迅速扩张和供应体系的日趋完整，并且围绕制造过程的生产性服务活动也快速发展起来。从微观层面来看，中国制造企业的价值链逐渐延伸和拓展，从单一的组装制造成长为包含多个价值环节（如研发、生产和销售）的完整价值链条。实际上，随着东南沿海的成本上涨和中西部市场需求的成长，20世纪90年代以来，大中型制造企业在全国范围内设立子公司或分支机构已是明显的趋势，特别是制造类子公司的分散布局最为明显。以服装企业美特斯邦威为例，其总部设在上海浦东新区，研发中心也设在上海，制造工厂则主要分布在长三角、珠三角和河南省，同时在全国26个省市设立了销售分支机构负责各级加盟店和直营店。

那么，在企业价值链功能分割的背景下，多功能型企业（multifunction firm）的选址受到哪些因素的影响？受价值链功能分解和空间分离的影响，研发、制造、销售不同功能类型的子公司选址的影响因素有何差异？在城市这个地理层面，一个城市要具备什么样的经济地理特征才能吸引企业到这里设立子公司？这些问题在理论和实践上均极为重要且有待研究。

## 第一节 公司选址决策的内外部动力机制

公司选址决策取决于外部和内部两类主要动力。外部动力包括两种：一是指一个城市的资源禀赋条件；二是一个城市的集聚经济，通常也可以理解为产业专业化水平。在经济地理学中，前者是指一个城市的自然地理特征，如人口、资源等，这往往是一个地区吸引企业进入的初始条件；后者是由于企业和人口在一个城市集中发展带来的种种外部性或者好处，也就是由于许多企业集中到一个城市使得这个城市形成了比较厚实的专业性劳动力市场、中间产品供应网络以及本地化的知识溢出效应，等等。因此，企业在一个城市的集中发展，带来了种种正的外部性，这种外部性会进一步吸引新企业的进入，新企业的进入又会进一步增强这种外部性，从而形成一个循环累积的因果机制。在宏观层面，这个循环机制推动城市规模扩张，从小城市发展为大城市，并且最终促进一个城市群落的形成。

内部动力主要是指企业本身特征对其子公司选址的影响，我们这里主要讨论企业内的集聚经济，也就是指企业就近布局子公司带来的好处，包括两种形式：一是把子公司设立在母公司的周围；二是当选择在较远的城市设立子公司时，往往把几家子公司设立在同一个城市。这两种形式的就近布局的好处在于促进了公司内部的设施共享、人员流动、信息交流和组织协调等。

因此，集聚经济可以分为两类：企业外的城市集聚经济和企业内的功能集聚经济（Alcácer and Delgado，2013）。在价值链功能分解的背景下，企业区位决策理论的一个关键问题是：两类集聚经济如何影响多功能型企业的选址决策？具体而言，这两类集聚经济对子公司区位的影响是否因子公司所属的价值链环节而变化？也就是研发、制造、销售类型的子公司分别更依赖于哪种类型的集聚经济？

这一研究方向的创新性贡献在于：综合考虑企业外的城市集聚经济和企业内的集聚经济，而前期文献主要关注城市集聚经济。相比阿尔卡斯和德尔加多（Alcácer & Delgado，2013），本书从序列投资视角，分析企业内集聚过程，同时还分析了母子公司空间依赖这一特定维度的企业内集聚过程，进而有利于更好地理解中国企业价值链的空间结构动态。

# 第二节　集聚经济与价值链区位选择

## 一、城市集聚经济与价值链区位选择

城市集聚经济是指大量企业在一个城市集聚发展带来的种种正的外部性，

这种外部性是基于市场机制来实现（Giroud，2013；Alcácer & Delgado，2013）。但现有的关于城市集聚经济的研究主要是把企业作为单一整体，而未区分企业所属的价值链环节，或者仅是针对特定环节，如从事生产制造环节的工厂。然而，价值链的环节分解和空间分割已是明显的趋势，如波特（Porter，1985）界定了企业价值链环节及其分割特征，主要是研究与开发（R&D）中心、制造工厂、销售公司等；克鲁格曼（Krugman，1991）则分析了国际价值链的分割过程及其对国际分工的影响。因此，我们应从研究作为单一整体的企业区位转向研究企业不同价值链环节的区位。以马歇尔（Marshall，1920）关于集聚经济的论述为基础，结合后续学者的研究，城市集聚经济主要包括五类：劳动力池效应、中间投入共享、知识溢出效应、本地市场效应、基础设施共享。以下分别分析这五类城市集聚经济对不同价值链环节区位选择的影响。

1. 劳动力池效应。一个城市具有厚实的专业性劳动力市场是吸引企业进入的重要因素。三类价值环节对员工技能水平要求不同，有研究表明，研发、销售等高端服务活动属于熟练劳动力密集型；而制造属于非熟练劳动力密集型（Maurin and Thesmar，2004；Defever，2006）。可以预期，三类价值环节都能从城市的专业性劳动力市场受益，但相比于制造，研发、销售更依赖于一个城市的高级劳动力。

2. 中间投入共享。当一个城市具有规模较大和较成熟的中间产品供应商网络时，能够有效降低新进入企业的供应商搜寻成本和中间品运输成本（Puga，2010；Kotabe et al.，2003）。实际上，一个地方中间产品制造规模大，也能够降低这些中间产品的平均价格（Kotabe et al.，2003；Duranton & Puga，2004）。可以预期，制造环节最有可能从城市的中间产品供应体系受益，其次是研发环节。

3. 知识溢出效应。一个城市的知识存量和知识溢出效应对企业的技术发展尤为重要，是吸引新企业进入的重要因素（Alcácer and Chung，2007；Glaeser and Resseger，2010）。我们预期，虽然制造和销售环节也能从城市的知识溢出中受益，但研发环节最依赖于知识溢出效应。

4. 本地市场效应。一个城市的市场需求规模越大显然越能吸引企业进驻（Krugman，1980）。分功能来看，最终产品制造工厂显然倾向于接近消费者；中间产品制造工厂则会倾向于接近消费中间产品的最终产品制造商。由于销售环节最接近最终产品消费市场，所以本地市场规模对销售环节具有吸引力。研发与市场规模的关系难以确定。

5. 基础设施共享。一个城市的公共设施特别是交通基础设施条件也会影响企业进驻（Puga，2010）。制造与销售环节由于涉及较多的物资运输，显然会更依于区域的交通条件，而研发对交通成本的降低可能并不敏感。

## 二、企业内集聚经济与价值链区位选择

现有城市集聚经济的研究均以市场交易为基础，集中于研究企业外部的集聚经济性对企业区位选择的影响，而忽视了企业内部集聚经济对企业区位选择的影响（Alcácer and Delgado，2013）。即企业相同或不同价值链环节的空间集中发展可以带来各种生产上的优势。如母、子公司的地理邻近不仅降低运输成本，也提升了信息传递效率，从而有利于控制与协调，最终提升公司整体的绩效水平。R&D 中心与制造工厂的邻近有利于新技术的应用与调试、新产品的试生产与标准化，等等。可见，企业内集聚经济总是偏向于引导企业价值环节的集聚发展，如全部分布在母公司总部周围的邻近区位。

企业内集聚经济是指企业的子公司就近布局带来的种种利益。企业内集聚实际上就是公司各环节在地理上的协同定位，就是就近布局。企业内集聚经济是基于内部治理来实现，而非外部的市场机制（Alcácer and Delgado，2013）。我们把企业的内部集聚过程理解为一个序列投资过程（sequential investments）（Gupta and Rosenhead，1968）。当企业新进入一个城市时，总是面临各种不确定性，包括技术不确定性和投入成本不确定性（Dixit，1994）。那么，企业在这个城市的前期投资行为，可以为企业积累信息和知识，从而降低了后期投资失败的风险。并且由于对前期投资的学习效应，后期投资可能会产生更高的利润水平。因此，相对于一个不熟悉的城市而言，企业更倾向于把后续的子公司设立在已有前期投资行为的城市里（Chang and Rosenzweig，2001）。这就形成了序列投资的集聚过程。

企业内部集聚取决于以下两种因素。

1. 价值链关联效应。价值链关联效应包括水平关联效应和纵向关联效应。

水平关联效应是指同一价值环节的子公司可能倾向于就近布局（又称为协同定位，collocation）。如同一母公司的制造工厂可能倾向于就近布局。制造、销售、研发就近布局的原因可能存在一定的差异。但我们也难以确定哪一个类型的子公司最倾向于就近布局。

纵向关联效应是指不同价值环节的子公司可能倾向于搭配起来就近布局。

如设立了几个制造工厂的城市可能对同一母公司的研发机构具有更强的吸引力。现有文献大多从静态关联效应的视角认为制造与销售、研发与销售、制造与研发倾向于搭配起来就近布局，并且各种搭配类型也有一些实证作为支撑（Anderson and Narus，1990；Kleinbaum et al.，2008）。但是，从动态的序列投资视角来看，不同价值环节的子公司的就近布局可能是序列的和不对称的（Defever，2006）。比如，究竟是制造吸引研发，还是研发吸引制造，这是很难从静态关联视角来区分的。实际上，也有少量的近期实证文献发现了个别的不对称现象。但是，由于相关文献不充足，我们也难以确定价值环节纵向搭配布局的序列或对称性（Alcácer and Delgado，2013）。可以只能预期，企业序列投资的集聚过程会因价值环节而变化。

2. 母、子公司的相互依赖性。由于存在依赖性，子公司倾向于在母公司或总部周围就近布局（Duranton and Puga，2005）。这种依赖体现在：物资运输成本、经理往返母子公司的旅行成本、信息流通与协调成本等（Leamer and Storper，2001；Henderson and Ono，2008）。特别是距离加剧了母子公司之间的信息摩擦，因而增加了公司整体内部的协调成本（Giroud，2013；Kalnins and Lafontaine，2013）。从现有文献来看，可以预期，三类价值环节均可以从临近母公司布局而受益，但研发更倾向于临近母公司，因为研发更依赖于与母公司管理层的面对面沟通和理解与信任。

## 三、价值链内部和外部集聚经济的关系

这里可能存在两幅图景：内部集聚经济决定的企业价值链地理结构；外部集聚经济决定的企业价值链地理结构。外部的城市集聚经济与企业内集聚经济对企业区位选择的影响可能并不一致。在不考虑企业内集聚经济的情况下，即在"无摩擦"的世界里，企业价值链环节显然会依据各个城市集聚经济发展水平的差异，而分散布局到各个城市（Giroud，2013）。然而，如果企业内集聚经济足够强大，则足以改变城市集聚经济所形成的企业空间结构。

如果母公司位于外部集聚经济强的城市，内部集聚收益使企业更倾向于在本地设立子公司，从而产生叠加效应。叠加效应推动企业在本地的序列投资过程，直至当地的拥挤效应推动企业向外转移。

如果母公司位于外部集聚经济弱的城市，在要素自由流动的情况下，企业有更大的激励到外部集聚强的城市设立子公司；然而，如果要素流动受限

（如地区保护主义）（Bai et al., 2004；Lu and Tao, 2009），企业只能选择在本地设立子公司，通过一体化来开发内部集聚经济。这样，企业内集聚经济可以一定程度上弥补所在城市外部集聚经济的不足，所以，这里内部集聚经济与外部集聚经济体现出某种互补性。

当然，企业的子公司很可能被集中吸引到外部集聚经济强的城市。这样，子公司不仅可以从城市集聚经济中获益，也可以从子公司之间协同定位的内部集聚中受益，因为协同定位降低了协调成本、促进了共享和学习。

同时，也应该注意到近几十年来由于交通和通信技术的发展，运输成本和信息传递成本明显降低。在中国，近十多年，铁路提速特别是高铁建设、高速公路建设、互联网设施建设大大降低了运输成本和信息传递成本。这些都大大降低同一母公司价值环节集中分布的必要性，相应地就提升了城市集聚经济对企业区位选择的影响。

考虑到价值链的功能分割，如果城市集聚经济的影响足够大，企业就可能把研发机构和营销部门集中布局到技术条件和市场条件优良的大城市，而把制造工厂集中布局到中间品制造较成熟而劳动力相对便宜的中小城市。然而，少量企业的这种价值环节的选址行为，很可能促进其他企业为获取大城市和中小城市不同类型的不断增强的外部性，而采取类似的选址行为。这样循环累积过程很可能会推动城市走向功能专业化，即大城市成为研发和高端商业服务活动的集中地，而中小城市成为制造活动的集中地。因此，城市集聚经济促进了企业价值链的空间分离，而企业价值链的空间分离反过来又促进了城市从部门专业化向功能专业化转变（Duranton and Puga, 2005）。

# 第三节　企业价值链空间结构演进与中国产业转型升级

## 一、中国经济活动的空间演进历程与困境

一个"崛起的中国"吸引了全世界的目光，然而关于中国经济增长的稳健性和可持续性却引起了学术界的广泛争论。特别是中国领先发展的东部沿海地区正面临产业低层次集聚所带来的拥挤效应，如用工成本、土地成本、能源成本不断高涨，环境压力、公共交通压力、公共服务压力空前加大，中国多年

来积累的城市病正在集中爆发。中国政府，从中央到地方，均在采取各种战略和政策以延续经济的高速增长。其中，产业特别是制造业的空间转移是中国政府制定和实施的一个重大战略。

一方面，与东亚的日本和"亚洲四小龙"不一样，中国具有广阔的地理面积，东部、中部、西部等各区域之间存在明显的经济落差，地区之间的劳动力价格、土地价格、环境容量均存在明显的差异。即使一个省的各个地区也存在类似的差异。这种经济落差/禀赋差异为经济活动，特别是生产制造过程在不同地理空间的梯度转移提供了良好的基础和条件，这正是一个大国内部产业转移的"雁型模式"，不同于赤松要提出的小国雁型模式。

另一方面，中国具有巨大的不断增长的内需市场，这是中国未来持续增长的关键动力。虽然中国各地区的市场一体化正在不断加强，但区际贸易仍然存在种种障碍，包括远距离运输的交通成本和各种人为的贸易障碍。与区际贸易相比，靠近市场的直接投资将更好地突破市场进入壁垒。因此，经济活动的空间转移得到政府的极大重视，20世纪90年代初，中国开始推动"西部大开发战略"；21世纪初又相继提出"中部崛起"和"振兴东北"的空间经济发展战略。在这些战略和相关政策的推动下，中国经济活动的空间转移正在持续进行，并且渐成规模。

那么，在全球价值链功能分解和空间分离的背景下，中国正在发生的产业/经济活动空间转移或扩张，在企业价值链微观层面有何差异？即企业的价值链各环节如总部、生产制造、研发、市场销售和物流与分销等的空间选址和转移战略有何不同？价值链不同环节的空间选址和转移受到哪些因素的影响？价值链各环节是否存在协同定位的趋势？

对中国正在发生的产业空间转移，学术界进行了大量的有益探索，产生了富有价值的研究成果，然而这些研究主要集中于宏观层面，特别是由于数据可得性的问题，实证研究主要基于宏观层面的数据。然而宏观层面的研究往往会忽略许多事实，对经济活动诸多细节的刻画也不够清晰。即使是一些经验研究利用了中国工业企业的微观数据，仍然难以对企业价值链活动进行科学合理的分解。因此，由于数据可得性的困难，现有文献一直难以解释中国企业的价值链环节空间选址与转移的过程与机制。

实际上，虽然从20世纪80年代初期开始，中国特别是东部沿海是以生产制造环节嵌入全球价值链，如代工生产（OEM），但经过30多年的发展，中国制造业取得了长足的进步，特别是实现了不同程度的工序升级和产品升级。

虽然功能升级仍然存在困难，但生产活动的大规模扩张激发的服务需求也在不断高涨。正基于此，制造企业内部价值链得到不断延伸，增殖的功能/环节不断扩张和丰富。与价值链一体化进程相对照，内部交易成本的增加使得制造企业不断通过外包、设立子公司或分支机构等形式，推动价值链功能延伸和空间扩张。特别是中国制造业的领先企业，如上市公司，公司价值链的功能延伸和区位扩张已经非常明显。正是在这种背景下，中国制造企业的国内价值链（national value chain，NVC）已经初步建立起来，这无疑会增强中国企业和外资企业的根植性。

因此，在全球价值链功能分解和空间分离的背景下，产业区位理论的研究目标应进行适度的调整。本书认为，关于转型中国经济活动空间演进的研究应该更多关注微观企业层面的选址决策，特别是要分析中国制造企业的价值链功能分解和空间分离过程，讨论价值链空间分离的影响因素以及价值链各环节的协同定位，为中国经济活动的空间分布和转移提供新解释。

## 二、中国企业价值链空间演进路径

1. 中国企业的价值链成长历程。中国制造业的发展过程体现了企业价值链成长（一体化）和随后分割的过程。其价值链成长可以划分为三个阶段：（1）以最终产品加工组装的单一环节（single unit）嵌入全球价值链（global value chain，GVC），推动了生产的高速扩张。最终产品扩张创造了巨大的中间品需求。（2）中间品需求逐渐通过两类模式来解决：其一，在市场化程度偏低的情况下，企业倾向于垂直一体化来实现中间品的内部供应，由此则推动了企业价值链的延伸和拓展，形成多单元（multiunit）企业。并且偏向于在同城市设立子公司，以便利用企业内集聚经济。其二，独立的中间品供应商快速崛起，通过市场交易的方式满足最终品制造商的中间需求，这也要得益于中国经济市场化改革的不断进步。（3）中国经济的市场化改革不断进步，市场一体化程度逐渐提高，城市的集聚经济呈现出一定的差异，为企业设立多区位企业以开发不同城市的集聚经济创造了条件。实际上，21世纪以来，管理多区位企业（multilocation firm）已成为中国大中型制造类企业提升竞争力的核心战略之一。

可见，中国的情况不同于其他工业发达国家。中国制造一开始就具有极强的外部依赖特征，中国的地域辽阔，区域发展不平衡，市场潜力巨大，形成全国性多区位企业是大多数中国制造企业走向国际化和形成跨国公司的必经阶段。从区域企业成为全国性企业，为走向国际化学习和积累管理多区位企业的经验。

2. 中国企业价值链空间演进路径。

结合全球价值链功能分解和空间分离的背景，立足于中国产业转型升级的目标方向，本书认为，中国企业价值链空间演进的总体路径是：嵌入全球价值链—构建地区和国家价值链—主导构建和治理全球价值链。

根据相关学者的国际分工、全球化与产业生命周期理论，发达经济体的产业发展主要遵循从 NVC 到 GVC 的演化历程。然而，与发达经济体不一样，中国是在全球化深入发展的背景下参与国际分工，其内部工业体系尚未充分发展，即直接以 OEM 模式嵌入全球生产体系，利用缺乏技能的农村富余劳动力发展低端劳动密集型产业，经过多年的发展成为全球制造大国，确立了自身在全球价值链制造环节的重要地位。然而，中国制造越发展，价值链上下游配套不足的问题就愈发明显，生产活动的大规模扩张刺激了相应服务需求的快速高涨。正是这种服务需求推动了中国企业在全球价值链服务环节的扩张，基于制造与服务互动的国家价值链初步建立起来。

构建国家价值链，即要在中国地理范围之内形成相对完整的价值链体系，从价值链的制造环节，逐步向 R&D、销售、物流、总部等服务环节延伸和扩张。构建国家价值链具有重要的战略意义，一方面，服务功能的扩张有利于避免中国经济增长和就业过度依赖于生产活动。实际上，随着技术的提升和生产率的增长，中国生产/制造活动的边际劳动需求已逐步下滑。另一方面，服务功能的扩张和升级有利于中国在全球价值链体系中实现功能升级和链条升级，而非仅仅是工序升级和产品升级。这种升级有利于逐步缓解中国经济面临的资源环境压力，也有利于提升中国在全球价值链体系中的国际竞争力和治理地位。因此，在较长时间内，中国产业升级的关键任务之一是构建和完善国家价值链体系。可见，在这种意义上，解决中国产业升级问题的关键仍然在于中国自身。

依据全球价值链理论和国际分工理论，随着中国产业的扩张和发展，中国企业必将进一步"走出去"，更深度参与全球价值链体系，甚至以中国企业为核心治理主体来构建全球价值链。

因此，在当前全球化的背景下，中国作为一个发展中的大国，其产业升级将不同于发达经济体的传统模式，所谓的中国产业升级模式应该是：从全球价值链的重要一环（当然主要制造环节），到构建和优化国家价值链，再到主导构建和治理全球价值链。在此过程中，中国将逐步从全球价值链低端环节逐渐升级到更高端环节，特别是在一些优势产业领域将从全球生产体系的"外围"逐步接近"中心"，从而改变全球经济体系的结构。这可能就是产业升级的"中国梦"的实现方式和过程。

### 三、企业价值链空间演进对中国产业转型升级的影响

产业转移是以空间换时间，通过空间转移赢得产业升级的时间。制造业价值链的空间转移可以在一定程度上和一定时间内维持这个经济的高增长，特别是企业生产活动的空间扩张对就业和增长具有重要意义，但是，盲目地促进中西部地区吸引投资而缺乏必要的功能升级，只能使中国经济维持"高消耗、高污染、低附加值"的粗放式、低层次增长，长期滞留在全球价值链的低端环节，难以实现国际竞争力的提升。同时，生产活动的低层次扩张可能会使中国面临的土地、能源、环境污染等方面的压力在长期内难以缓解，而且，随着中国人口出生率和适龄劳动力数量的下降，人口红利将逐渐丧失，劳动密集型的生产活动将面临沉重的成本压力，进而在长期内再次失去产业升级的时机。

价值链各环节空间转移的影响因素及其存在差异。除土地、劳动力因素之外，与市场潜力相关的人均可支配收入、产业集聚效应、地区的市场化进程、政府提供的基础设施服务或支出、政府提供的公共服务或支出等具有重要启发意义。

与欧美等成熟的市场经济体不一样，中国是一个正在进行市场化改革的转型国家，中国各个地区的市场化进程也存在明显的差异，因此，企业的选址决策中对市场化进程等转型因素应该进行细致的考量。

## 第四节　企业价值链空间结构演进与中国城市层级体系变化

### 一、企业价值链区位选择与城市部门专业化

关联性企业的大规模集中，即集聚经济，推动城市的形成与增长。城市的

增长带来的外部经济会进一步推动企业的集聚，从而形成一个累积循环的自我强化机制。在这种机制作用下，城市规模不断扩张。同时，这一过程也会推动城市的专业化发展。例如，我国东南沿海涌现出一批以制造业部门专业化为特征的新兴城市。可以说，正是企业区位选择的累积叠加推动了中国城市的部门专业化过程。

然而，随着企业的集中，集聚的不经济性会逐步显现，即城市中由于企业和人口的集中会产生日益增强的拥挤效应，大城市的拥挤效应和竞争成本会增加企业的成本压力，企业的区位选择受制于城市的集聚经济与拥挤效应的净效益。如果前者大于后者，则企业留在大城市；反之，后者大于前者，企业迁移到外地。要准确估计拥挤效应对区位决策的影响，应考虑功能环节的异质性。一方面，各环节对拥挤效应造成的成本上升有不同的承受力，该承受力取决于各环节的价值创造能力，一般而言，生产环节要低于研发、商务等服务环节，因此，拥挤带来的成本上升对大城市的生产环节的冲击要大于研发、商务等服务环节。生产环节更可能发生迁移。另一方面，不同环节对大城市集聚经济（特别是功能型专业化）的依赖性不同。因此，应从生产分割的角度来具体分析城市规模增长对区位选择的影响。

就中国而言，一方面，中国以制造环节嵌入全球价值链分工，制造业是中国的主导产业。随着时间的推移，国内制造业企业的价值链构建日益完整，与此同时，制造部门企业生产过程的分解也开始加速。在全国范围内，制造业发展并不平衡，总体上是东部强于中西部。另一方面，城市化处在快速发展的时期，不同地区的城市化阶段存在明显的差异，整体上是东部城市化远高于中西部地区。因此，整体来看，中国的城市化主要体现为城市的部门专业化和城市的多样化。

## 二、企业价值链区位选择与城市功能专业化

城市增长带来集聚不经济，集聚不经济可能会驱赶企业逃离大城市，因此，企业的区位选择是一个权衡过程。城市的集聚经济的核心根源之一在于规模报酬递增。但企业的规模经济存在相应的界限或临界，并且不同价值环节的规模经济重要性存在明显的差别。企业的集中会一直强化下去吗？企业的集中有没有临界值？

首先，不同价值链环节的要素成本承受能力存在明显差异。在大城市，企

业对劳动力、土地等要素的竞争造成了要素成本的不断上涨。中国要素成本结构发生了很大变化,原本存在比较优势的劳动力、土地的使用价格快速上涨。不同价值环节的企业对成本上涨具有不同的承担能力,因而会采取不同的响应。最直接的策略体现为迁移。在生产过程分解强化的背景下,企业可能会逐步将生产环节外迁,即在低成本的异地建立工厂(Aarland et al., 2007);而把总部、研发、营销等环节留在大城市,因为这些环节的附加值更高,成本承受力更强。这些环节支付给员工的高工资可以承担大城市的高生活成本(Duranton and Puga, 2005)。除了劳动力和土地之外,大城市交通等公共设施的拥挤度也日益增强。

其次,不同价值链环节的规模经济重要性存在明显的差异。不仅在不同制造业部门之间,规模经济的重要性存在差异,而且,同一制造部门内部的不同功能环节之间,规模经济的重要性也存在差异。一般而言,生产环节规模经济重要性低于研发、商务(如总部、营销①)等服务环节。里斯(Rhys, 1989)以英国汽车工业为例,描述不同环节的规模经济水平,即各价值链环节的最小最优经济规模(见表1-1)。

表1-1　　　　　英国汽车企业各价值链环节的最小最优经济规模

| 价值链环节 | 数量(辆) | 价值链环节 | 数量(辆) |
| --- | --- | --- | --- |
| 发动机组件铸造 | 1 000 000 | 喷漆/涂装 | 250 000 |
| 其他组件铸造 | 100 000~750 000 | 汽车总装 | 250 000 |
| 动力传动系加工和组装 | 600 000 | 广告 | 1 000 000 |
| 轮轴制造和组装 | 500 000 | 金融 | 2 500 000 |
| 面板印制 | 1 000 000~2 000 000 | 研发 | 5 000 000 |

资料来源:Rhys G. Smaller car firms—Will they survive? [J]. Long Range Planning, 1989.

这样,企业可以在相对较低的最小最优规模水平到不同城市复制或建立工厂,而研发、商务等环节需要相对较高的最小最优规模(Rhys, 1989)。因此,一方面,价值链不同环节空间分离的进程/时间/阶段存在差异,即给定其他条件不变,生产环节可能会先于总部、研发等服务环节而从母公司分离出来。另一方面,不同环节空间分布的距离可能存在差异。由于各环节规模经济

---

① 应该指出的是直接的分销/销售环节并不具有高的规模经济性,而企业的战略性市场营销活动,如品牌管理、电视广告,相比于直接的分销活动,则具有较高的规模经济性。

的重要性不同，在给定的市场区域内，不同环节的分布密度就会存在差异。生产环节的地理分布会更分散，而研发、商务等服务环节则可能会集中到少量较大的城市。

然后，与规模经济相联系的是，企业异地投资受到运输成本和市场分割的影响。由于涉及有形产品或零部件供应的物流成本，因此，生产和销售环节为节约物流成本，倾向于异地投资。亦可以说，生产和销售环节对交通运输条件具有更高的依赖性。

另外，中国的市场一体化发展不足，由于行政壁垒而造成的市场分割现象仍然较严重。因此，基于当地市场响应，企业也更倾向于异地设立工厂或销售子公司。

企业迁移和集中到异地或小城市投资设立子公司，因而推动了新城市的形成和小城市的增长。城市体系就逐渐形成和发展。企业的空间组织结构是城市之间经济联系（或城市体系内部联系）的一个重要体现。可以说，企业的空间联系动态变化驱动了城市体系的动态变化。同时，由于企业不同功能环节的定位差异，因而可能会在城市体系内部推动城市的分化过程，即在城市化的不同阶段体现为不同形式的专业化：城市的部门专业化、城市的多样化、城市从部门专业化转型到功能专业化。

城市功能分工的具体表现为：企业价值链中总部、研发环节在中心城市集聚，制造环节在中小城市集聚；中心城市主要承担总部管理与研发中心功能，而中小城市则主要承担生产制造功能（Duranton and Puga，2005；赵勇、白永秀，2012）。微观企业选址决策形成的累积循环因果机制最终推动城市层级体系内部分工格局的变化，即大城市和中心城市走向功能专业化，而中小城市或外围城市走向部门专业化。

反过来，企业内部协同和外部联系的需要，也推动了城市体系内部各种连通设施的建设，如交通基础设施、信息通信网络等。近年来，中国城市之间的高速公路、高铁建设、互联网建设等就是重要的体现。

## 三、城市层级体系演化的微观基础：企业价值链区位选择

关于价值链功能分解的选址研究主要是讨论跨国公司在欧美等发达国家的区位选择问题。现有文献对发展中国家转型体制下企业选址如何影响新兴城市形成和城市体系演化的关注明显不足。本书认为，企业价值链区位选择是城市

层级体系演化（特别是城市部门专业化和功能专业化）的微观基础。这一研究方向具有非常重要的研究价值和创新性。本书认为，以下研究方向将成为未来的研究重点。

首先，探讨价值链分解与城市化的关系。价值链分解推动国际分工从部门分工转向功能分工。无论一个城市是处于世界城市体系的中心还是外围，为适应全球价值链分工进程（Krugman，1995），都无可避免地转入这一转型进程（Duranton & Puga，2005），特别是那些所谓的"世界城市"。价值链分解推动功能环节的地理分散，而非集中于同一个城市，则出现了功能型城市专业化。而部门型的城市专业化则将企业价值链的所有或主要功能环节都集中在同一个城市。在功能型专业化的背景下，一部分城市集中于服务功能环节，一部分城市集中于制造功能环节。那么当价值链各环节在不同城市分散布局的情况下，哪些城市对服务环节更具有吸引力，哪些城市对制造环节更具有吸引力呢？亦即，企业价值链环节的城市空间结构形成和演化的机制是怎样的呢？

其次，关注发展中国家特别是中国工业化、城市化与价值链区位分布。近十年来，在参与国际分工的过程中，为适应全球价值链的分解，中国城市加速了城市部门专业化到城市功能专业化的转型进程，一部分大城市，如上海、北京、广州，出现城市功能的服务化，而大多数沿海大中等城市则主要体现了城市功能的多样化（functional urban diversity），而大多数中西部新兴城市则处于不断加速的城市功能制造化的进程。在中国新兴城市化进程中，中国国内企业价值链环节的城市空间结构形成和演化的机制是怎样的呢？尽管有一些少量的研究对此进行了关注，但主要是利用城市部门级数据，而且也主要集中于中国的大中型城市。当前的研究亟须利用微观层面的企业数据进行分析，因而可以更加清晰具体地分析企业价值链城市空间结构的微观机制；而且，要利用更大范围的城市数据，包括大中型城市和中等城市的数据，因而覆盖了中国更广的空间范围，有利于深入全国的城市层级体系来分析功能型城市专业化过程和城市经济地理格局。

## 参考文献

[1] Aarland K，James C. Davis，J. Vernon Henderson，Yukako Ono. Spatial Organization of Firms：The Decision to Split Production and Administration. Rand Journal of Economics，Vol. 38，No. 2，Summer 2007，pp. 480 - 494.

[2] Alcácer J.，W. Chung. Location Strategies and Knowledge Spillovers.

Management Science, 2007, 53 (5), pp. 760 - 776.

［3］ Alcacer, J., M. Delgado. Spatial Organization of Firms and Location Choices through the Value Chain. Harvard Business School Working Paper Series, 2013, pp. 13 - 25.

［4］ Anderson, J. C., Narus, J. A. A Model of Distributor Firm and Manufacturer Firm Working Partnerships. Journal of Marketing, 1990, 54 (1), pp. 42 - 58.

［5］ Bai, C. - E., Du, Y., Tao, Z. G., Tong, S. Y. Local Protectionism and Regional Specialization: Evidence from China's Industries. Journal of International Economics, 2004, 63 (2), pp. 397 - 417.

［6］ Chang, S. J., Rosenzweig, P. M. The Choice of Entry Mode in Sequential Foreign Direct Investment. Strategic Management Journal, 2001, 22 (8), pp. 747 - 776.

［7］ Defever, F. Functional Fragmentation and the Location of Multinational Firms in the Enlarged Europe. Regional Science and Urban Economics, 2006, 36 (5), pp. 658 - 677.

［8］ Dixit, A. K. 1994. Investment under uncertainty. Princeton University Press, 1996.

［9］ Duranton, G., Puga, D. Micro-foundations of Urban Agglomeration Economies, in: V. Henderson, J. -F. Thisse (Eds.), Handbook of Regional and Urban Economics, Vol. 4, North-Holland, Amsterdam, 2004, pp. 2063 - 2117.

［10］ Duranton, G., Puga, D., From Sectoral to Functional Urban Specialisation. Journal of Urban Economics, 2005, 57 (2), pp. 343 - 370.

［11］ Giroud, X. Proximity and Investment: Evidence from Plant-Level Data. Quarterly Journal of Economics, 2013, 128 (2), pp. 861 - 915.

［12］ Glaeser, E. L., M. G. Resseger. The Complementarity between Cities and Skills. Journal of Regional Science, 2010, 50 (1), pp. 221 - 244.

［13］ Gupta, S. K., Rosenhead, J. Robustness in Sequential Investment Decisions. Management Science, 1968, 15 (2), P. 18.

［14］ Henderson, J. V., Y. Ono. Where do Manufacturing Firms Locate Their Headquarters? Journal of Urban Economics, 2008, 63 (2), pp. 431 - 450.

［15］ Kalnins, A., F. Lafontaine. Too far away? The Effect of Distance to Headquarters on Business Establishment Performance. American Economic Journal:

Microeconomics, 2013, 5 (3), pp. 157 – 179.

［16］Kleinbaum, A. M., T. E. Stuart, M. Tushman. Communication (and Coordination?) in a Modern, Complex Organization. Harvard Business School Working Paper, 2008, pp. 09 – 004.

［17］Kotabe, M., Martin, X., Domoto, H. Gaining from Vertical Partnerships: Knowledge Transfer, Relationship Duration, and Supplier Performance Improvement in the U. S. and Japanese Automotive Industries. Strategic Management Journal, 2003, 24 (4), pp. 293 – 316.

［18］Krugman, P. R. Geography and Trade. Cambridge, MA: MIT Press, 1991.

［19］Krugman, P. Growing World Trade: Causes and Consequences. Brookings Papers on Economic Activity, 1995 (1), pp. 327 – 342.

［20］Krugman, P. R. Scale Economies, Product Differentiation, and the Pattern of Trade. American Economic Review, 1980, 70, pp. 950 – 959.

［21］Leamer E E, Storper M. The Economic Geography of the Internet Age. Journal of International Business Studies, 2001, 32 (4), pp. 641 – 665.

［22］Lu, J., & Tao, Z. Trends and Determinants of China's Industrial Agglomeration. Journal of Urban Economics, 2009, 65 (2), pp. 167 – 180.

［23］Marshall, A. Principles of Economics: An Introductory Volume. McMillan, London, UK, 1920.

［24］Maurin, E., Thesmar, D. Changes in the Functional Structure of Firms and the Demand for Skill. Journal of Labor Economics, 2004, 22 (3), pp. 639 – 664.

［25］Porter, M. E. Competitive Advantage: Creating and Sustaining Superior Performance. Free Press, New York, 1985.

［26］Puga, D. The Magnitude and Causes of Agglomeration Economies. Journal of Regional Science, 2010, 50, pp. 203 – 219.

［27］Rhys G. Smaller Car Firms—Will They Survive? Long Range Planning, 1989, Vol. 22, No. 5, pp. 22 – 29.

［28］赵勇, 白永秀. 中国城市群功能分工测度与分析 ［J］. 中国工业经济, 2012 (11): 18 – 30.

# 第二章 汽车产业案例[①]

## 第一节 汽车产业的价值链结构

汽车产业是国民经济中重要的行业，产业链纵向延伸较长，每一环节涉及的支撑体系也较广。汽车整车制造业作为产业链核心环节，上游覆盖钢铁、塑料等原材料工业和零部件、电气及生产设备制造行业，下游衔接汽车服务、汽车维修、汽车美容、汽车金融等服务业（见图2-1），与矿山开采、公路交通运输、特种用途、物流等产业领域关联性较强。汽车产业属于消费导向型产业，其产业链环节一般自下向上进行传导，下游消费者的需求影响汽车整车制造企业的生产计划，汽车整车厂的生产计划进而影响上游企业如钢铁、零部件生产厂商的生产布局。

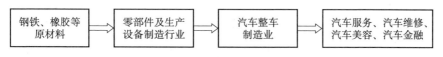

**图2-1 汽车产业链示意**

资料来源：根据统计局产业分类标准整理绘制。

## 一、汽车制造业对上游产业的拉动效应

从关键技术和工艺流程角度来看，产业链中核心的技术链是汽车零部件制

---

① 本章由暨南大学产业经济研究院李洪春、陶锋执笔。

造业和整车制造业。图 2 - 2 反映了汽车制造业结构，具体而言，由汽车零部件制造、相关行业、整车制造工艺三部分组成。

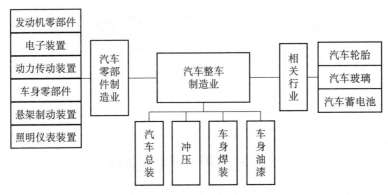

图 2 - 2　汽车制造业构成

资料来源：根据国家统计局产业分类标准整理。

汽车由大大小小众多零部件构成，且零部件的制造材料、技术等多样化，因此，与汽车产业相关联的细分产业较多。具体分析汽车零部件制造业以及其他相关产业，可以看到一个汽车产业往往带动 100 多个产业的发展。因此，对一个国家甚至世界来说，汽车产业的发展无疑起到了巨大的拉动作用，牵一发而动全身。表 2 - 1 给出了汽车制造业每增值 1 元，相关上游产业的具体增值情况。

表 2 - 1　　　　　　汽车制造业对主要上游产业的拉动作用

| 上游主要相关行业 | 汽车制造业每增值 1 元对相关行业带来的增值（元） | 上游主要相关行业 | 汽车制造业每增值 1 元对相关行业带来的增值（元） |
|---|---|---|---|
| 煤炭开采和洗选业 | 0.063 3 | 塑料制品业 | 0.076 3 |
| 石油和天然气开采业 | 0.048 1 | 玻璃及玻璃制品制造业 | 0.013 3 |
| 黑色金属采矿业 | 0.031 9 | 黑色金属冶炼及压延加工业 | 0.326 6 |
| 皮革、毛皮、羽毛（绒）及其制品业 | 0.007 8 | 有色金属冶炼及压延加工业 | 0.110 0 |
| 石油及核燃料加工业 | 0.078 0 | 金属制品业 | 0.058 2 |
| 其他化学原料及化学制品制造业 | 0.156 4 | 其他通用设备制造业 | 0.064 4 |
| 橡胶制品业 | 0.043 6 | 其他电气机械及器材制造业 | 0.046 1 |
| 电力热力生产和供应业 | 0.144 8 | | |

资料来源：《中国汽车产业发展报告 2008》。

## 二、汽车制造业对下游产业的拉动效应

从汽车产业链中的下游产业来看，汽车产业将延伸到交通基础设施建设、物流运输、金融保险、汽车维修、汽车租赁等行业，成为关联行业发展的有效推动力。同时，随着互联网、信息技术、智能技术的兴起，汽车产业链的下游正在进行变革，例如汽车租赁服务软件、汽车辅助系统的创新等，进一步显示了汽车制造业对下游产业的升级推动作用。表2-2显示了汽车制造业每增值1元时相关下游产业的增值情况。

表2-2　　　　　　　　　汽车制造业对主要下游产业的拉动作用

| 下游主要相关行业 | 汽车制造业每增值1元对相关行业带来的增值（元） | 下游主要相关行业 | 汽车制造业每增值1元对相关行业带来的增值（元） |
| --- | --- | --- | --- |
| 运输仓储业 | 0.117 3 | 金融保险业 | 0.038 4 |
| 批发和零售业 | 0.070 2 | 其他服务业 | 0.155 0 |
| 住宿和餐饮业 | 0.028 7 | | |

资料来源：《中国汽车产业发展报告2008》。

总体上看，汽车产业由于其产业链长、带动效应强等特征，在就业、消费、经济增长等方面的作用突出。21世纪，在经济全球化、信息化及创新强化的发展趋势下，产业竞争力是国家经济竞争的一个重要层面，竞争不仅仅是微观个体企业间的竞争，更深层次的是产业生态链之间的竞争。因此，汽车产业链并不是静态固化的，而是在不断变革升级的动态过程中。汽车企业需要摆脱自身内部资源的局限性，综合考虑当前汽车产业发展方向以及产业生命周期各个阶段，在与产业链上下游企业（研发、零部件生产、整车制造、销售、汽车服务、再流通、关联产业等）合作共赢的环境中寻求突破口，增强竞争能力、协作能力，从而推动汽车产业链整体上的发展。

# 第二节　本田区位战略研究

## 一、公司概况

### (一) 公司简介

本田公司 (Honda) 全称本田技研工业株式会社,公司总部设立于东京,创立于 1948 年,创始人是本田宗一郎。本田宗一郎是日本传奇式企业家,是继亨利·福特 (Henry Ford) 后世界上第二个荣获美国机械工程师学会颁发的荷利奖章的汽车工程师。他是一位特立独行的技术天才,反对一切模仿,对于技术创新和新领域的探索突破有着近乎疯狂的追求 (针本康雄,1996)。在本田宗一郎的领导下,本田快速崛起,现已成为世界上最大的摩托车生产厂商,同时汽车产量和规模跻身世界十大汽车厂家之一。本田一直坚持多元化战略,除汽车、摩托车外,其产品系列还包括发电机、农机等动力机械产品。本田作为全球领先的汽车厂商,在日本本土之外的 29 个国家和地区拥有 120 个以上的生产基地,全球雇员总数达 18 万人左右。

本田一直以来都信奉“只有做强,才能做大”的经营理念。因此,本田并不盲目追求规模的扩大而是全心致力于技术创新和经营管理的精细化。本田的创新主要集中在技术领域,而且往往是前无古人的突破性创新。汽车制造业内许多先进的科学技术都是本田创新并率先用到汽车上的,例如汽车行驶导向装置、电子控制四轮防侧滑制动器和车身高度自动调整装置等 (小林三郎,2014)。本田技术研究所是承担本田科研创新的核心任务的部门,是当今日本乃至世界汽车研发业的佼佼者,在世界范围内享有盛誉。需特别指出的是,本田技术研究所是独立法人,本田公司每年从销售收入中按 5% ~6% 的比例拨款给研究所 (陈明武,2007)。之所以选择独立模式,目的就是让技术研发尤其是基础性研发不受限制。通过本田对研究所的资金支持力度以及重视程度,足以窥见其对于技术创新的执着和狂热,也正是凭借着独树一帜的创造力,本田为自己赢得了“技术的本田”的称号。

（二）公司市场表现

经过长期努力，本田已完全摆脱金融危机后全球汽车市场低迷的影响。近年来，集团业务发展快速，盈利能力不断增强，产品体系更趋丰富，整体运营水平得到提升。

1. 汽车销量。图2-3中的数据表明，除2011年海啸和地震等事件导致销量下挫外，2010～2015年，本田汽车销量呈现出稳步上升态势。2012年本田汽车销量突破400万辆大关，尤其是2014～2015年本田在全球汽车市场销量的增幅高达36.18%。

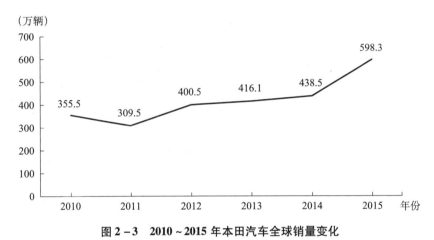

**图2-3　2010～2015年本田汽车全球销量变化**

资料来源：根据本田2010～2015年年报整理。

2. 营利情况。综合分析近几年本田的收入情况，除在2012年因地震海啸创新低外，总体仍呈现出平稳上升的态势，表明集团已经走出低迷境况，销售收入境况得到改善。受多重关系影响，公司净利润水平波动比较明显。2011年净利润高达5 340亿日元，但是2012年跌至2 114亿日元，跌幅达60.41%，到2014年才逐渐恢复到前期水平，但是仍以波动为主，未见明显增长趋势（见图2-4）。如何精细化管理生产，努力改进成本结构，提升盈利水平，是本田今后需着力解决的问题。

3. 行业排名。如图2-5所示，2013～2014年本田的汽车全球销量稳定在400多万辆的水平，连续两年在全球排名第八位。从产量排名而言，本田属于第二梯队，与福特、日产和菲亚特产量相当，但相比以丰田和大众为代表的第

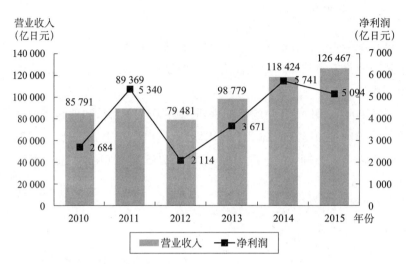

**图 2 - 4   2010 ~ 2015 年本田公司营业收入和净利润变化**

资料来源：根据本田 2010 ~ 2015 年年报整理。

一梯队还是存在一定差距。总体而言，本田在全球汽车市场占有一定的市场份额，行业中具备较高的竞争力，但是面临的竞争也会越来越激烈。

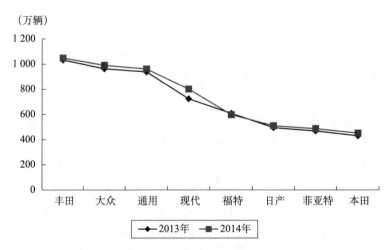

**图 2 - 5   2013 年和 2014 年全球主要汽车厂商汽车销量**

资料来源：根据中汽协官网数据整理。

## 二、本田区位扩张的历程

从 1948 年创立之初到如今经营业务遍及全球 29 个国家和地区，本田的发展扩张可谓异常迅猛。回顾本田在全球的扩张历程，发现其在扩张的过程中存在明显的时间和空间上的区别，将本田区位扩张大概分为以下三个时期。

拓荒本土（1948~1970 年）。在日本战后重建和经济迅速发展的大背景下，汽车消费需求增大，加之本田对于国内市场的精准把握，业务得以迅速发展，汽车产销量增长较快（李美满，2003）。这一时期本田的区位扩张主要集中在国内，以新建生产制造基地和研发机构为主，且集中分布在经济较为发达的沿海地区，如玲鹿、狭山等地区。

进军欧美（1970~1997 年）。欧美地区早已完成工业化，具备非常成熟的产业技术基础，并且经济发达，汽车消费需求巨大，适合汽车产业布局。本田公司将其大部分公司和业务扩张到以英国、德国和意大利为代表的欧洲地区和以美国俄亥俄州和佐治亚州、加拿大多伦多和巴西玛瑙斯为代表的美洲地区。亚洲地区经济欠发达，工业化程度普遍较低，缺乏汽车制造业布局的优越区位条件，因此本田在本土外的亚洲地区业务则相对较少，仅在泰国和印度有工厂分布。

布局亚太（1997 年至今）。20 世纪 90 年代，伴随着以"亚洲四小龙"和以中国为代表的亚太地区经济迅速发展，劳动力的大量聚集和巨大的汽车消费市场吸引着本田将其新建生产基地集中布局在亚太地区，甚至将欧美地区的部分业务转移到亚太和非洲部分地区。其中以泰国、印度尼西亚、马来西亚以及中国的广州、武汉和上海为典型。

## 三、本田区位扩张的主要模式和特征

### （一）本田区位扩张的主要模式

不同于大众、通用等其他汽车巨头在全球范围进行大量兼并收购的扩张模式，本田为了保证品牌价值效应、汽车技术产权和企业文化价值观的一致性，极少通过兼并收购进行扩张。概括本田区位扩张的模式主要有以下三种。

1. 贸易出口。这一扩张模式是很多跨国企业在初期都会采取的以产品为核心的扩张策略。相比大部分公司而言，本田公司具备着高端的汽车技术，国内汽车相关产业技术高度成熟，比较优势明显。因此，本田公司在国内生产再出口到欧美部分地区和亚非拉地区。20 世纪 70 年代，本田利用美国石油危机成功地将低油耗节能型汽车打入美国市场（郑宇，2015）。本田早期通过这一扩张模式不仅实现了海外市场的开拓，同时能给国内创造就业和税收。

2. 投资建厂。投资建厂是本田中后期扩张的重要模式。鉴于日本国内资源、劳动力和市场容量等特殊条件的制约，但又在资本和技术方面具有非常大的比较优势，因而本田海外扩张战略以资本和技术输出为主。本田在海外直接投资新建大部分的零部件生产以及部分整车生产制造公司。这一模式的核心优势在于可以利用当地廉价的原材料、劳动力和土地，降低成本；同时实行产地销售，能够开拓市场又避免国内环保政策压力等。

3. 合资建厂。在海外扩张历程中，部分地区受制于当地政府政策以及资本需求的约束，合资建厂也是本田扩张的一个重要模式。以中国市场为例，在1998 年和 2003 年，本田分别在广州和武汉建立合资工厂，合资新建模式适应了多方面需求。本田不仅在产能上得到了扩张，还节省了扩张的资本需求；当地政府也引进了投资，增加就业和创造税收；本地车企也可以通过合作，学习先进技术，提升产能，扩大品牌影响力（罗静玉，2013）。

（二）本田区位扩张的主要特征

由于受日本国内特殊自然地理环境的限制，本田在国内的扩张没有表现出明显的区位差异。其中，研发机构主要分布在汽车技术和科技水平发达的地区，生产基地在国内布局相对较少，主要是负责车型开发和重点车型生产，且分布在汽车产业高度发达的沿海城市。

本田区位扩张主要是以海外扩张为主，扩张速度迅猛且成果明显。概括本田扩张历程和模式，其特征主要有以下四点。

1. 立足日本，在全球范围配置价值链。依托日本总公司的资金和技术优势，充分利用比较优势，解决制约发展的资源、土地、劳动力和市场问题，实现了全球范围内价值链的有效配置。研发机构布局在经济和科技发达的欧美地区，充分享受研发技术的外溢，而布局在上海、广州等地的研发机构可以充分实现产研结合，改进生产效率。绝大部分的生产基地布局拉美地区和东亚地区，充分利用了上述地区在劳动力、土地和原材料上的区位优势。

2. 产销结合，通过当地建厂开拓海外市场。如图 2 - 6 所示，本田主要的

生产基地与本田主要市场高度重合。以中国为代表的亚洲地区最为典型，本田
在亚洲地区拥有 35 个生产基地，同时亚洲地区销售收入高达 32%；美洲地区
的产量比重和市场份额分别高达 37%。通过产销结合可以充分利用当地相对
廉价的劳动力、土地等资源，开拓市场，节省进出口的运输成本。

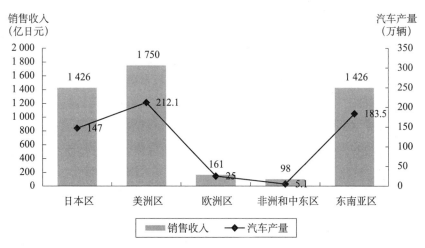

**图 2 - 6　2015 年本田主要生产基地汽车产量和销售收入分布**

资料来源：根据本田 2015 年年报数据整理。

3. 投资建厂，扩张模式相对单一。在本田扩张的历程中，由于国内土地
和市场等要素受限制，因此，寻求廉价原料及劳动力和广阔市场成为本田海外
扩张的主要目的。同时，为了保证品牌效应以及产品质量可靠，本田极少通过
收购进行扩张。一般而言，投资建厂在保证了技术产权的同时也达到了产能扩
张的目的。从 1962 年建立第一个海外生产基地，到 2015 年本田已经在全世界
建立了 120 多个生产制造基地。通过投资新建，本田将生产制造、研发和市场
扩张到了全球。

4. 产业链纵向扩张与区位扩张相结合。伴随着从本土向海外进行区位扩
张的过程中，本田对于产业链上下游的纵向扩张也取得较大成果，业务经营也
趋于多元化。2015 年，本田在营业收入构成上汽车占比为 77%，摩托车是
14%，其他机械制造以及零配件为 3% 以及金融相关业务为 6%。除了上述业
务外，本田公司还在电机机械、航空、金融保险、电力能源、物流交运、教育
培训等方面都设有相关公司。

## 四、本田价值链区位扩张分析

### (一) 生产制造

作为整个汽车产业价值链重要的环节，如何优化生产制造环节的区位布局也是本田海外扩张的重点。本田海外扩张总体上历经了从日本本土到欧美地区再到亚非地区三个阶段。本田 2015 年在各主要地区的产量分布，一方面表明其在全球范围内基本实现了生产制造合理化的布局；另一方面体现出地区布局差异明显，其中日本本土、东亚、美洲三地产能占比高达 95%，为本田的主要生产制造基地。结合本田"三时期三地区"生产制造价值链的海外扩张历程，着重对日本区、欧美区和东南亚区三个地区进行区位分析，详见表 2 – 3。

**表 2 – 3**                 **本田主要生产基地区位优势一览**

| | |
|---|---|
| 日本区 | 1. 丰田、本田、日产三大汽车巨头聚集，汽车产业技术先进，具备巨大的技术优势<br>2. 本土大量汽车相关产业集聚，规模效益明显，有利于实现上下游企业间协作<br>3. 资金技术发达，科学教育高度先进，机械化程度高并且产业工人技术成熟，技术优势明显 |
| 欧美区 | 1. 欧美地区经济发达，人口众多，市场前景广阔<br>2. 美洲地区钢铁、橡胶等产业技术发达，上游企业众多，能为整车和零部件的生产提供有利条件；拉丁美洲地区，土地和劳动力成本低下<br>3. 北美洲地区海运发达，有利于汽车物流以及相关零部件的运输 |
| 东南亚区 | 1. 经济发展迅速，人口众多，市场前景广阔<br>2. 土地、劳动力、钢铁和橡胶等基础资源相对廉价，具有比较成本优势<br>3. 政府政策具有很大红利，为本田的资本和技术输出提供了较大的优势条件 |

注：鉴于欧洲区产量较少，且区位因素与美洲区类似，因而统称为欧美区。
资料来源：笔者根据官网资料整理。

### (二) 设计与研发

本田研发扩张历经从早期国内到欧美，再从欧美到东南亚的扩张。截至2015 年末，本田在全球共有 20 家研发与设计机构（见表 2 – 4）。其选址布局及区位优势分析如下：早期多数研发机构集中分布在本土，日本国内汽车及其相关产业高度聚集，知识外溢性强，具备良好的学习效应；并且依托总部资源，具备充足的人才储备和技术优势，资金充足，能够为科研提供资金支持。20 世纪 80 年代和 90 年代，本田将研发机构扩张到欧美发达汽车工业城市，如美国俄亥俄州和德国奥芬巴赫等地区，其区位优势在于汽车产业技术成熟，能为科研提供技术支持；教育发达，科研人员众多，设计研发理念前沿；适时欧美国家经济兴盛，对汽车消费需求旺盛。到了 21 世纪初期，本田将大量研发机构布局到东亚和南亚地区，如上海、广州、曼谷和雅加达等地，区位优势在于亚太地区经济迅速发展，汽车市场巨大，研发更易于贴近市场，掌握消费者偏好。同时，将研发布局靠近生产制造基地，能更好地服务生产，实现产研结合。

表 2 - 4　　　　　　　本田公司全球设计研发机构一览

| 区域 | 城市 | 成立年份 | 公司名称 |
| --- | --- | --- | --- |
| 北美地区 | 洛杉矶 | 1984 | 美洲本田研发公司 |
| | 俄亥俄州 | 1988 | 北美本田工程公司 |
| | 加利福尼亚/俄亥俄州 | 2003 | 美国本田研究所 |
| 欧洲地区 | 德国奥芬巴赫 | 1988 | 欧洲本田研发（德国）公司 |
| | 英国威尔希尔州 | 1990 | 欧洲本田工程有限公司 |
| | 英国威尔希尔州 | 1992 | 欧洲本田研发（英国）有限公司 |
| | 意大利罗马 | 2000 | 欧洲本田研发（意大利）公司 |
| | 德国奥芬巴赫 | 2003 | 欧洲本田研究所 |
| 日本本土 | 东京 | 1960 | 本田技术研究所 |
| | 栃木县 | 1970 | 本田工程研究院 |
| | 大分县 | 1992 | 日本太阳研发院 |
| | 埼玉县 | 2003 | 日本本田研究所 |
| 亚洲地区 | 泰国曼谷 | 1997 | 本田研发南洋有限公司 |
| | 泰国大城府 | 1999 | 本田工程亚洲有限公司 |
| | 中国上海 | 2002 | 本田摩托车研究开发有限公司 |
| | 印度哈里亚纳 | 2003 | 本田研发（印度）私人有限公司 |
| | 中国广州 | 2004 | 本田生产技术（中国）有限公司 |
| | 泰国曼谷 | 2005 | 本田研发亚太股份有限公司 |
| | 中国广州 | 2013 | 本田技研科技（中国）有限公司 |
| | 印度尼西亚雅加达 | 2013 | 印度尼西亚本田研究所 |

资料来源：笔者根据本田官网资料整理。

## （三）零部件供应

总体而言，本田零部件产业比较发达，概括其区位扩张体现在两个方面：

一方面，核心零部件生产企业留在国内，高达35家之多，区位优势在于本土的汽车产业高度发达，可以为核心高技术零部件提供技术支持，并且具备较高产出附加值，同时核心技术保留在国内有助于保持技术优势；另一方面，其他一般零部件生产随整车生产进行布局，主要是为了协调生产，节约整车生产成本。如在印度尼西亚雅加达、中国广州和武汉等城市布局的零部件工厂不仅服务于整车生产，同时所在区域汽车产业发达，相关企业的聚集提供了有利于零部件的生产和销售。

### （四）销售和服务

一般而言，销售服务区位扩张跟随生产制造扩张进行布局和完善，且依附性极强。如图2-7所示，本田公司销售和服务价值链在全球各个地区均有分布，集中在北美、亚洲（除日本外）和日本本土。其中，在北美洲、亚洲（除日本外）和日本三地汽车产量占比高达95%，而与之相匹配的是本田在上述三个地区销售和服务机构多达71个，且销售收入占全球收入的87%左右。相互配比的布局不仅更好地配合服务生产，更有利于稳定并且扩大在亚洲和欧美地区的市场占有率。区位优势在于上述地区经济发达，人口众多，消费市场前景广阔，交通以及城市基础设施完善，有利于销售和服务的布局。

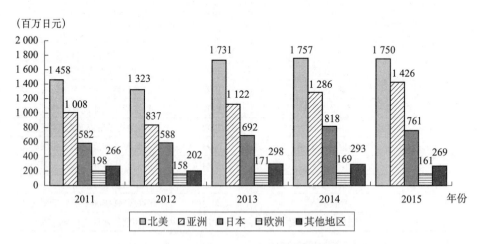

图2-7  2011~2015年本田在各地区销售收入分布

资料来源：根据本田2011~2015年年报整理。

## 五、本田在中国扩张区位分析

伴随着中国改革开放和经济飞速发展，汽车市场需求不断扩大，众多跨国企业纷纷来华开拓市场。本田在华扩张虽然仅有数十年时间，但是成效明显：产品体系日益完善，本田在华销售车型共有 17 款之多，基本实现了家用商用各个级别全覆盖；市场份额不断扩大，2015 年本田在华销量创下 100.63 万辆新高，同比上涨 32.5%，全国汽车销量排名第 5；产业链布局日趋完善，从设计研发，到生产制造以及进出口贸易和销售均设有相关企业（见表 2－5），有助于实现产业上下游之间的协作。

表 2－5  本田在中国公司相关情况一览

| 区域 | 年份 | 城市 | 公司名称 | 主营业务与性质 |
|---|---|---|---|---|
| 环渤海地区 | 2001 | 天津 | 新大洲本田摩托有限公司 | 摩托车生产/合资 |
| | 2004 | 北京 | 本田技研工业（中国）投资有限公司 | Honda 中国地区总部/独资 |
| 成渝地区 | 1993 | 重庆 | 嘉陵—本田发动机有限公司 | 通用产品/合资 |
| 华中地区 | 2003 | 武汉 | 东风本田汽车有限公司 | 汽车生产制造/合资 |
| 长三角地区 | 2002 | 上海 | 新大洲本田摩托有限公司 | 摩托车生产/合资 |
| | 2004 | | 本田技研工业（中国）投资有限公司（上海分公司） | Honda 中国地区总部/独资 |
| | 2012 | | 本田摩托车研究开发有限公司 | 摩托车研发/独资 |
| 海西地区 | 1995 | 福州 | 福建闽东本田发电机组有限公司 | 通用产品/合资 |
| 珠三角地区 | 1995 | 惠州 | 东风本田汽车零部件有限公司 | 汽车零部件/合资 |
| | 2012 | 香港 | 本田技研工业（中国）有限公司 | 摩托车、汽车和通用产品的进口销售/独资 |
| | 2004 | 佛山 | 本田汽车用品（广东）有限公司 | 零部件生产销售/合资 |
| | 2005 | | 本田汽车零部件制造有限公司 | 生产汽车动力总成零部件/独资 |
| | 1992 | 广州 | 五羊—本田摩托（广州）有限公司 | 摩托车生产销售/合资 |
| | 1998 | | 广汽本田汽车有限公司 | 汽车生产销售/合资 |
| | 1998 | | 东风本田发动机有限公司 | 发动机生产/合资 |
| | 2003 | | 本田汽车（中国）有限公司 | 出口汽车生产制造/合资 |
| | 2004 | | 本田技研工业（中国）投资有限公司（广州分公司） | Honda 中国地区总部/独资 |
| | 2004 | | 本田生产技术（中国）有限公司 | 生产制造用机械/独资 |
| | 2013 | | 本田技研科技（中国）有限公司 | 汽车贸易/独资 |
| | 2015 | | 广汽本田汽车研究开发有限公司 | 汽车研发/合资 |

资料来源：笔者根据官网资料整理。

综合概括本田在华扩张历程，大致将其分为以下三个时期。

## （一）生产制造扩张时期

这一时期的扩张集中在 1992～2003 年，主要表现是本田将其生产制造基地布局在以广州、佛山为代表的珠三角地区和武汉、重庆等地区。本田进行生产扩张的区位优势主要体现在以下几方面：大量的劳动力向东南沿海聚集，为汽车整车组装和摩托车生产提供了大量的廉价劳动力；经济改革起步，政府招商引资政策和宽松的环保政策非常有利于本田投资建厂；廉价的土地以及钢铁、橡胶等上游原料丰富。相对比中国国内车企而言，本田有着非常巨大的技术优势，通过技术和资本的投资能够获取巨大的"剪刀差"利润（刘泽坤，2002）。并且，通过生产扩张来打开市场销售，有利于后续其他业务的开展。

## （二）销售贸易扩张时期

伴随着中国经济迅速发展带来的市场快速增长，同时生产扩张的成熟和需要，本田从 2004 年开始在北京、上海和广州设立了本田技研工业（中国）投资有限公司，作为 Honda 中国地区总部，统筹 Honda 在生产和销售等业务。另外，为了满足进出口贸易的需求，本田在香港、广州和上海设立众多进出口汽车的生产和销售机构。其优势一方面在于中国经济的迅速发展带来的消费购买升级，进口车市场巨大；另一方面珠三角和长三角地区制造业不断升级成熟，相比较海外部分地区成本比较优势明显，并且对外交通便利。因此，本田充分利用上述区位优势，在中国进行销售和贸易扩张，以更好地实现产销结合并且不断扩大市场份额。

## （三）研发设计扩张时期

从 2012 年至今，本田在生产和销售扩张完成的基础之上，逐渐将研发设计也转移到中国来。以 2012 年在上海设立本田摩托车研究开发有限公司和 2015 年在广州设立的广汽本田汽车研究开发有限公司为标志，意味着本田在华研发设计扩张进入新阶段。其区位扩张特征主要体现在研发机构属于本田独资新建，集中分布在经济和科学技术较发达的城市。其区位优势主要有以下几方面：上海和广州等地具备非常成熟的技术和资本优势，能为研发提供强大支持；上述城市汽车产业技术高度成熟并且有众多的高等院校和科研院所，人才优势明显；中国已经成为本田重要生产基地和市场所在地，将科研设计本土化，不仅能够更好服务生产制造环节，也易于及时掌握消费者行为偏好。

综合上述分析，本田公司在中国扩张成效明显，业务日益成熟壮大。但现阶段发展也面临以下一些问题。

1. 中日双边外交关系不稳定以及历史遗留等相关问题带来的经营风险。

2. 伴随着东南沿海地区产业转型升级，劳动力和原材料传统优势不再，制造业超额红利逐渐消失。

3. 国外汽车在中国投入不断加码以及国内自主品牌汽车的崛起，加剧了国内汽车市场竞争，本田的市场份额和利润空间受到挤压。

## 六、结论与启发

### （一）结论观点

根据前面对本田公司区位扩张战略的细致分析，本书得到以下四点结论。

1. 本田的区位扩张历程包括国内扩张和海外扩张两个部分，其中海外扩张的成功推进对本田成为全球汽车工业领先企业意义重大。本田海外扩张始于20世纪60年代，早期以产品和研发扩张到欧美地区为主，进入21世纪，本田则将大部分生产制造基地布局到亚太地区，特别是汽车工业快速发展的中国大陆。总体上，本田的区位扩张强调立足日本，在全球范围内配置资源。

2. 本田区位扩张模式相对单一，集中表现为产品出口和投资新建。本田凭借国内技术优势，将产品出口到欧美和亚非拉地区。而本田大部分海外生产基地主要采取独资新建和合资新建的形式。

3. 日本国内资源相对缺乏和市场较小是促使本田走向海外的重要因素，同时国内高度发达的汽车技术和完备的汽车产业链是本田汽车海外扩张的优势条件。在海外扩张中，日本汽车公司倾向于集中布局，其供应链环节多以日本企业为主，相对封闭。以中国为例，丰田、本田和日产均将业务布局在广州，其核心优势在于大量相关产业聚集，有利于协调整车生产制造和零部件供应。

4. 注重科研、服务生产、强调协调是本田价值链区位扩张过程中的明显特征。本田价值链扩张过程中，一方面始终把汽车技术研发放在重要位置；另一方面通常以生产为先导，开拓市场，但是又强调研发和销售服务要服务于生产环节。

## （二）借鉴启示

本田作为日本汽车三大巨头之一，在世界汽车企业中也颇具代表性。其区位扩张的经验对我国企业尤其是汽车企业制定区位策略具有重要的借鉴意义，主要体现在以下三点。

1. 针对不同国家和地区的区位条件制定差异化的海外扩张策略。本田海外扩张初期将研发基地布局在欧美发达地区，积极学习吸收海外汽车先进技术。美国石油危机时期，本田通过对低油耗车型的开发和推广，成功打入美国市场。20 世纪末期，以中国为代表的亚太地区经济迅猛发展，汽车市场高速成长，并且廉价的劳动力和原料造就了制造业的超额红利。上述区位优势使得本田将大量的生产制造基地布局在中国、印度和泰国等地。当下我国汽车厂商正处于海外扩张初期，许多汽车企业均采取类似做法。如长安汽车通过在英国、日本、美国和意大利布局研发基地，同时将海外市场定位在拉美、北非和中东等地区的低端实用微型车市场。长安汽车差异化的扩张策略不仅可以学习吸收海外先进技术，又能开拓海外市场。广汽集团也采取类似策略，结合自身技术水平，产品主要出口在中东和北非等地区。

2. 精益求精和专注的企业文化有利于企业在区位扩张过程中步步为营、稳扎稳打。工匠精神在整个日本汽车文化中体现得淋漓尽致，本田也不例外。本田创立之初便一直强调技术研究和自主创新。本田在扩张历程中专注汽车技术研发和品牌效应提升。进入中国以后，与广汽和东风汽车合作，风格也很专注，主打经济适用型汽车，也取得巨大成就。而综观国内太多的汽车企业，不仅自身没有技术基础沉淀，在后期发展过程中随意并购跨界，盲目扩大规模，只注重产销量和资产规模，忽视企业技术创新力和品牌价值的提升。

3. 价值链区位扩张必须注重价值链间的相互作用，增强价值链环节间的协同发展能力。本田海外扩张中，非常注重产业链之间的相互作用。以中国地区为例，本田早期以生产制造为先导，以开拓中国市场，带动销售服务环节的扩张。在中国业务逐渐成熟以后，本田将零部件制造企业布局在中国，更好地完善整车生产制造环节。同时，本田将研发中心布局在广州和上海等地，使得研发与生产无缝对接，推动生产效率提升和加速科研成果落地。由于汽车产业价值链分工明显，在企业进行区位扩张时，必须高度重视价值链环节间的相互作用，增强协调性发挥效用最大化。

# 第三节 长安区位战略研究

## 一、公司概况

### (一) 公司简介

重庆长安汽车股份有限公司,简称长安汽车或重庆长安,是中国长安汽车集团股份有限公司旗下的核心整车企业。长安汽车作为中国汽车四大集团(上汽、东风汽车、一汽和长安汽车)阵营企业和最大的中国自主品牌汽车企业,也是唯一一家中国品牌乘用车年产销过百万辆的车企。长安汽车前身是创立于1862年的上海洋炮局,曾是开创了中国近代工业的先河的军工企业,先后历经了枪炮制造和弹药生产,在抗战期间是最大的兵工企业。20世纪80年代初长安正式进入汽车行业,1994年,长安机器厂和江陵厂合并成立长安汽车有限责任公司,标志着长安汽车进入了一个全新的发展阶段。1996年,长安汽车在深圳证券交易所实现了A股上市,为长安汽车的发展提供了便利的资本运作渠道,更好地助力长安汽车发展和迈向海外。截至2015年,长安汽车在全球拥有12个生产基地、32个整车及发动机工厂,汽车年销量295万辆,员工9万人。

长安汽车积极寻求全球合作伙伴,成立了长安福特、长安铃木、长安马自达、长安标致雪铁龙、江铃控股等合资企业,并向合资企业输入中国品牌产品,成为中国汽车行业唯一一家向合资企业输入自主产品的车企,开创了合资合作的新模式(沈文专,2012)。同时,作为中国品牌乘用车的领军企业,长安汽车一直致力于中国自主品牌汽车的研发和生产。2015年长安自主品牌狭义乘用车业务实现销售100.7万辆,同比增长30.9%,名列中国品牌乘用车销售市场第一,成为中国品牌乘用车中第一个突破100万辆的品牌,在行业中的"中国汽车品牌领导者"地位更加稳固。

### (二) 公司市场表现

在国内经济形势下行背景下,长安汽车精准定位市场,采用快速的应变战略,公司的整体发展水平逆势上扬,生产经营取得重大性突破,产品体系更趋丰富，市场占有率稳步提升。

1. 汽车销量。2011 年，受宏观经济调整、部分城市汽车限购政策出台和汽车消费刺激政策退出等多重因素影响，国内整体汽车市场增速大幅下滑，公司业绩同比下挫 10.12%。2012～2015 年期间公司汽车销量呈迅速上升态势，发展形势良好，其中 2013 年汽车销量突破 200 万元大关，尤其是 2013 年和 2014 年汽车的销量增幅分别高达 21.77% 和 20.00%（见图 2 - 8）。

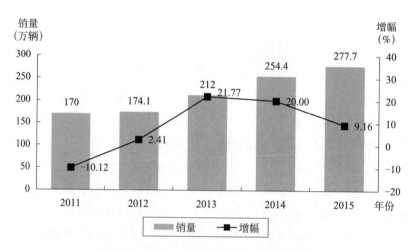

**图 2 - 8　2011～2015 年长安汽车销量统计**
资料来源：根据长安汽车 2011～2015 年年报整理。

2. 营利情况。近几年长安汽车营业收入和净利润均呈快速稳步上升状态。从图 2 - 9 可知，公司营业收入增长迅速，基本实现了每年突破一个新台阶的速度增长。另外，长安汽车在 2011 年的净利润仅为 9.68 亿元，在 2015 年公司净利润竟高达 99.53 亿元，期间增幅高达 936.77%。尤其是 2013 年和 2014 年，净利润的增幅分别为 132.89% 和 124.46%。通过对相关盈利水平数据分析，认为公司的发展处于高速增长阶段且发展潜力巨大。

3. 行业排名。中国汽车工业协会的相关数据显示，2013～2015 年长安汽车的汽车销量稳定在 200 万辆的水平，连续三年在全国排名第四（见图 2 - 10）。通过横向比较国内汽车生产企业，长安汽车位于第一梯队，在国内汽车市场占据着较高的市场份额，行业地位领先。但是，长安汽车多数车型总体处于低端水平，核心竞争力与上汽和一汽等车企相比还是存在一定差距。

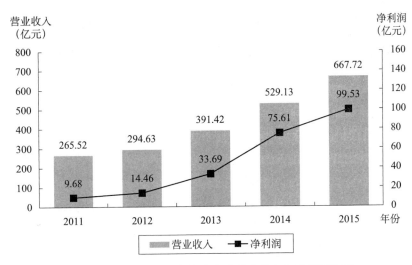

**图 2 - 9 2011 ~ 2015 年长安汽车营业收入和净利润变化**

资料来源：根据长安汽车 2011 ~ 2015 年年报整理。

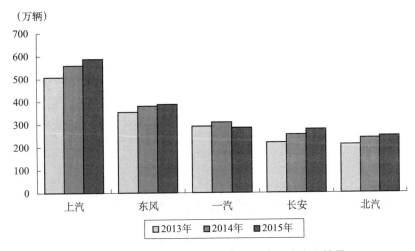

**图 2 - 10 2013 ~ 2015 年中国部分汽车生产企业销量**

资料来源：根据中汽协 2014 ~ 2016 年数据整理。

## 二、长安汽车区位扩张的历程

作为国内领先的汽车企业，长安汽车得以在短时间内迅速发展，且取得明显成果。其重要因素在于精准定位市场，大力发展微型车市场，并且通过合资方式进行扩张的同时推进自主品牌汽车发展。综合分析长安汽车扩张历程，将其分为国内扩张和海外扩张两个层面。

## （一）国内扩张

长安汽车国内区位扩张具体体现在：以重庆作为西南大后方，向东北、东部和华南等地区扩张。1993～2003 年期间，长安汽车区位扩张主要集中在重庆地区，形式上体现为产能扩充，生产线的增设，以长安福特和长安铃木为典型代表。同时，为了配合整车组装和生产，也设立了部分销售和服务公司。从2004 年开始，长安汽车通过收购兼并和新建等方式，在合肥、南京、哈尔滨和南昌设立生产制造基地，极大程度上扩充了产能，也进一步提升了市场份额。另外，2004～2011 年期间，伴随着生产制造的大规模扩张初见成效，长安在哈尔滨、上海和北京等地设立汽车研发机构。2011 年长安和法国标致雪铁龙合作，在深圳设立生产基地，标志着长安在全国的扩张布局基本完成（骆珊珊，2012）。长安汽车实现了环渤海、长三角和珠三角等经济发达和汽车产业技术先进地区的全覆盖。

## （二）海外扩张

在国内生产和销售布局基本完成后，长安汽车在全球的扩张也紧随其后。长安汽车的海外扩张集中在研发设计和销售领域，并且区域集中在南美、北非和中亚等地。为了增强品牌竞争力，提升研发实力，2006～2011 年期间，长安汽车先后在意大利都灵、日本横滨、英国诺丁汉和美国底特律等全球著名汽车城市设立研究中心。长安汽车海外扩张的另外一个重要形式是通过销售开拓海外市场。2003 年，河北长安微型车成功进入北非市场，抢滩低端汽车市场。2011 年，长安汽车进军南美大陆，众多中小型车凭借低成本和高性价比在秘鲁和智利等地打开市场。阿尔及利亚、智利、埃及和乌克兰等 10 个国家已经成为长安海外销售的主战场（李苗苗，2014）。长安汽车生产制造的海外扩张进程相对缓慢，除俄罗斯基地正在筹建中，巴西和伊朗均处于规划阶段。通过在俄罗斯建厂，极大地节约了运输成本，对于开拓东欧市场有较大帮助。同时以巴西为桥头堡，长安将加强向南美市场的辐射，将汽车通过巴西组装厂出口到秘鲁、智利等地。此外，在伊朗建立生产厂，辐射中东的计划也在实行中（邓晓娜，2013）。

## 三、长安汽车区位扩张的主要模式和特征

### (一) 长安汽车区位扩张的主要模式

综合分析长安汽车区位扩张历程，将长安汽车扩张模式概括为以下四种。

1. 独资新建。在长安汽车扩张过程中，一方面，大多数设计与研发和销售服务企业属于独资新建，目的在于完善产业布局，整合上下游资源，更好地服务生产制造公司；另一方面，长安汽车在海外市场一般都是直接在海外建立销售网点，有利于开拓市场，如长安汽车在南美和北非等地区设立的海外销售网点。

2. 合资新建。这一扩张模式是长安汽车的核心扩张模式。在其扩张过程中，绝大多数核心生产企业都是通过合资新建的方式取得。长安福特、长安铃木、长安马自达以及长安标致雪铁龙公司作为整个集团核心的资产，其取得形式都是通过与海外知名车企共同出资合作。优势在于充分利用合作方的品牌和技术优势，有利于产能扩张和实现规模效应，但不利于自身品牌的树立和成长。

3. 贸易出口。长安汽车国内扩张布局基本完成后开始谋求海外市场。在初期，相对比海外大众、丰田和通用等国际汽车巨头，长安在技术和资本上处于相对弱势地位。为了拓展海外市场，长安汽车采取了产品出口的海外扩张模式。如此一来可以充分避免海外建厂的风险，通过细分市场、精准定位将产品出口，能够快速打开市场，扩大品牌影响力，同时还将税收和就业留在国内。

4. 收购兼并。这一模式能较快达成产能扩张的目的，快速延伸拓展价值链。2014 年 3 月，长安汽车正式完成合肥长安 100% 的股权收购工作，并成功将奔奔 mini 及 CX20 转产合肥长安，借此低成本扩充了自主品牌产能 (李业超，2014)。同时长安福特将收购哈飞汽车资产，将生产基地进一步延伸到哈尔滨，实现快速扩张规模，对于利用品牌效应快速开拓市场有巨大帮助。但是缺点在于资金需求量大、整合难度较大、周期长。

### (二) 长安汽车区位扩张的主要特征

1. 立足西南，产能布局全国。中国汽车主要生产制造基地和消费市场集中在东部沿海地区，特殊的地理区位决定了处于西南地区的长安汽车其扩张是

以西南作为大后方，向东部沿海扩张。重庆不仅是总部所在地，并且大量的研发、销售和服务的公司也是集中分布在重庆。如图 2 – 11 所示，重庆市的收入每年占比都在 50% 以上，在保持重庆地区收入持续增加的情况下，不断地向东部沿海扩张。如南京市收入不断增加，深圳市收入从无到 2015 年高达 6 亿多元。长安汽车通过合资新建和收购兼并等模式在以南京、合肥、南昌为代表的华中及以深圳为代表的华南和以定州为代表的华北都进行布局生产。另外，长安福特将收购哈飞汽车资产，布局东北汽车市场来达到辐射全国的目的。同时，公司正在筹建多个海外生产基地，全面实施海外扩张战略。

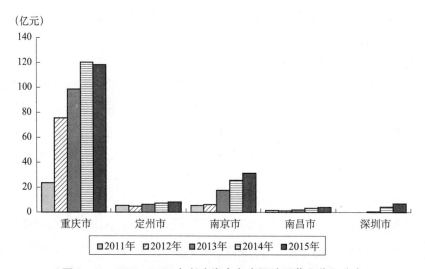

图 2 – 11　2011 ~ 2015 年长安汽车各主要地区营业收入分布

注：深圳市 2011 年投资建厂，故 2011 ~ 2012 年数据缺失。

资料来源：根据长安汽车 2011 ~ 2015 年年报数据整理。

2. 兼并扩张，布局全产业链。在国内和国际进行地理上扩张的同时，长安汽车也积极进行产业链的纵向扩张。长安汽车以生产制造为核心，上游在国内外的研发机构高达 10 多家，同时长安汽车各类车型的生产销售到零部件供应都实现了合理布局。下游积极推进汽车物流、金融和租赁公司的产业链布局。全产业链的布局，有利于整合资源，增强价值链环节的能力，提升整体竞争力。

3. 细分市场，凸显比较优势。长安汽车自身技术低端、实力相对不足等特点，无法同丰田等汽车巨头展开正面竞争。因此，长安汽车通过发挥比较优势，专注于实用低端微型车的开发和销售（徐可，2012）。就国内而言，长安汽车能够稳居国内第四，极大程度上也是由于长安汽车微小型车在国内占有巨大市场份额。在海外市场上，针对北非和南美等地区的经济和社会现状，推出多款高性价比的微型车，符合现实经济需求，能够快速打开市场，实现产品扩张。

4. 注重研发，加强自主创新。长安汽车相对其他厂商而言，研发设计作为企业扩张最优先价值链，也一直致力于通过研发设计提升自主创新能力。最新数据显示，2015 年长安汽车共计支出研发费用 25.63 亿元，同比增长 27.39%。长安汽车近几年来在科技研发方面的核心战略是以全球化研发体系为平台，加速企业核心能力的提升。2011 年 1 月 18 日，长安汽车美国研发中心在底特律正式挂牌成立。至此，继意大利、日本、英国等海外中心之后，长安汽车"五国九地"的全球研发布局基本完善。同时，基于国内市场的五个本土研发中心，国内外合作协同研发，各有侧重，使得这一体系更加强大，不断增强自主创新能力。

## 四、长安汽车价值链扩张分析

### （一）生产制造

长安汽车历经了从西南向东部的扩张后，在全国有重庆、南京和定州等十大生产基地（见表 2-6），海外俄罗斯和伊朗生产基地正在筹建中。具体分析其区位优势如下。

表 2-6　　　　　　　　长安汽车生产制造子公司情况一览

| 选址城市 | 年份 | 公司名称 | 设立形式 | 性质和职能 |
| --- | --- | --- | --- | --- |
| 重庆市 | 1993 | 重庆长安铃木汽车有限公司 | 合资新建 | 生产制造 |
| | 1999 | 重庆长安跨越车辆有限公司 | 参股联营 | 生产制造 |
| | 2001 | 长安福特汽车有限公司 | 合资新建 | 生产制造 |
| 南京市 | 2000 | 南京长安汽车有限公司 | 新建 | 生产制造 |
| 定州市 | 2002 | 河北长安汽车有限公司 | 新建 | 生产制造 |
| | 2005 | 保定长安客车制造有限公司 | 新建 | 生产制造 |
| 南昌市 | 2004 | 江铃控股有限公司 | 合资新建 | 生产制造 |
| 南京市 | 2007 | 长安马自达汽车有限公司 | 合资新建 | 生产制造 |
| 合肥市 | 2007 | 合肥长安汽车有限公司 | 并购 | 生产制造 |
| 深圳市 | 2011 | 长安标致雪铁龙汽车有限公司 | 合资新建 | 生产制造 |

资料来源：根据长安汽车历年年报整理。

1. 以重庆为代表的西南地区，产量占比为 50% 左右。西南地区廉价的土地和劳动力有利于生产制造业布局；有色金属冶炼和橡胶产业发达，能为汽车生产提供便利的上游原料供应；作为长安汽车的总部所在地，具备巨大的资金和技术优势，并且本地企业在公共关系上存在诸多便利。

2. 以南昌、合肥和南京为代表的泛长三角地区，产量占比为 20% 左右。该地区整体经济发达、市场广阔，通过生产布局来打开华东地区的市场，有助于公司业绩提升；长三角地区汽车产业相对发达，上下游企业较多，有助于产业链之间的协作；汽车生产组装以及物流对于交通条件具有较高要求，长三角地区区域的交通网络发达完善，具备便利的汽车以及生产零部件运输条件。

3. 以定州为代表的华北地区，产量占比为 10% 左右。华北地区传统工业制造业尤其是钢铁制造业发达，适合汽车制造业的布局；通过以定州为生产基地，能够较好辐射环渤海地区，拓展长安汽车在华北市场份额。另外，长安福特并购哈飞汽车相关资产，进一步将产能扩张到东北地区，完善全国布局网络。

4. 以深圳为代表的珠三角地区，产量占比为 5% 左右。珠三角位于沿海开放地区，毗邻港澳地区，进出口贸易发达，政策红利明显，对外交流与合作便利；经济发达，汽车市场需求广阔，生产基地布局在深圳，便于开拓华南市场，节省物流成本；特别地，广深佛莞等地区工业制造业高度发达，具备非常优良的汽车制造业布局的基础。

（二）设计与研发

长安汽车"五国九地"的全球整体研发体系由国内和海外两个部分构成（见表 2-7）。以下结合长安汽车价值链扩张历程，着重分析上述地区研发的区位优势。

表 2-7　　　　　　　　长安汽车设计研发子公司情况一览

| 区域 | 选址城市 | 年份 | 公司名称 | 设立形式 | 性质和职能 |
|------|----------|------|----------|----------|-----------|
| 国内 | 重庆市 | 1995 | 长安汽车工程研究院 | 独资新建 | 研发与设计 |
| | 上海市 | 2004 | 上海长安汽车工程研究院 | 独资新建 | 研发与设计 |
| | 景德镇市 | 2005 | 江西长安汽车工程技术研究有限责任公司 | 独资新建 | 研发与设计 |
| | 重庆市 | 2008 | 重庆长安新能源汽车有限公司 | 合资新建 | 研发与设计 |
| | 北京市 | 2010 | 北京长安汽车工程技术研究有限责任公司 | 独资新建 | 研发与设计 |
| | 哈尔滨市 | 2010 | 哈尔滨长安汽车技术研究有限责任公司 | 独资新建 | 研发与设计 |

| 区域 | 选址城市 | 年份 | 公司名称 | 设立形式 | 性质和职能 |
|---|---|---|---|---|---|
| 海外 | 意大利都灵 | 2006 | 长安欧洲设计中心 | 独资新建 | 研发与设计 |
| | 日本横滨 | 2008 | 长安日本设计中心株式会社 | 独资新建 | 研发与设计 |
| | 英国诺丁汉 | 2010 | 长安汽车英国研发中心有限责任公司 | 独资新建 | 研发与设计 |
| | 美国底特律 | 2011 | 长安美国研发中心股份有限公司 | 独资新建 | 研发与设计 |

注：江西长安汽车工程技术研究有限责任公司于2014年核准注销。
资料来源：根据长安汽车历年年报整理。

首先，国内的研发中心主要分布在重庆、上海和北京等城市。最早的研发中心于1995年在重庆设立，重庆作为长安总部所在地，同时又是汽车主要生产基地，研发中心设在重庆不仅具有较大的资本和技术优势，更易于实现产研结合。伴随着生产和市场在全国范围内的扩张，2004年后，长安陆续在上海、北京和哈尔滨等城市设立研发中心。这些地区具备非常大的科研优势，众多高等院校和科研院所可以提供技术支持；汽车产业高度聚集且技术先进，能够充分分享知识溢出带来的益处；北京和上海作为京津冀和长三角地区核心城市，汽车消费市场庞大，更易于掌握消费者心理和行为偏好。

其次，自2006年在意大利设立研发中心以来，长安汽车在海外陆续设立了四大研发中心。2011年，作为中国第一家整车生产企业在美国底特律设立研发中心标志着长安汽车全球研发体系布局完成。长安海外研发基地集中分布在汽车工业高度发达地区，并且分工协作非常明显：意大利研发中心主攻汽车外形设计，日本研发中心主攻汽车内饰和模型，英国研发中心主攻发动机和变速器，美国研发中心主攻汽车底盘技术（路达，2011）。以上城市汽车产业技术高度发达，处于汽车科研的前沿阵地，将研发中心设在上述城市有利于长安汽车技术转型升级，学习掌握先进设计理念，提升核心竞争力和扩大品牌影响力。

（三）零部件供应

一般而言，汽车的零部件供应主要依附于汽车整车制造，其扩张路径通常伴随着整车生产扩张进行。除2005年在南京与马自达合资新建的长安福特马自达发动机有限公司外，长安汽车零部件供应基本内置于整车生产制造布局。根据图2-11中的相关数据，长安汽车的主产区主要集中在重庆、南昌和南京等地区，与之相对应，长安汽车零部件供应价值链的扩张大致也是以重庆为大后方，向东部沿海扩张。其区位优势在于能更好地实现与整车生产的协作。同时，将零部件供应价值链布局在重庆和南京等地，更加便利与众多上下游相关企业展开协作，节约成本，实现产业区域聚集带来的经济外部性。

### （四）销售服务

长安汽车在国内销售服务扩张路径一般依附生产制造扩张路径，海外市场相对例外，长安汽车通过产品出口来实现销售的海外扩张。国内销售和服务的价值链主要分布在重庆、南京和北京等地，业务主要以汽车销售和服务、金融保险、物流和租赁居多。此外，2014 年长安汽车在北京设立汽车租赁公司，其目的在于完善生产和销售流程以及拓展下游产业链。

相比国内其他汽车厂商，长安汽车在自主品牌"出海"领域一直处于领先地位。从 2001 年开始，长安汽车海外扩张战略正式施行。截至 2015 年，长安汽车业务已经覆盖了 60 个国家，全球设有 6 000 家销售以及网点 15 万名专业服务人员，其中海外市场重点集中分布在阿尔及利亚、智力和埃及等 10 个国家和地区（徐晓晨，2016）。上述地区经济发达程度较低，汽车消费市场具有很强的经济适用型特征，长安汽车通过错位竞争策略，避开与丰田和大众等汽车巨头正面对抗，专注于微型中低端车型市场，得以打开市场，实现海外扩张战略（杨晓杰，2013）。另外，"一带一路"倡议实施以及国家汽车产业相关政策的鼓励和帮扶，促进了长安汽车拓展海外市场。

## 五、长安汽车海外区位扩张分析

### （一）长安汽车海外扩张概况

作为国内汽车行业代表企业，长安汽车一直致力于自主品牌汽车开发和海外扩张，其中长安汽车海外扩张集中体现在研发设计和销售服务价值链的扩张。经过多种形式的不断开拓，长安汽车在海外已经设有 4 大研究设计中心和 3 个海外生产基地（其中伊朗和巴西处于规划筹建过程中）以及 7 个重要的海外销售网点。

### （二）长安汽车海外扩张区位分析

结合长安汽车海外扩张历程，分析长安汽车海外扩张区位优势有以下四点。

1. 长安汽车自身区位优势。作为国有上市公司，长安汽车2015年净利润高达99.53亿元，资金充足，扩张需求明显。进行海外扩张拥有巨大的资金支持，技术成熟，具备一定硬实力。通过不断的自主研发以及合资品牌学习的经验技术，长安汽车的汽车生产等相关技术日益成熟，具备出海条件。近些年来，国家政策也一直强调鼓励汽车"走出去"，在2015年5月国务院颁布的《关于推进国际产能和装备制造业的指导意见》中明确鼓励汽车出口，尤其是近几年"一带一路"倡议的提出，对于车企走向海外都提供了诸多政策性帮助（米强，2015）。

2. 研发设计扩张区位优势。长安汽车在海外无生产机构的情况下设立研发机构。这种逆向方式带来了长安汽车海外研发机构以服务于母国市场为主的明显特征（贾翔，2011）。2007～2011年期间，长安汽车将研发设计陆续布局在英国、意大利、日本和美国这些汽车工业高度发达国家，汽车科研优势明显，基本代表了当今汽车科研最高水准。长安的这些研发基地不仅能够掌握先进技术和前沿理念，更利于加速研发进程和自主创新能力的提升。

3. 销售市场扩张区位优势。长安汽车销售价值链的扩张体现在向欠发达地区输出产品，针对发展中国家和地区，采取细化市场策略。其区位优势在于亚非拉的众多发展中国家经济发展水平较低但是人口众多，中低端实用型汽车消费巨大，长安汽车廉价低端车型市场潜力巨大，推动自主汽车品牌海外扩张。

4. 生产制造扩张区位优势。伴随着长安近些年的迅速发展带来的综合实力提升以及企业内在的扩张需求，直接在海外生产制造基地事项被提上日程。目前，海外生产基地除俄罗斯在建外，巴西和伊朗均属于规划筹建阶段。上述地区对于布局制造基地区位优势明显，集中体现在以下几方面：经济较发达，工业化程度较高，具备良好的汽车制造业基础；人口众多，尤其低端经济适用车市场广阔；对外交通便利，尤其是海运发达，有利于汽车全球化的生产与物流。通过在上述地区布局生产制造基地，一方面扩大产能，辐射消费市场；另一方面也可以积极学习海外相关技术，扩大品牌影响力。

长安汽车海外扩张进展迅速，取得较大成就，但是海外经营也面临以下风险。

（1）海外发展环境的不确定性，地缘政治冲突以及经济和文化冲突带来的意外冲击都会在很大程度上影响海外事业。

（2）与跨国车企之间竞争日益激烈，同时国内厂商纷纷出海，尤其是对于低端汽车市场的争夺使得竞争加剧，利润空间压缩。

（3）长安汽车内部支撑体系不完善，对于跨地区和文化的海外市场经营管理经验不足，难以对海外业务实现体系化的高效管理。

## 六、结论与启发

### （一）主要结论

根据前面对长安汽车区位扩张战略的细致分析和海外扩张概况的简要介绍，可以得到以下三点结论。

1. 长安汽车的区位扩张历程包括国内扩张和海外扩张两个部分，长安汽车在国内完成了以重庆为总部向东部沿海扩张的过程，其国内扩张的成功推进对长安汽车成为国内汽车领先企业意义重大。长安汽车海外扩张以产品和研发价值链扩张为主，不仅成功打入南美和北非等地的低端车市场，并且在英国、日本和美国等地设立研发中心，充分引进吸收海外先进技术。

2. 长安汽车在扩张历程中采取了多样化的扩张模式，以投资新建和兼并收购为主。就国内扩张而言，长安汽车通过与福特、马自达和铃木等厂商合资建厂，扩大产能，合资企业目前作为长安汽车核心资产。通过独资新建的形式大力发展长安自主品牌汽车。长安汽车还在海外投资新建研发中心和销售网点，积极学习海外先进汽车技术的同时开拓海外汽车市场。

3. 以生产环节作为核心，注重研发作为突破口是长安汽车价值链区位扩张的特征。长安汽车在价值链扩张过程中，一方面始终把汽车产销量放在重要位置，在重庆地区增加产能，在深圳、南京等地新增生产线，不断扩大规模；另一方面独创性地在海外没有制造基地和市场较小的前提下，在英国、美国和日本等地设立海外研发中心，通过研发环节吸收海外先进技术从而带动生产制造环节以增强竞争优势。

### （二）借鉴启发

长安作为国内十大汽车企业之一，其区位扩张的经验对我国企业尤其是汽车企业制定区位策略具有重要的借鉴意义，主要体现在以下三点。

1. 针对不同国家和地区的区位条件制定差异化的海外扩张策略。长安海外扩张策略差异化非常明显，基于自身科研技术实力薄弱，长安将研发中心设在横滨和底特律等发达汽车城市。对于亚非拉经济发展较落后的地区，长安汽车采取销售汽车的方式开拓了智利、阿尔及利亚和阿塞拜疆等海外市场。当前我国汽车、家电和电子等领域多数企业的核心竞争力相对不足，在海外扩张时，必须通过地区差异化的扩张策略，寻找区位最优分布。

2. 企业发展和扩张中，必须清楚审视自身优势和短处，通过发挥相对优势实现错位竞争。长安汽车在国内市场上难以与一汽和上汽抢夺中高端市场，因此，大力发展低端微型车，抢滩中西部落后地区尤其是乡镇地区汽车市场，取得巨大成功。海外扩张也是如此，长安避免和丰田、大众和通用等跨国汽车公司正面竞争，而是专注于亚非拉发展中国家的微型车市场，以低成本的实用车型成功打开了海外市场。我国汽车和家电企业海外扩张正当时，对比海外跨国企业仍存在差距，必须通过错位竞争来实现发展和扩张。

3. 积极学习、为我所用、模仿创新是长安汽车进行自主创新的三大原则。早期长安汽车积极地与福特、马自达和铃木等国外企业开展合作，以资源和市场换技术的方式学习汽车相关技术。在合资过程中，长安汽车通过借鉴和模仿加强自我研发创新能力，大力开发自主汽车品牌，已经成为中国最大的自主品牌汽车企业。并且将研发机构布局在欧美国家，积极学习海外先进技术和前沿设计理念。我国汽车企业起步相对较晚，缺乏相关核心技术，处于产业链附加值较低的生产制造环节，基本都是通过与国外汽车企业合资的形式进行生产扩张。国内汽车企业须通过合资这一契机，积极吸收引进先进技术，为我所用，加速推进自主创新进程。

# 第四节　丰田区位战略研究

## 一、公司概况

### (一) 公司简介

丰田汽车公司，简称丰田（TOYOTA），创立于1933年，创始人为丰田喜一郎，公司总部设在日本爱知县丰田市和东京都文京区，属于三井财阀。目前，丰田在全球拥有500多家子公司，公司全世界雇员总数达344 109人，同时，丰田也是日本军用汽车与装甲车的最大生产商。丰田创立初期主要是以制造纺织机械为主，1933 年丰田喜一郎在纺织机械所设立汽车部，丰田正式开始生产汽车。

作为大型跨国企业，丰田坚持多元化的发展战略，从单一的汽车生产企业发展为集汽车、金融和其他服务为主的综合性公司，产品范围涉及汽车、钢铁、机床、农药、电子、纺织机械、纤维织品、家庭日用品、化工、化学、建筑机械及建筑业等多个领域。丰田先后在美国、英国以及东南亚等地建立独资或合资企业，并在当地建立研发中心，实施当地研究开发设计生产的国际化战略。丰田在环保节能领域一直走在世界前列，积极投资环保和新能源领域，生产节能产品，成为生产环保汽车的领军者。在公司内部节能管理上，丰田创造了著名的丰田生产管理方式，是对曾经统治全球工业的福特式生产方式的重大突破，在全世界产生了深远影响。

## （二）公司市场表现

丰田经过多年的努力，实现了全球汽车销量基本保持稳定增长，盈利能力不断增强，产品体系不断丰富，市场占有率基本保持在较高水平，公司整体的运营能力得到提升。

1. 销售量。2010 年丰田的召回事件导致丰田在全球的销量下滑，下降幅度为 3.2%，此后两年销量虽有增长，但增长幅度较小。2012~2014 年，丰田的全球汽车销售量连续两年持续增长，增长幅度为 23.99%，这表明丰田正逐渐走出召回事件的影响。其中，国外的汽车销量占据较大的比重，且基本呈逐年递增的趋势，表明海外市场越来越成为丰田的主要市场（见图 2 - 12）。

2. 营利情况。2010~2015 年丰田公司的营业收入和净利润基本都呈逐渐增长的趋势。其中，由于受到丰田召回事件和日元升值的影响，2012 年的营业收入达到五年来的最低点，此后连续两年净利润和营业收入都持续增长，增长幅度分别为 108.2% 和 20%（见图 2 - 13）。表明丰田已经走出低迷，盈利水平提高。

3. 行业排名。根据《财富》公布的世界 500 强排名：2013 年丰田位于第八，2014 年位于第九，2015 年位于第九，在汽车行业排名中，丰田处于前三名的领先地位。2013~2015 年丰田的全球销售额维持在较高的水平，说明其在全球汽车市场上占有较高的市场份额，具有较强的竞争力（见图2 - 14）。

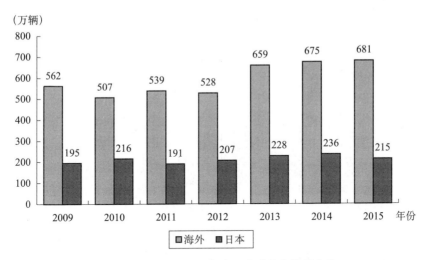

**图 2 - 12　2009~2015 年丰田全球汽车销量变化**

资料来源：丰田 2009~2015 年年报。

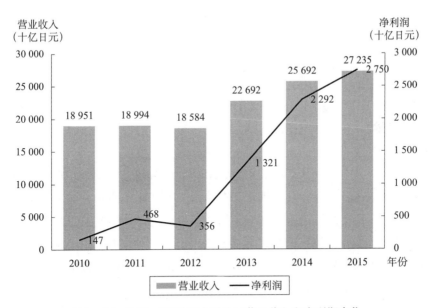

**图 2 - 13　2010~2015 年丰田公司营业收入和净利润变化**

资料来源：丰田 2010~2015 年年报。

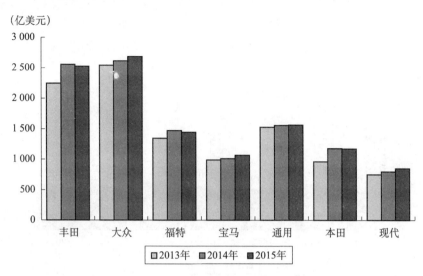

**图 2 – 14　2013 ~ 2015 年全球主要汽车公司销售额**

资料来源：丰田年报。

## 二、丰田的扩张历程和特征

### (一) 丰田区位扩张的主要历程

在全球的扩张中，丰田从早期的产品出口到后来在世界 28 个国家和地区建立分支机构，在全球范围内实现了研发、生产、销售、服务的一体化。丰田在全球的扩张按照时间的先后主要可以划分为两个阶段。

1. 日本本土扩张 (1937 ~ 1980 年)。1980 年以前，丰田的扩张基本集中在日本国内。在日本爱知县丰田市和东京都文京区建立两个总部，利用总部的辐射优势，以两个总部为中心建立工厂、研发部门等，形成了一系列从研发到生产、销售、服务比较完整的产业链体系。其中，研发部门作为丰田的核心，大多设立在人才、科研优势较为明显的地方。例如，丰田在日本的五大研发中心之一的东富士研究所就设在日本静冈县东部的裾野，裾野作为日本的前沿技术城市，拥有众多的制造业企业。丰田选择这里作为研发中心就是利用了企业聚集所产生的人才、科技等方面的优势。

2. 海外扩张阶段 (1980 年至今)。1980 年以前，丰田在海外的扩张动作几乎为零。1980 年以后，随着丰田的快速发展，以及中国、新加坡等亚洲国家的兴起，丰田开始在海外大规模扩张，其扩张的主要阵地包括北美、西欧和亚洲（主要是中国）。丰田海外扩张主要分为两个阶段：第一个阶段的扩张主要是以北美为核心，将美国作为首个进军的海外市场；第二个阶段是以亚洲为核心，以中国、印度、巴西、俄罗斯为重点市场。

（二）丰田区位扩张的主要特征

1. 立足日本，实现研发、生产、销售、服务的全球一体化。丰田在日本的快速发展为其海外扩张积累了雄厚的资金和技术优势，充分利用了各个国家的优势在全球范围内建立起研发、生产、销售、服务的一体化。丰田在全球建有 53 家海外工厂，大多集中分布在美国沿岸、中国南部以及东南亚等交通便利、劳动力成本较低的国家和地区。丰田在除日本本土以外的美国、比利时等地都建立了研发中心，充分利用发达国家先进的科学技术，实现全球研发。同时丰田还在除日本以外的多个国家建有销售分公司，实现了生产、销售、研发的全球一体化（见表 2-8）。

表 2-8　　　丰田在全球主要区域设立的生产、销售、研发机构数量一览　　　单位：个

| 地区 | 生产 | 销售 | 研发 |
| --- | --- | --- | --- |
| 北美洲 | 11 | 5 | 2 |
| 拉丁美洲 | 4 | 41 | 0 |
| 欧洲 | 8 | 30 | 3 |
| 非洲 | 3 | 44 | 0 |
| 亚洲（除日本外） | 24 | 16 | 5 |
| 日本 | 16 | 282 | 5 |
| 大洋洲 | 1 | 15 | 0 |
| 中东 | 1 | 16 | 0 |
| 总计 | 70 | 449 | 15 |

资料来源：丰田年报。

2. 产销结合，以市场扩张推动生产扩张。丰田通过海外建厂的方式来开拓海外市场，生产工厂与销售市场高度重合。丰田在全球的 53 个生产工厂主要集中分布在日本、北美、亚洲、欧洲地区（见图 2-15），这些地区也是丰田在全球的主要销售市场。其原因主要是受日本国内有限的地理空间和资源等条件的限制，直接在当地建厂生产销售，有利于扩大生产，减少运输成本，开拓市场。

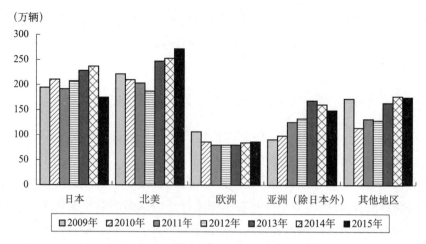

图 2 - 15  丰田全球各主要地区的销售额

资料来源：丰田年报。

3. 海外扩张的模式以独资新建、合资新建的方式为主。丰田通过独资或者合资的方式在海外建立生产基地、研发中心等，能够充分掌握对其的控制权，有利于资源的充分利用，降低生产和运输成本，提高资金的使用效率，同时还能学习到先进的生产技术和管理经验。

4. 丰田生产管理模式的扩张。丰田在海外进行扩张的同时，也重视管理模式的复制和扩张，将零部件供应等配套产业进行本土化移植，在海外建立汽车装配线，实现了丰田独特的管理模式的扩张，在全球范围内实现汽车生产的一体化。伴随着管理模式的海外扩张，丰田汽车在全球范围内形成标准化的汽车生产体系。

5. 全球范围内实现汽车的生产组装。丰田在全球 20 多个国家和地区建立了其生产系统，其中仅汽车零部件就来自 20 多个国家的 160 多个工厂，丰田在全球范围内寻求最经济的汽车各个部件的生产基地，再将这些部件组装，利用全球的资源实现汽车生产的全球化。例如，丰田将其先进零部件的生产制造选在日本国内，将一般零部件的生产转移到东南亚等生产成本较低的国家，在全球范围内实现零部件的优化生产。

## 三、丰田区位扩张的主要模式

根据丰田在全球扩张的历史进程，丰田在全球的扩张主要是通过合资新建和独资新建生产基地、研发中心、销售公司来实现的，只有为数不多的扩张是通过并购来完成的。

## （一）合资新建

丰田在海外的扩张大多采用合资新建的方式。例如，1984 年与通用合资成立新联合汽车制造有限公司，2002 年与中国一汽合资成立一汽丰田，2004年与广汽集团合资成立广汽丰田，2012 年与法国标致在捷克合资生产。通过与国外的企业合资，能够快速地进入国外市场，减少开拓新市场的成本，能够利用合资企业的成本扩大企业规模，同时也有利于吸收国外公司先进的生产技术、管理经验等。

## （二）独资新建

独资新建有利于掌握实际的控制权，经营管理灵活自由，能够独立地进行管理决策。独资建立的企业的所有权、控制权、经营权、收益权高度统一，有利于保护企业的核心技术、管理经验等。一般技术能力较强的大企业在海外建立研发中心时经常选择独资新建的方式来增强对海外研发中心的控制，防止技术外溢。例如，丰田在中国建立的研发中心都是采用独资的方式。

## （三）兼并收购

丰田较少通过并购来进行扩张。丰田扩张进程中只发生过三次并购，且都发生在日本。1998 年，丰田收购大发成为其子公司；2001 年丰田通过控股收购日野公司成为其子公司；2005 年，丰田公司通过购买通用持有富士重工8.7% 的股份而成为富士重工股份最大的股东（祁晓玲，2005）。这是丰田扩张历史上仅有的三次并购经历，且都是在国内展开的。并购能够让企业迅速实现规模扩张，以较低的成本和风险进入新的行业，通过并购也能加强企业对市场的控制能力，提高盈利水平。

# 四、丰田价值链的扩张

## （一）生产环节

根据丰田在全球的扩张历程，可以总结出丰田在全球的生产基地的扩张主要经过了从日本本土到北美、欧洲等发达国家再到亚洲等新兴的发展中国家两个阶段。丰田在日本国内的生产基地大多分布在沿海等交通便利的城市，海外的生产基地则遍布东南亚、北美和欧洲地区。结合丰田 2013～2015 年的年报，日本仍然是丰田主要的汽车生产基地。丰田在日本本土累计建有 16 个工厂，2015 年产量达到 4 125 千辆，产量占比为 46.2%。丰田在亚洲地区的工厂数量最多，为 24 个，且产能基本保持稳定，是丰田除日本本土外的第二大生产基地。这主要得益于亚洲地区相对较低的成本优势以及其经济的快速发展。北美地区的工厂数量为 11 个，三年间的产量从 1 677 千辆增长到 1 929 千辆，增长幅度为 15%。欧洲地区建有 8 个工厂，产量从 2013 年的 368 千辆增长到 2015 年的 554 千辆，增长幅度为 51%（见表 2－9）。

表 2－9　　2013～2015 年丰田全球主要地区的汽车产量及其产量占比情况

| 地区 | 工厂数量（个） | 产量（千辆） | | | 产量占比（%） | | |
|---|---|---|---|---|---|---|---|
| | | 2013 年 | 2014 年 | 2015 年 | 2013 年 | 2014 年 | 2015 年 |
| 日本 | 16 | 4 276 | 4 345 | 4 125 | 45.3 | 48.1 | 46.2 |
| 北美 | 11 | 1 677 | 1 759 | 1 929 | 17.8 | 19.5 | 21.6 |
| 亚洲（除日本外） | 24 | 1 924 | 1 939 | 1 831 | 20.4 | 21.5 | 20.5 |
| 欧洲 | 8 | 368 | 506 | 554 | 3.9 | 5.6 | 6.2 |
| 其他地区 | 11 | 1 189 | 483 | 491 | 12.6 | 5.3 | 5.5 |
| 总计 | 70 | 9 434 | 9 032 | 8 930 | 100 | 100 | 100 |

资料来源：丰田 2013～2015 年年报。

　　总体来看，近三年来，丰田在北美和欧洲地区的产能得到了较快的扩张。这一现象与金融危机后欧美发达国家推动"实业回归"的政策是分不开的。随着欧美发达国家大力实施智能制造战略，制造环节在发达国家的竞争力将会得到进一步加强，因此，汽车的制造环节向欧美发达国家回流的比重可能会进一步提高，而中国等亚洲国家和地区可能要面临汽车制造成本优势的弱化。

　　根据丰田全球生产基地的区位分布情况，发现丰田生产基地全球布局规律非常明显，且地域集中度较高，具体如表 2－10 所示，总结出丰田主要生产基地的区位优势。

表 2－10 丰田在全球主要生产基地区位优势分析

| 日本 | 1. 靠近丰田总部，有利于新技术的快速传播，降低成本<br>2. 日本汽车产业高度发展，能够充分利用其产业集群的优势 |
|---|---|
| 北美、欧洲 | 1. 北美、欧洲等发达国家科技先进，能够为生产提供技术支持，降低成本<br>2. 北美、欧洲的海运发达，交通便利，方便产品运往销售市场，降低成本<br>3. 北美、欧洲地区的人口众多，拥有巨大的市场，有利于产品的销售和市场的开拓，降低成本 |
| 东南亚 | 1. 东南亚地区相对低廉的劳动力能够降低生产成本，提高利润<br>2. 东南亚地区经济发展迅速，人口众多，为产品的生产、销售提供市场<br>3. 政府为吸引外商投资，为海外企业投资建厂提供了许多优惠政策<br>4. 东南亚地区辐射全球的优越的地理位置也为企业的对外扩张提供了条件 |

资料来源：笔者根据资料编制。

## （二）研发环节

除了生产的全球化以外，丰田的研发中心也实现了从日本本土到全球的扩张。丰田在全球建立了多个研发中心，从基础研究、先行开发到新产品开发，丰田构建了广泛而深入的全球研究开发体制，在世界各地积极开展各种研究开发工作。除了日本本土的研发中心以外，丰田还在美国、比利时、澳大利亚和泰国等地都建立了研发中心，2010 年丰田在江苏省常熟市东南经济开发区设立丰田汽车研发中心（中国）有限公司，这是丰田全球第六家研发中心（见表 2－11）。

表 2－11 丰田全球研发中心一览

| 国家 | 名称 | 年份 | 所在地 | 研究领域 |
|---|---|---|---|---|
| 日本 | 研究与开发部 | 1954 | 东京 | 产品的设计、汽车工程和汽车评估 |
| | 丰田中央技术研究所 | 1960 | 东京 | 基础研究 |
| | 东京外形设计研究所 | 1963 | 东京 | 高级设计 |
| | 东富士研究所 | 1966 | 静冈县 | 高级工程 |
| | 士别实验场 | 1984 | 士别 | 汽车评估 |
| 美国 | Calty 设计研究公司 | 1973 | 加利福尼亚州 | 外部、内部和颜色设计 |
| | | | 密歇根州 | |
| | 丰田电机工程与制造北美公司 | 1977 | 密歇根州 | 产品规划，车辆工程与评价基础研究 |
| | | | 加利福尼亚州 | |
| | | | 亚利桑那州 | |
| | | | 华盛顿特区 | |

续表

| 国家 | 名称 | 年份 | 所在地 | 研究领域 |
|---|---|---|---|---|
| 欧洲 | 丰田汽车欧洲公司 | 1987 | 比利时、英国 | 汽车工程和评估 |
| | 丰田赛车运动车辆研发中心 | 1993 | 德国 | 欧洲赛车运动车辆的研发基地 |
| | 丰田欧洲设计研发中心 | 2000 | 法国 | 外部、内部和颜色设计 |
| 亚太地区 | 丰田亚太地区汽车设计和生产公司 | 2003 | 泰国 | 汽车工程和评估 |
| | 丰田亚太技术中心澳大利亚公司 | 2003 | 澳大利亚 | 汽车工程和评估 |
| | 一汽丰田研发中心 | 2008 | 中国天津 | 汽车工程和评估 |
| | 广汽丰田汽车有限公司研发中心 | 2009 | 中国广州 | 汽车工程和评估 |
| | 丰田汽车研发中心（中国）有限公司 | 2010 | 中国江苏常熟 | 汽车工程和评估、基础研究 |

资料来源：丰田公司官网。

丰田全球各研发中心的区位优势如表 2 - 12 所示。

表 2 - 12　　　　　　　　丰田全球研发中心区位优势分析

| 日本 | 东京 | 1. 汽车产业高度发达，产业集群带来的技术外溢优势有利于促进研发活动，降低研发成本<br>2. 发达的经济、众多的科研院和知名高校为研发活动提供资金和技术支持<br>3. 国家政策对创新活动的大力支持 |
|---|---|---|
| | 静冈县 | |
| | 士别 | |
| 美国 | 密歇根州 | 1. 汽车及其相关产业的聚集产生的技术溢出效应、集聚的外部规模经济效应为研发活动提供了有利条件<br>2. 美国高校、科研院所众多，创新能力强，经济发达，为科研活动提供资金、人才等资源支持<br>3. 地理位置优越，交通便利，有利于先进技术的传播 |
| | 亚利桑那州 | |
| | 华盛顿特区 | |
| | 加利福尼亚州 | |
| 欧洲 | 比利时 | 1. 顶尖的汽车制造业以及相关配套产业的高度发展，为创新活动提供技术支持<br>2. 丰富的技术经验和科研人员的储备，为汽车领域的创新提供了有力保证<br>3. 发达的经济，多领域的市场机会有利于吸引诸多海外投资，为科研活动提供资金支持 |
| | 德国 | |
| | 英国 | |
| | 法国 | |
| 亚太地区 | 泰国 | 1. 新兴经济体的迅速发展，巨大的消费市场，有利于了解市场需求，设计出更符合消费者需求的产品<br>2. 经济全球化的深入发展使对外开放水平提高，政府相关政策的扶持有利于科研活动的展开<br>3. 众多高校和科研院所为研发提供良好的后备力量 |
| | 澳大利亚 | |
| | 中国广州 | |
| | 中国天津 | |
| | 江苏常熟 | |

资料来源：笔者根据资料编制。

## （三）销售环节

丰田在全球建立了完善的销售渠道和销售分公司，实现丰田在全球销售的一体化。丰田的全球销售分公司大多分布在东南亚、欧洲和北美洲（见表2－13），与丰田生产基地的区位分布基本重合，目的是更好地为汽车的生产和制造服务，减少产品的运输成本，同时也有利于丰田开拓新的海外市场。

表2－13　　丰田在全球主要国家首次建立销售公司的时间一览

| 成立年份 | 所在地 | 公司名称 |
| --- | --- | --- |
| 1955 | 沙特阿拉伯 | Abdul Latif Jameel 进口及分销公司 |
| 1957 | 曼谷 | 丰田汽车销售公司曼谷分公司 |
| 1957 | 美国 | 丰田汽车销售公司美国分公司 |
| 1958 | 巴西 | 丰田巴西公司 |
| 1961 | 南非 | 丰田南非汽车公司 |
| 1962 | 泰国 | 丰田泰国汽车公司 |
| 1963 | 澳大利亚 | 丰田汽车销售公司澳大利亚公司 |
| 1963 | 丹麦 | 丰田丹麦公司 |
| 1964 | 加拿大 | 丰田加拿大公司 |
| 1965 | 英国 | 丰田英国公司 |
| 1971 | 德国 | 丰田德国公司 |
| 1972 | 鯆尼西亚 | 丰田奥斯特汽车公司 |
| 1982 | 马来西亚 | 丰田马来西亚公司 |
| 1988 | 澳大利亚 | 丰田澳大利亚销售公司 |
| 1989 | 菲律宾 | 丰田菲律宾公司 |
| 1990 | 土耳其 | 丰田土耳其汽车生产与销售公司 |
| 2000 | 韩国 | 丰田韩国公司 |
| 2001 | 新加坡 | 丰田亚太有限公司 |
| 2001 | 墨西哥 | 丰田墨西哥销售公司 |
| 2001 | 俄罗斯 | 丰田汽车公司 |
| 2002 | 比利时 | 丰田欧洲公司 |

资料来源：丰田年报。

## （四）价值链区位扩张：以北美市场为例

丰田的海外扩张主要可以分为两个时期：第一个时期是丰田海外扩张的初始布局时期，这一时期，丰田的海外扩张方式主要是以出口为主，出口的国家主要是以美国为主的北美地区。第二个时期是丰田海外扩张的深入布局时期，这一时期丰田的扩张方式主要是以新建为主，扩张的中心仍然是以美国为主的北美地区，通过北美地区辐射全球其他地区，从而实现其在全球的布局（杨阳，2010）。分析丰田扩张时所处的政治经济环境，总结出北美成为丰田海外扩张的重心的原因，具体主要有以下三个方面。

1. "二战"后，美国对日本进行独占和政治改造，从而使日本的民主、法治等方面带有很强的美国色彩，这就为其产品出口美国提供了政治保障。

2. 朝鲜战争和越南战争的爆发，使得美国将日本作为其生产军需品的基地，且美国忙于战争，其国内生产能力减弱，这就为日本产品进入美国提供了契机。

3. 美国作为北美大国，经济发达，市场购买力强，因而成为丰田海外扩张的首选。北美作为丰田在全球扩张的核心，丰田在北美建立了完整的汽车产业链，丰田在北美的扩张进程也是丰田在北美产业链的扩张。丰田在全球扩张的基本模式是先在当地市场进行销售，再进行生产。因此，丰田1957年先在美国建立丰田美国汽车销售公司，充分了解美国人的消费习惯。1984年丰田与通用合资建厂，1988年丰田在美国建立了丰田美国汽车生产公司（现肯塔基州丰田汽车生产公司），这是丰田在美国的第一家独资的生产公司。1984~2006年间丰田在北美成立了六所汽车制造公司，1999年丰田登陆美国纽约证券交易所，2008年成立北美丰田研发协会和美国丰田技术中心约克镇分部。丰田在北美的扩张历程基本可以总结为：整车销售—生产制造—金融服务—研发。符合企业扩张的一般模式——从产业链的低端到高端（见表2-14）。

表2-14 丰田在北美的产业链扩张情况

| 年份 | 扩张事项 | 所属环节 |
|---|---|---|
| 1957 | 美国丰田销售公司 | 整车销售 |
| 1977 | 美国丰田技术中心 | 设计研发 |
| 1984 | 新联合汽车制造公司 | 生产制造 |
| 1988 | 肯塔基州丰田汽车制造公司 | 生产制造 |
| 1989 | 雷克萨斯经销代理 | 整车销售 |
| 1998 | 印第安纳丰田汽车制造公司 | 生产制造 |
| 1998 | 西弗吉尼亚丰田汽车制造公司 | 生产制造 |
| 1999 | 丰田汽车股份有限公司登陆纽交所 | 金融服务 |
| 2002 | 加利福尼亚丰田汽车制造公司 | 生产制造 |

| 年份 | 扩张事项 | 所属环节 |
|---|---|---|
| 2003 | 得克萨斯丰田汽车制造公司 | 生产制造 |
| | 阿拉巴马丰田汽车制造公司 | |
| 2006 | 北美丰田工程生产公司 | 生产制造 |
| 2008 | 北美丰田研发协会、美国丰田技术中心约克镇分部 | 生产研发 |

资料来源：丰田年报。

## 五、丰田在中国

### （一）丰田在中国的发展历程

中国作为丰田海外核心市场之一，其各种有利的条件吸引着丰田在中国进行扩张。丰田积极参与在中国的整车、发动机及汽车配套设施的相关事业，分别与第一汽车集团和广州汽车集团合作，已在天津、广州、成都、长春合资建立了6个整车工厂和4个发动机工厂，在中国的8个省和直辖市设立了9家独资公司、15家合资公司。

1964年，丰田首次向中国出口丰田Crown皇冠轿车，这标志着丰田开始进入中国，此后的20年丰田一直以贸易出口的方式经营在中国的业务。随着中国的改革开放和经济的迅速发展，丰田在中国坚持贸易出口战略的同时，在北京、广州等地设立多家维修服务中心和办事处，为在中国的本地化生产创造配套条件。1980年，丰田设立首家丰田汽车维修服务中心，同年7月，丰田在北京设立丰田汽车公司北京办事处。1982年，丰田在广州设立丰田汽车维修服务中心。20世纪90年代，随着丰田市场战略的调整以及中国良好的投资环境、廉价的劳动力成本以及巨大的市场潜力，丰田开始在中国进行直接投资。1990年，丰田在沈阳设立中国汽车工业丰田金杯技工培训中心。90年代中期，丰田在中国建立了20多家汽车零部件的独资、合资企业。同时，丰田还与一汽、广汽合作在中国成立分公司（见表2-15）。丰田在进行本地化生产的同时，也在中国建立研发中心，进行本地化研发。目前，丰田在中国建立了三大研发中心，分别位于天津、广州和江苏常熟。

表 2 –15                    丰田在中国分公司一览

| 年份 | 城市 | 公司名称 | 公司性质 | 公司业务 |
|---|---|---|---|---|
| 2001 | 北京 | 丰田汽车（中国）投资有限公司 | 独资 | 金融业务 |
| 2003 | | 一汽丰田汽车销售有限公司 | 合资 | 销售服务 |
| 2005 | | 丰田汽车金融（中国）有限公司 | 独资 | 金融业务 |
| 1998 | 天津 | 丰田汽车技术中心（中国）有限公司 | 独资 | 研发设计 |
| 1995 | | 天津丰津汽车传动部件有限公司 | 合资 | 生产制造 |
| 1996 | | 天津一汽丰田发动机有限公司 | 合资 | 生产制造 |
| 1997 | | 天津丰田汽车锻造部件有限公司 | 独资 | 生产制造 |
| 2000 | | 天津一汽丰田汽车有限公司 | 合资 | 生产制造 |
| 2004 | | 丰田一汽（天津）模具有限公司 | 合资 | 生产制造 |
| 2007 | | 同方环球（天津）物流有限公司 | 合资 | 物流 |
| 2012 | | 一汽丰田技术开发有限公司 | 合资 | 研发设计 |
| 2010 | 常熟 | 丰田汽车研发中心（中国）有限公司 | 独资 | 研发设计 |
| 2012 | | 丰田汽车（常熟）零部件有限公司 | 合资 | 生产制造 |
| 2013 | | 新中源丰田汽车能源系统有限公司 | 合资 | 生产制造 |
| 2013 | | 丰田汽车仓储贸易（常熟）有限公司 | 独资 | 物流 |
| 2014 | | 科力美汽车动力电池有限公司 | 合资 | 生产制造 |
| 2001 | 上海 | 丰田汽车仓储贸易（上海）有限公司 | 独资 | 物流 |
| 2003 | | 丰田汽车技术研发（上海）有限公司 | 独资 | 研发设计 |
| 2004 | 广州 | 丰田汽车技术研究交流（广州）有限公司 | 独资 | 研发设计 |
| 2004 | | 广汽丰田汽车有限公司 | 合资 | 生产制造 |
| 2004 | | 广汽丰田发动机有限公司 | 合资 | 生产制造 |
| 1998 | 成都 | 四川一汽丰田汽车有限公司 | 合资 | 生产制造 |
| 2004 | 长春 | 一汽丰田（长春）发动机有限公司 | 合资 | 生产制造 |
| 2005 | | 四川一汽丰田汽车有限公司长春丰越公司 | 合资 | 生产制造 |

资料来源：丰田公司官网。

### （二）丰田在中国价值链的扩张

1. 生产环节。丰田在中国的生产环节的扩张主要分为三个阶段：第一个阶段为 20 世纪 80 年代到 90 年代初，主要是丰田为在中国的本地化生产建立配套设施。在广州、北京等地建立办事处和维修服务中心。同时，丰田公司还与中国企业开展技术援助和技术转让，并且在广州、北京等地设立维修技术培训中心。1984 年，丰田集团大发公司对天津汽车华利公司提供技术援助。1985 年，在北京、广州设立丰田汽车中国维修技术培训中心。90 年代初，丰田与沈阳金杯客车公司进行技术合作，并于 1990 年在沈阳设立中国汽车工业丰田金杯技工培训中心。第二个阶段为 20 世纪 90 年代中后期到 21 世纪初，主要是丰田为在中国进行整车生产做准备，利用丰田的子公司日本大发公司与天津一汽的技术合作，以天津为中心建立自己的零部件生产体系，总共建立了 20 多家生产汽车零部件的独资、合资公司。例如 1995 年在天津成立丰津汽车传动部有限公司，1996 年成立天津丰田汽车发动机有限公司，1997 年成立天津丰田锻造部件有限公司。第三个阶段为 21 世纪初至今，这一时期丰田主要是以建立整车生产企业为主，形成了以天津、广州和四川为主的整车生产基地。2000 年，丰田与天津汽车夏利股份有限公司成立天津丰田汽车有限公司，成为丰田在中国的首个整车生产企业。2004 年丰田与广州汽车公司合作成立广州丰田汽车有限公司（柳长立，2008）。

2. 研发环节。除了在中国进行生产环节的扩张外，丰田在中国还建有研发中心。根据丰田公司的扩张战略，丰田公司习惯在正式进入市场之前就先在当地建立产品研发机构。因此，1995 年，丰田在天津成立丰田汽车国产化技术支援中心。1998 年，丰田独资在天津设立了丰田汽车技术（中国）公司。进入 21 世纪，丰田大规模地在中国进行扩张。先后成立了丰田汽车技术研发（上海）有限公司、丰田汽车技术研究交流（广州）有限公司。2008 年在天津成立了一汽丰田技术开发有限公司，2009 年在广州成立了广州丰田汽车有限公司研发中心，2010 年，在江苏常熟成立了丰田汽车研发中心（中国）有限公司（陶胜，2011），形成了以天津、广州、常熟三大研发中心为主的研发体系。

3. 销售服务。丰田在中国建立销售服务以及投资等机构的时间主要是在 2001 年以后，随着汽车零部件以及整车制造企业的建立，与汽车生产有关的配套设施也需要完善。2001 年丰田独资在北京成立了丰田汽车（中国）投资有限公司，并有该公司投资成立了丰田汽车仓储贸易（上海）有限公司。同时，丰田与一汽、广汽合作成立了一系列仓储、物流、服务等服务性质的公司。2003～2012 年，先后成立了一汽丰田汽车销售有限公司、同方寰球（天津）物流有限公司、丰田汽车（金融）中国有限公司等。

（三）丰田在中国扩张的因素分析

丰田在中国扩张的宏观因素主要有以下三个方面：首先，中国作为一个快速增长的发展中国家，其快速增长的经济、潜在的强大购买力和市场容量，都为丰田在中国的销售提供了一个巨大的市场。其次，中国相对便宜的劳动力和丰富的资源成为吸引丰田在中国投资建厂的一个重要因素。最后，中国政策的支持。中国"引进来，走出去"的政策为丰田在中国的扩张提供了政策保障。

丰田在中国扩张时，其在扩张方式、区位选择等方面具有一定的特点，通过对这些特点的分析，总结出以下三点。

1. 丰田在中国建立的分公司大多采用合资的方式，且大多是与中国的国有汽车企业合资。原因主要有以下几个方面：（1）合资的优势。与本土大型企业合资能够快速进入市场，降低成本，享受东道国的优惠政策，降低生产经营的风险，因此，外国企业在进入其他国家时大多采用与本土企业合资的方式。（2）政策决定。中国对于汽车产业的基本国策就是"以市场换技术"。通过与外国汽车企业合资，学习先进的技术、管理经验等，同时也有利于外国企业开拓市场，实现互利共赢。（3）国有企业的优势。国有汽车企业资金雄厚，多与当地政府关系密切，便于生产经销过程中公共关系的展开，成为外国汽车企业进入中国合资的首选。

2. 丰田在研发设计、销售服务，金融服务，物流等领域基本都采用独资的方式，在生产制造上基本采用合资的方式。合资方式带来的风险就是技术外溢，因此，为了控制这种风险，丰田在研发设计、销售服务金融服务、物流等领域采用独资的方式，完全掌握控制权，引入丰田自身的服务体系和标准，通过资产与核心产权控制等形式进入，既实现了对关键价值链的布局，又统一了其控制体系，还扩大了利益范围。

3. 丰田在中国有四大生产基地、三大研发中心。四大生产基地分别位于天津、长春、成都、广州。丰田将生产基地选在天津、长春和广州的主要原因是这三个地方的汽车及其相关产业高度发达，因而能够利用汽车产业的集群优势。选择成都作为生产基地主要是因为成都优越的地理位置能够辐射整个西部地区，实现丰田在整个西部市场的战略布局（秦瑶，2014）。丰田在中国的研发中心位于经济发达、高校和科研院所众多、与汽车专业相关的人才较多的天津、广州和常熟。其中位于常熟的研发中心是丰田在全球最大的研发中心，这主要是由于常熟位于长三角地区，是上海经济圈的重要城市，且常熟积极承接国际高端产业转移，成功引进芬兰芬欧汇川、瑞士诺华、法国阿科玛等多家国际跨国公司和研发中心，这都为研发中心的建立提供了有利条件。

## 六、结论与启示

### （一）结论观点

根据前面对丰田区位扩张战略的分析，可以得出以下三个结论。

1. 丰田在全球的扩张主要分为日本本土扩张和海外扩张，其中海外扩张是丰田走向国际化的重要环节。丰田的海外扩张始于20世纪80年代，主要分为两个阶段：第一个阶段是将欧美作为其海外扩张的重心；第二个阶段则将扩张的重心放在亚洲地区和新兴的国家。丰田的海外扩张战略是立足于日本本土，辐射全球。丰田充分利用全球的资源，在全球范围内建立起从生产、研发到销售的完整的产业链体系。

2. 丰田在全球的扩张大多是通过独资新建和合资新建的方式实现的，较少通过并购的方式。丰田在海外建立的研发中心、金融机构等大多采用独资新建的方式。丰田在海外建立的生产工厂和生产性的分公司大多采用合资新建的方式。丰田历史上只发生过三次并购，并且都是发生在日本国内。

3. 丰田在中国的扩张具有明显的集聚特点，丰田在中国的生产基地和研发基地主要位于天津、广州、北京。丰田最初进入中国就在北京、广州设立多家办事处以及维修中心。20世纪90年代，丰田开始在中国大规模地建立零部件生产企业，主要位于天津。20世纪初，丰田与一汽、广汽合作，在天津和广州建立了整车生产企业以及完善的汽车生产配套设施。

### （二）借鉴启示

丰田作为目前世界上第一大汽车制造企业，其区位扩张的经验对我国企业特别是汽车企业制定区位战略来说，具有重要的借鉴意义，具体主要有以下三个方面。

1. 丰田价值链的扩张是以生产环节的扩张为先导，推进研发环节的扩张，同时伴随着销售服务环节的扩张。例如，丰田在中国就是先建立零部件以及整车生产企业，在基本实现了生产环节的布局之后，便开始进行本地研发，在主要的汽车生产基地建立研发中心，实现生产环节和研发环节的良性互动。在生产和研发环节扩张的同时，也伴随着物流、仓储、金融、销售等一系列服务环节的扩张，为汽车生产提供服务支持。

2. 根据不同的国际环境和区位差异调整海外扩张战略。1957～1981 年是丰田国际化的初始布局阶段，这个阶段丰田的海外扩张战略主要是海外布局经销网络，扩张的方式主要是以产品的出口为主。然而，由于丰田出口的产品基本是由日本本土的工厂生产，忽略了各个国家地理气候、路况等条件的差异，导致丰田在美国的汽车销量寥寥无几。另外，由于贸易壁垒和关税政策导致丰田的出口受阻。在面对不利的出口环境以及对出口国家市场条件不了解的情况下，丰田改变其海外扩张战略，开始在海外建厂，进行当地生产。

3. 丰田独特的生产方式和其以人为本的企业文化为其区位扩张奠定了基础。丰田 TPS 的生产方式以其"零库存"思想，实现丰田生产的一体化。丰田将其独特的生产方式运用于其在全球的生产工厂，实现全球生产的统一管理。同时，丰田将其"以人为本，追求完美"的企业文化渗透到其在全球的分公司，在全球的丰田企业内形成独特的丰田精神。

**参考文献**

［1］［日］针本康雄. 伟大的技师——本田宗一郎［M］. 任川海译. 北京：新华出版社，1996.

［2］本田. 本田株式会社 2010～2015 年年度报告［R］. 2006.

［3］［日］小林三郎. 本田创新的精髓［M］. 张宁译. 北京：中国经济出版社，2014.

［4］陈明武. 丰田与本田：全球两大汽车巨头的生产模式与创新攻略［M］. 北京：中国物资出版社，2007.

［5］中国汽车工业协会. 全球汽车销量排行榜［EB/OL］. http：//www. caam. org. cn/zhizaoshangshuju/20150910/1505171909. html，2015 - 07 - 12.

［6］李美满. 本田的全球扩张战略［J］. 汽车情报，2003（10）：56 - 59.

［7］郑宇. 石油危机成就日系车？［EB/OL］. http：//shuoke. autohome. com. cn/article/518719. html，2015 - 06 - 12.

［8］罗静玉. 本田在华得与失［J］. 汽车信息，2013（6）：11 - 12.

［9］日经中文网. 本田 7 月在华销量跃居日系之首［EB/OL］. http：//cn. nikkei. com/industry/13/20843 - 20160804. html，2016 - 08 - 04.

［10］刘泽坤. 本田全球扩张计划——本田欲将中国广州作为其汽车出口基地［J］. 汽车工业研究，2002（12）：33 - 34.

［11］本田中国. Honda 在中国的事业项目［EB/OL］. http：//

www. honda. com. cn/company/profile/china. php，2015 – 10 – 26.

　　[12] 长安汽车. 企业介绍 [EB/OL]. http：//www. changan. com. cn/enterprise/qyjs/. 2012.

　　[13] 重庆长安汽车股份有限公司. 长安汽车 2010～2015 年年度报告 [R].

　　[14] 沈文专. 基于中国汽车市场竞争环境的企业战略选择研究——以长安汽车公司为例 [D]. 重庆工商大学，2012.

　　[15] 中国汽车工业协会. 全国汽车生产制造企业销量排行 [EB/OL]. http：//www. caam. org. cn/zhizaoshangshuju/20150910/1505170909. html. 2015 – 07 – 23.

　　[16] 骆姗姗. 长安汽车百亿元大扩张 [EB/OL]. http：//www. time-weekly. com/html/20100930/102221. html. 2010 – 09 – 30.

　　[17] 李苗苗. 加速海外战略——再造"百年长安" [J]. 中国商报，2014 (7)：112 – 115.

　　[18] 邓晓娜. 全球价值链下重庆汽车产业集群发展研究 [D]. 重庆工商大学，2013.

　　[19] 李业超. 长安汽车全资收购合肥长安 [EB/OL]. http：//epaper. jinghua. cn/html，2014 – 03 – 12.

　　[20] 徐可. 长安汽车：自主创新实现自主品牌 [J]. 中国工业评论，2012 (8)：23 – 25.

　　[21] 路达. 长安汽车的自主创新之路 [J]. 中国新时代，2011 (4)：35 – 36.

　　[22] 徐晓晨. 长安多款车型将出口　拓展八大海外市场 [EB/OL]. http：//auto. ifeng. com/xinwen/20160125/1052521. shtml，2016 – 01 – 25.

　　[23] 杨晓杰. 中国微型汽车企业海外营销的战略研究 [D]. 武汉理工大学，2013.

　　[24] 米强. 中国汽车制造业放眼海外扩张 [EB/OL]. 中国金融网，2015 – 04 – 24.

　　[25] 雷佳，魏泱，何建洪. 我国企业构建全球研发网络的制约因素与动机激发——以长安汽车公司为例 [J]. 江苏商论，2016 (14)：123 – 124.

　　[26] 丰田. 丰田株式会社 2010～2015 年年度报告 [R]. 2016.

　　[27] 祁晓玲. 丰田取代通用成为富士重工大股东 [EB/OL]. http：//

www. cinn. cn/qc/103835. shtml.

［28］杨阳．丰田公司全球化经营分析［D］．东北财经大学，2010.

［29］丰田．丰田中国官网［EB/OL］．http：//www. toyota. com. cn/about/
overview. php.

［30］柳长立．丰田的中国攻略［J］．中国汽车技术研究中心汽车产业发
展研究所，2008（3）.

［31］陶胜．丰田全球最大研发中心开建［N］．常熟日报，2011，10.

［32］秦瑶．东风神龙汽车西部首个生产基地落子成都［N］．四川经济日
报，2014（7）.

［33］柴婷婷．产业生态视角下产业绩效评价体系研究［D］．华中科技大
学，2010.

# 第三章 电子信息产业案例[①]

## 第一节 电子信息产业的价值链结构

电子信息产业内涵丰富，包括微电子、光电子、软件、计算机、通信、网络、消费电子以及信息服务业等众多领域，涉及硬件、软件、服务三个主要环节。图3－1展示了从客户需求角度出发的电子信息产业的产业链。

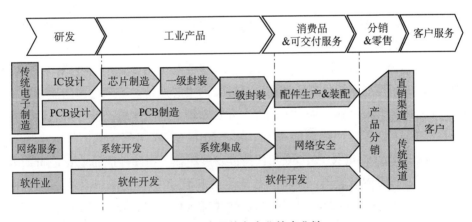

**图3－1　电子信息产业的产业链**

资料来源：根据国家统计局行业分类标准整理。

从客户需求导向角度，可将电子信息产业链分为设备制造、软件、服务三个相互联系、贯通的环节，共同构成电子信息产业主体（卢明华、李国平、

---

① 本章由暨南大学产业经济研究院刘莹、朱盼、陶锋执笔。

杨小兵，2004）。电子信息产品根据形态的不同可以分为硬件产品和相关的软件及服务两个层面，两个层面之间的关系为：硬件产品是软件和服务消费的载体，是电子信息产品需求的基础；软件和服务可以提高电子信息产品消费者的效用。由于电子信息产品技术发展迅速以及低级设备与高级软件与服务之间的兼容性限制特点，所以软件升级和更好的服务会刺激消费者对更高层次设备的需求；反过来，更高层次设备又会滋生新的软件及服务开发需求。同时，与某一设备制造商之间关联的软件和服务提供商的能力的提升，也会增强消费者对该设备提供商的忠诚度。

# 第二节　苹果区位战略研究

## 一、公司概况

### （一）公司简介

苹果公司（Apple Inc.）是美国的一家高科技公司。由史蒂夫·乔布斯、斯蒂夫·沃兹尼亚克和罗·韦恩等三人于 1976 年 4 月 1 日创立，并命名为美国苹果电脑公司（Apple Computer Inc.），2007 年 1 月 9 日更名为苹果公司，总部位于加利福尼亚州的库比蒂诺，是硅谷的中心地带。苹果公司创立之初主要开发和销售个人电脑，致力于设计、开发和销售消费电子、计算机软件、在线服务和个人计算机。苹果的 Apple II 于 20 世纪 70 年代推动了个人电脑革命，其后的 Macintosh 接力于 80 年代持续发展。该公司硬件产品主要是 Mac 电脑系列、iPod 媒体播放器、iPhone 智能手机和 iPad 平板电脑；在线服务包括 iCloud、iTunes Store 和 App Store；消费软件包括 OS X 和 iOS 操作系统、iTunes 多媒体浏览器、Safari 网络浏览器，还有 iLife 和 iWork 创意和生产力套件。苹果公司在高科技企业中以创新而闻名世界。苹果公司 1980 年 12 月 12 日公开招股上市，2012 年创下 6 235 亿美元的市值纪录，截至 2014 年 6 月，苹果公司已经连续三年成为全球市值最大公司。苹果公司在 2015 年世界 500 强排行榜中排名第 15 名。2013 年 9 月 30 日，在宏盟集团的"全球最佳品牌"报告中，苹果公司超过可口可乐成为世界最有价值品牌。2014 年，苹果品牌超越谷歌（Google），成为世界最具价值品牌。

　　和苹果一样传奇的还有苹果公司联合创始人乔布斯，被奥巴马称赞为美国最伟大的创新领袖之一，他的卓越天赋也让他成为这个能够改变世界的人。乔布斯亲自创立苹果公司，在地下车库开始了帝国梦想，公司发展起来以后却被公司驱逐出去。但是，乔布斯并未消沉，1985 年出走苹果以后，创立 NEXT，收购司皮克斯动画工作室，继续电子帝国的梦想。1996 年乔布斯回归苹果，进行大刀阔斧的改革。以 2010 年苹果发布 iPhone4、iPad 和 Mac 等一系列产品，开启了苹果公司的黄金盛世，尤其是在手机领域，成为绝对的领跑者。而乔布斯于 2011 年逝世，被全世界人民所纪念。

## （二）公司市场表现

　　1. 盈利状况。图 3 - 2 是苹果公司 2012 ~ 2015 年的主要财务数据。数据显示，这四年来，苹果公司一直处于高速增长的盈利状态。其净销售水平在 2015 年较 2014 年增长了 27.8%，销售成本增长了 6.95%，总利润增长了 9.2%。2016 年，苹果公司的销售情况依旧处于不断上升的趋势中，公司的财务状况相对稳定。

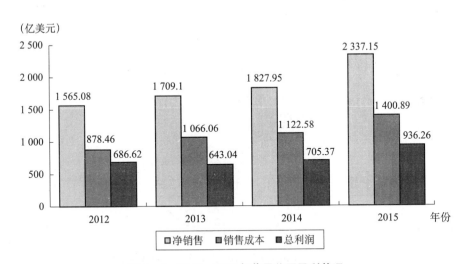

**图 3 - 2　2012 ~ 2015 年苹果公司盈利状况**

资料来源：苹果公司 2012 ~ 2015 年年报。

　　2. 公司主营产品状况。由表 3 - 1 和图 3 - 3 可知，2011 年来，苹果公司的主要产品销售收入总量连年增长，并且 2015 年的销售收入达到 2011 年的 2

倍。其中，iPhone 的销售收入增长非常明显，2015 年达到 1 550.41 亿美元，可以确定手机是苹果公司重点发展的产品，占据了苹果公司总销售收入的66%；iPad 的销售收入在 2012~2014 年均超过 300 亿美元，但 2015 年只有232.27 亿美元，较 2014 年同期减少了 23.3%，2015 年的销售收入只占到总体销售额的 10%；自 2011 年以来，Mac 的销量稳中有增，一直保持正向增长，并且在 2015 年 Mac 的销售额是 254.71 亿美元，占到总销售收入的 11%。

表 3 - 1                 2011~2015 年苹果公司主要产品销售情况                 单位：亿美元

| 产品类型 | 2015 年 | 2014 年 | 2013 年 | 2012 年 | 2011 年 |
|---|---|---|---|---|---|
| iPhone | 1 550.41 | 1 019.91 | 912.79 | 786.92 | 459.98 |
| iPad | 232.27 | 302.83 | 319.80 | 309.45 | 191.68 |
| Mac | 254.71 | 240.79 | 214.83 | 232.21 | 217.83 |
| iTunes、软件及服务 | 199.09 | 180.63 | 160.51 | 128.90 | 93.73 |
| 其他 | 100.67 | 83.79 | 101.17 | 107.60 | 119.27 |
| 总和 | 2 337.15 | 1 827.95 | 1 709.10 | 1 565.08 | 1 082.49 |

资料来源：苹果公司 2011~2015 年年报。

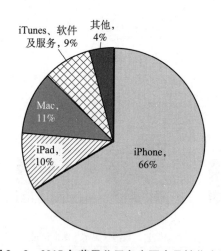

图 3 - 3    2015 年苹果公司各主要产品销售占比

资料来源：苹果公司 2015 年年报。

3. 行业排名。苹果公司资金雄厚，发展前景广阔，近年来，其在《财富》杂志公布的全球五百强企业的排名一直都处于前列。2014 年、2015 年为第 15名，2016 年为第 9 名。表 3 - 2 是 2014 年电子行业排名前十的各公司的营业收入状况。表3-2中数据表明，苹果公司的年利润以巨大优势排名第一。尽管2014年苹果的营业收入略低于三星，但根据2016年7月《财富》杂志发布的数据，苹果公司的营业收入达到2 337.15亿美元，击败了三星公司的1 774.40亿美元的营业收入，在年利润以及营业收入方面纷纷成为了电子信息行业的第一。

表3-2                          2014年全球电子行业年排名

| 企业名称 | 国家 | 总部所在地 | 营业收入（亿美元） | 年增长率（%） | 年利润（亿美元） |
|---|---|---|---|---|---|
| 苹果 | 美国 | 库佩蒂诺 | 1 827.95 | 7.0 | 395.10 |
| 三星 | 韩国 | 首尔 | 1 958.45 | -6.3 | 219.22 |
| 惠普 | 美国 | 帕洛阿尔托 | 1 114.54 | -0.8 | 50.13 |
| 佳能 | 日本 | 东京 | 352.15 | -7.9 | 24.07 |
| 索尼 | 日本 | 东京 | 747.24 | -3.6 | -11.45 |
| LG | 韩国 | 首尔 | 570.38 | 7.4 | 3.79 |
| 联想 | 中国 | 纽约 | 462.95 | 19.6 | 8.28 |
| 西门子 | 德国 | 慕尼黑 | 1 015.60 | -4.3 | 72.88 |
| 松下 | 日本 | 大阪 | 701.69 | -9.1 | 16.32 |
| 东芝 | 日本 | 东京 | 631.75 | -2.7 | 10.1 |

资料来源：根据各公司年报数据整理。

## 二、苹果区位扩张的历程和特征

### （一）苹果区位扩张的历程

苹果公司的区位扩张主要是以Apple Store零售店为代表的市场扩张。2001年5月，苹果在弗吉尼亚州和加利福尼亚州开设了第一批Apple Store。到2016年一共历经了15年的扩张，随着苹果公司的不断强大，Apple Store在全球也加快了扩张的步伐，目前苹果在全球有超过400家门店在同时单季已有超过了1亿的消费者在苹果门店选购产品，同时每家门店每周内都能接待超过1.8万名的苹果用户或者是即将购买苹果产品的消费者。从其发展历史来看，Apple Store被认为是在零售连锁店历史上最为成功的商业典范之一。其发展历程可以总结为从美国扩散到其他地区，并且扩张时期可以分为两个阶段。

全球扩张的萌芽时期（2001~2005年）。苹果的零售店几乎都集中在了美国，并且在美国本土持续扩张。

全球扩张的成熟时期（2006 年至今）。对比萌芽阶段的零售店分布状况，可以看出，美国作为苹果最大的市场没有变化，其在欧洲的商业版图也越来越大，几乎在每个欧洲国家都有零售店。并且慢慢在亚洲、大洋洲等国家开设零售店。在 2016 年，据苹果公司的最新战略将会把零售店开往印度、非洲等发展中国家。

### （二）苹果区位扩张的主要特征

1. 多分布在经济发达的城市及地区。苹果的零售店的收入在总销售收入中占 15% 左右，但由于零售店的基石——高校的数据更新与传送，为苹果公司管理层在供应链的管理以及产品生产调度和安排上提供了相对及时的最新数据，因此苹果公司的零售店多分布在经济发达、客流量多的城市及地区。为消费者创造了更好的用户体验，保障了苹果公司对消费者体验的控制力。

2. 线上线下销售同时进行。线上销售已经逐渐成为商品销售的趋势。面对网络销售的巨大冲击，苹果依旧在加大其扩张范围。因为其采用线上线下一体化销售的模式，消费者可以通过线下的体验，在线上进行消费。苹果这样的销售方法让消费者的体验度更高，独特的销售方式也加大了与其他竞争公司的差距。

3. 零售店优势特征明显。苹果零售商店不仅能够向消费者传授有关苹果产品的知识，还能够提供技术帮助，改变了消费者服务体验，使商店的设计走向艺术化。相对于其他公司，其优势特征较为明显，分别体现在四个方面：天才吧、产品展示台、全玻璃式店面设计以及员工安排。这些优势特征让苹果公司在地区扩张的过程中增大了其产品对新市场消费者的吸引力，增加了消费者黏性，从而加快了其扩张步伐。

## 三、苹果区位扩张的主要模式以及影响因素

### （一）苹果区位扩张模式

1. 收购。1988～2014 年，苹果公司公开收购的公司高达 63 个。其中，美国本土公司 49 个，德国公司 2 个，英国公司 2 个，意大利公司 1 个，加拿大公司 3 个，澳大利亚公司 1 个，瑞典公司 3 个，以色列公司 2 个。苹果收购这

些公司的目的是将其能够方便快捷地与公司现有的产品线整合，这项措施可以改善用户体验，即买来的相当一部分技术已经能够在现有的产品内部实现。这是苹果公司在收购项目上所一直遵循的原则。

2. 战略合作。根据苹果 2015 年底发布的数据，公司的"移动伙伴项目"的合作伙伴已经从 2015 年 9 月的 75 家增加到 108 家，覆盖全球 20 多个国家和地区。这些战略合作伙伴打通了苹果公司在新兴区域的市场，如苹果公司在 2009 年与中国联通的合作，打开了 iPhone 在中国的市场，加大了在中国的手机市场份额。

3. 新建。对于跨国企业而言，在进入新的市场时，受到各方面因素的影响，新建是最简单有效的方法。通过新建的方法有利于初步挖掘各地区市场的潜力，使公司规模迅速扩大，快速扩张公司版图，为之后公司的发展奠定了基石。苹果公司在进入欧洲、亚洲、大洋洲等市场时均采取该方法。

### （二）苹果区位扩张影响因素

1. 市场因素。一般来说，市场因素是各个公司制定区位策略时最重要的考虑因素。可以通过苹果公司的 Apple Store 零售店的选址区位中得到影响其区位分布的因素。Apple Store 零售店经常选在经济水平发达、居民消费水平高、具备代表性或明显特点的城市，如亚洲最大的苹果旗舰店就选址在杭州。

2. 集聚因素。苹果公司的研发中心就位于世界电子信息产业之都——硅谷，其得天独厚的条件创造出了许多优秀的电子信息产业的领先公司。2014 年 12 月 9 日，苹果公司宣布，将在日本本土建立一个大型研发中心。此外，苹果公司还宣布将开设欧洲首个 iOS 应用开发中心，旨在为数以千计的学生提供开发 iOS 应用所需的技能培训。苹果选择意大利那不勒斯作为欧洲 iOS 应用开发中心的地址。由此可见，苹果对其研发中心的选择常常考虑了当地的电子信息研发水平和创新能力，而美国、日本和欧洲均是发达国家或地区，其电子信息行业的积累深厚，发展深远，拥有强大的知识溢出效应（惠苏渊，2006）。

3. 成本因素。苹果大量的现金储备，除了归功于 iPad 和 iPhone 的畅销外，苹果的成本控制也功不可没。相比较而言，设备硬件零部件成本控制在业界远超其他竞争对手。最大的区别就是苹果采用代工生产（OEM），而其他厂商采用原始设计制造（ODM）。因此，代工厂的选址尤为重要，如富士康的定位几乎都位于中国以及南美洲，这些地方劳动力成本低廉，大大降低了苹果的成本，同时由于 iPhone 和 iPad、Macbook 中许多零部件可以通用，除了创造更大的出货量，取得更优惠的采购价格外，管理供应链时也要省力很多，进一步降低了运输成本。

## 四、苹果价值链区位扩张分析

表 3 - 3 是苹果公司所拥有四家子公司列表，分别为苹果国际销售中心、苹果国际运营中心、苹果欧洲运营中心和 Braebum 资本公司，除资本公司外，三家运营公司注册地均在爱尔兰，并且苹果还单独设了一家欧洲运营中心，可以看出，苹果公司非常重视经济发达的欧洲市场，其目标客户也主要是面向高端客户。

表 3 - 3　　　　　　　　　　　苹果分公司一览

| 公司名称 | 注册地 |
| --- | --- |
| Apple Sales International | Ireland |
| Apple Operations International | Ireland |
| Apple Operations Europe | Ireland |
| Braebum Capital, Inc. | Nevada, U.S |

资料来源：苹果公司官网。

本部分将从苹果的上下游价值链进行区位分析。

### （一）上游价值链区位分析

在拿到一部完整的苹果产品之前，它已经游历了大半个地球了：其产品设计在美国，关键零部件的生产在日本，由韩国制造核心芯片和显示屏，再有台湾厂商供应另外一些零部件，然后在深圳富士康的工厂内组装完成，最后卖到全球各地（韩竹，2012）。

表 3 - 4 展示了在 2014 年条件下每一台 iPhone 和 iPad 的利润分配。其中，苹果公司在 iPhone 产业链中的利润达到了 58.8%。由此可知，苹果公司处于苹果手机和平板电脑价值链中的高附加值链条，从而获取了最大的利润份额；韩国以三星、LG 在半导体和面板产业的主要供应商而占据了 4.7% 的利润份额；中国台湾地区在其中的利润占比较小，中国大陆地区也仅仅只有 1.8% 的

利益分配，iPhone 和 iPad 产品是台湾地区电子企业富士康公司在中国大陆的工厂负责组装。这意味着，中国获得的主要经济利益来自组装产品或制造某些零部件的工资报酬，也处于价值链的低端（何兴平，2014）。

表 3 - 4　　　　　　　　　　iPhone 和 iPad 利润解构　　　　　　　单位:%

| | iPhone | iPad |
|---|---|---|
| 苹果公司利润 | 58.80 | 30.00 |
| 美国非苹果公司利润 | 2.40 | 2.00 |
| 欧盟利润 | 1.10 | 15.00 |
| 中国台湾利润 | 0.50 | 2.00 |
| 日本利润 | 0.50 | 1.00 |
| 韩国利润 | 4.40 | 7.00 |
| 其他地区利润 | 5.30 | 5.00 |
| 投入成本原材料 | 21.90 | 31.00 |
| 投入成本中国劳动力 | 1.60 | 2.00 |
| 投入成本非中国劳动力 | 3.50 | 5.00 |

资料来源：果壳儿网。

表 3 - 5 是苹果公司代工厂的分布状况。数据表明，苹果公司在全球共有 18 家组装工厂，其中 16 家为台资工厂，包括富士康 7 家、广达 3 家、和硕 2 家。所有工厂中，14 家位于中国，2 家位于美国，1 家位于欧洲，1 家位于南美洲。各地的区位优势如表 3 -6 所示。

表 3 -5　　　　　　　　　苹果全球各代工厂分布一览

| 名称 | 区域 | 介绍 |
|---|---|---|
| Apple Inc. | 爱尔兰科克 | 制造 iMac 电脑 |
| 比亚迪 | 中国深圳 | 负责一些结构和外围的零部件 |
| 仁宝电脑 | 中国昆山 | 制造 iPhone 和 iPad |
| 鸿海科技集团/富士康 | 中国深圳 2 家，上海、成都、郑州、太原、巴西圣保利各 1 家 | 全球 3C 代工规模最大的公司 |
| 英华达 | 中国上海 | iPod 和 iPod Vedio、iPad 及配件制造 |
| 和硕联合科技 | 中国上海、昆山各 1 家 | 制造 iPhone 和 iPad |
| 广达电脑 | 中国上海、常熟、美国费利蒙各 1 家 | iPhone、iPad、iPod、Mac 和 iWatch 制造 |
| 纬创集团 | 中国昆山 | iPhone 制造 |

资料来源：苹果公司官网。

表3－6                          苹果各主要产区区位一览

| 产区 | 区位优势 |
|---|---|
| 中国产区 | 劳动力密集，人口红利大，劳动力成本优势明显，土地廉价以及供应链价格低廉 |
| 美国产区 | 运输成本优势明显，政策支持，专业化机器提升生产效率 |
| 欧洲产区 | 良好的地理位置、企业税较低、多元的人才结构以及科技企业生态环境 |
| 南美产区 | 劳动力成本优势明显、自然资源丰富 |

资料来源：根据公开资料整理。

### （二）下游价值链区位分析

该部分将根据苹果公司在各个地区的销售状况对苹果下游价值链进行分析。2013～2015年苹果公司的净销售收入在各大市场上基本上都是增加的，2014年增长最快的市场是大中华地区，达到18%，高于美国市场的4%，从数值上看，大中华市场排行第三位，仅次于美国市场和欧洲市场；但在2015年苹果公司在大中华区的净销售收入达到58 715百万美元，是除美国市场外的第二大市场，相当于美国市场的62.6%，净销售收入已经全面超过了欧洲市场，并且，大中华区的销售收入增长趋势十分明显，2015年的增长率更是高达84%，全面超越其他所有市场，因此，大中华区的潜力不可小觑。

图3－4是2013～2015年苹果在各地区的销售分布状况，根据数据从以下几点进行解析。首先，美国本土市场依旧是苹果公司的主要市场，然后是欧洲和大中华区；其次，虽然日本只是亚洲的一小部分，但日本的年净销售额占据了不小的份额，并且苹果公司将日本作为独立的一部分在财务报表上列示出来，说明苹果公司非常重视日本地区的发展；再次，苹果公司曾经将零售店作为一部分列示出来，以及从近年来零售店的良好发展可以看出零售店是苹果公司重要的营销方式；最后，大中华区和其他新兴市场逐渐成为苹果公司的重要市场，年净销售额增长速度加快，成为苹果销售重要的增长点，随着新兴市场经济的加速发展，预计在不久的将来，大中华区和其他新兴市场在苹果公司销售的版图上将越来越重要。

### 五、苹果在中国

苹果公司由20世纪90年代进入中国市场，尽管进入中国市场相对较早，但是，早些年来在中国市场的表现却可谓是乏善可陈。根据BDA的研究数据，

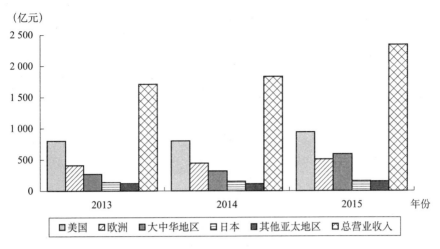

（亿元）

**图 3 - 4　2013 ~ 2015 年营业收入变动**

资料来源：苹果公司 2015 年年报。

AppleNano 在 2004 年的出货量仅为中国 MP3 市场的 1.3%，尽管在 2005 年前三季度该数据上升至 4%，但这与其全球北美市场 70% 的市场占有率差距巨大。在 2009 年之前，苹果对中国市场的投入是有限的，公司很少举办有关推广市场的本土化活动，同时，在苹果的全球供货体系中，中国内地市场的地位与越南、朝鲜一样，属于较边缘化地区。按照苹果公司的惯例，其产品首先满足美国市场需求，然后是欧洲、日本等发达国家。由于苹果的亚太区总部坐落于新加坡，中国的优先级也位于东南亚等国家之后。但在 2009 年以后，随着中国市场的崛起，苹果公司开始迎合中产阶级消费群体的需求，重点发展本地化内容和合作关系。

2009 年，苹果 iPhone 与中国第二大通信运营商联通公司签署三年入华协议，iPhone 3GS 版开始在中国大陆销售，这被认为是苹果公司大规模进军中国市场的开始。昂贵的价格和有限的数量，加之中国因安全因素禁止使用标准的802.11 WiFi 使得 iPhone 早期的销售情况并不乐观。联通公司一个多月仅销售出 10 万台 iPhone，而在其他一些国家，iPhone 3GS 开售仅一周销量即达到 100万台。不过，随着苹果公司推出新版 iPhone 并在中国增设零售店，其产品销售量开始猛增。2010 年 7 月，苹果在中国的第二家零售店在上海开张。苹果公司 2010 财年前两个季度，中国的销售额翻了一番至 13 亿美元。2010 年 10月 iPhone 4 问世，仅仅 4 天内即售出 10 万台。在推出 iPhone 4 的同时，苹果公司开始在中国销售 iPad，这款平板电脑迅速变成畅销产品。据国际数据公司

（IDC）报告显示，2011 年上半年，iPad 几乎占据中国平板电脑市场的 2/3（李鸣，2014）。

表 3 – 7 是苹果公司在中国零售店的分布情况。表 3 – 7 中数据表明，Apple Store 主要入驻港资的新鸿基、太古、恒隆的高端商场物业。中国内地的华润、中粮的高端商场物业，还有零星的本地地产商。而且从数量上看，大部分的零售商都集中在北京、上海、南京、重庆、香港等一二线城市。这些城市人口密度大，经济相对较为发达，有利于提升苹果公司在中国的市场竞争力。

表 3 – 7　　　　　　　　　　　　Apple Store 中国分布一览

| 区域 | 城市 | 数量 | 地点 |
|---|---|---|---|
| 华北 | 北京 | 5 | 三里屯、西单大悦城、王府井（apm）、华贸购物中心、朝阳大悦城 |
| | 天津 | 3 | 天津大悦城、天津恒隆广场、银河国际购物中心 |
| 东北 | 沈阳 | 2 | 中街大悦城、沈阳万象城 |
| | 大连 | 2 | 百年城、大连恒隆广场 |
| 华中 | 郑州 | 1 | 郑州万象城 |
| | 长沙 | 1 | 长沙 IFS |
| 华东 | 上海 | 7 | 浦东 ifc、南京东路（恒基名人购物中心）、香港广场、上海环贸 iapm、环球港、五角场（合生汇）、上海西南（长宁来福士） |
| | 杭州 | 2 | 西湖（银泰湖滨 in77）、杭州万象城 |
| | 南京 | 3 | 虹悦城、南京艾尚天地、南京北（金茂汇） |
| | 无锡 | 1 | 无锡恒隆广场 |
| | 济南 | 1 | 济南恒隆广场 |
| | 青岛 | 1 | 青岛万象城 |
| | 福州 | 1 | 泰合广场 |
| | 厦门 | 1 | 厦门新生活广场 |
| 西南 | 重庆 | 3 | 解放碑（国泰商场）、北城天街、重庆万象城 |
| | 成都 | 2 | 成都万象城、成都太古里 |
| | 昆明 | 1 | 顺城购物中心 |
| 华南 | 广州 | 2 | 中环广场、广州北（天汇 IGC） |
| | 深圳 | 2 | 深圳益田假日广场、深圳西（华润万象天地） |
| | 南宁 | 1 | 南宁万象城 |
| 港澳台 | 香港 | 6 | ifc mall、Causeway Bay（希慎广场）、Festival Walk（又一城）、Canton Road（广东道）、New Town Plaza（沙田新城市广场）、九龙（apm） |
| | 澳门 | 2 | 澳门银河（银河时尚汇）、澳门（金沙城中心） |
| | 台北 | 1 | 台北 101 |

资料来源：苹果公司官网。

综合以上资料，可以得出苹果越来越重视中国市场的原因主要集中在以下四点。

1. 供应链优势。苹果利用供应链大规模掌握了市场并获得了较为明显的技术优势和成本优势，形成广阔的护城河，并利用供应链来封死对手的策略较为成功。而位于中国的最大的代工厂商富士康为苹果公司创造了一个完整的供应链。

2. 技术管理优势。随着南美、东南亚等地区逐渐崛起，中国的成本优势逐渐被削弱，低工资已经不再是中国的优势所在。然而中国在技术和管理能力上的实力，确保了生产环节的低成本、高速度和高度的灵活性。

3. 政策鼓励。中国正在多方鼓励创新，期望在某些领域弯道超车，占领国际科技最前沿。苹果公司作为以创新为导向的公司在这方面更加成熟。苹果的战略与中国政策的结合会使得公司的发展前景更加明朗。

4. 品牌优势。对比两大竞争对手安卓和 Windows 的客户留存率和流失率，苹果公司的用户流失相对更少，同时增加更多，可以预见的是其用户增长速度和规模可能会高于安卓系统。在中国这个还未成熟的市场，消费者倾向会更加明显。

## 六、结论与启发

### (一) 主要结论

根据前面对苹果公司区位扩张概况的简要介绍，本书得到以下四点结论。

1. 苹果公司的区位扩张以 Apple Store 的扩张为主。并在全球化扩张过程中采取了以美国为中心向其他国家扩张的模式。同时，苹果的扩张模式由创新所驱动，创新是驱动这个企业向前发展的内在动力。苹果公司并没有简单效仿业界其他公司的模仿路线，而是不断地推出市场一直未能出现的新产品理念。同时，苹果公司更加注重于消费者体验，理解消费者的真正需求。

2. 扩张模式的多样化，以收购及战略合作为主。电子信息行业相对所需要的科技支撑更大，所覆盖的市场面也更大，因此，收购以及战略合作在扩张一个新的市场时，合作伙伴会给予更多支持及建议，并使得苹果在新市场逐渐成熟。

3. 生产以代工模式为主，上游生产链所覆盖地区多。一款苹果产品的诞生，在经历了许多工序的同时，也经历了许多国家和地区。同时，这些区域多分布在人口红利明显的国家，这一措施降低了苹果的成本，也丰富了苹果的产品多样化。

4. 苹果的销售群体多分布在经济发达、人口众多的城市。欧洲和美国一直以来是苹果收入比例最高的国家和地区。同时，随着新兴国家的崛起，苹果也逐渐开始重视这些市场。在扩大销售市场的同时，也增加在这些国家的业务。如苹果在中国，不仅仅加大产品市场投入，同时如 Apple Pay 之类的新业务也成为苹果的发展重点。

## （二）借鉴启发

苹果公司作为电子信息行业的领头羊，其区位扩张的经验对企业制定区位策略具有重要的借鉴意义，主要体现在以下四点。

1. 站稳本土脚跟，开始全球化步伐。苹果的第一款产品尽管早在 20 世纪 70 年代就已诞生，但是真正让全世界了解是在 20 世纪之后。可见，苹果在成立之初并不急于全球化的扩张。苹果在占领美国本土之后，其企业才开始完善，在各方面条件都成熟的情况下，企业的全球化扩张才有意义。

2. 不断创新，挑战新的产品。回溯苹果的发展历史，不论是从最原始的 Apple I 还是后来推出的 MacBook 等产品，在诞生之初都重新定义了行业产品，2009 年，iPhone3 更是直接颠覆了整个智能手机市场，iPhone 逐渐成为移动市场的标准，也为苹果作为电子行业的霸主地位奠定了坚实的基础，创新是企业之源，也是激发企业更进一步的最重要的动力。

3. 审视自身特点及劣势，利用好本身区位优势。在苹果的成长过程中，尽管苹果拥有绝妙的创新点，但是生产并不是优势项目。苹果通过代工生产，弥补了这一短板。并且代工厂的分布扩大了苹果的区位优势，降低了生产成本。

近年来，由于电子行业的高速发展，很多企业后来居上。在 2016 年之前，中国一直被苹果视为最重要的增长市场，不仅为苹果带来了巨额收入，而且当苹果在美国、欧洲这样的成熟市场增长乏力之时，以中国为主的大中华区仍能够保持两位数的增长，但是，苹果在 2015 年的市场份额按照 Strategy Analytic 的数据已经位列第三，并成为前五名中唯一的国外品牌，国产智能手机在性能、外观设计乃至用户体验上全面提升而丰富了消费者的选择。同时，其老对手三星也在不断创新及提高中。如何重新规划产品销售在市场的战略是苹果接下来需要着重考虑的问题。

# 第三节 HTC 区位战略研究

## 一、公司概况

### (一) 公司简介

HTC，即宏达国际电子股份有限公司（High Technology Computer Corporation），是一家全球知名的科技公司，HTC 主要生产功能强大的手持式装置，其中以智能手机产品尤为突出，公司总部位于中国台湾省桃园县。成立早期作为一家代工起家的厂商专注于为国际品牌商代工电子产品。从 2006 年起正式发展自己的 HTC 品牌，由代工商转型为品牌商。HTC 是电子信息行业中成长最快速的公司之一，其电子产品以搭载 Android 及 Windows Phone 两大操作系统为主，也是研发出世界上第一部智能手机的台湾企业，由于对产品设计的精益求精而深获消费者的肯定。2008 年，HTC 抓住谷歌推出 Android 系统的机会，接连推出了多款具有划时代意义的 Android 智能手机。借安卓东风，2008～2011 年 HTC 驶入飞速发展的车道，2011 年 4 月，HTC 市值一举跃至319 亿美元，首度超过诺基亚，并在美国智能手机市场上首次获得了第一的市场份额。在全球智能手机市场上总出货量达到 4 500 万部，以超过 15% 的市场占有率称霸 Android 操作系统市场成为全球知名手机生产商，并名列 Best Global Brands 全球品牌价值排行榜第 98 名①。

但是，自 2011 年下半年开始，HTC 在欧美市场接连遭受专利败诉而遭受部分智能手机在欧美市场禁售，导致其在具有传统优势的欧美智能手机市场份额大幅下滑。HTC 决定加快战略调整，逐步将重心由欧美向亚太市场转移，其中最为重视的是中国大陆市场，但是由于新兴市场竞争也非常激烈且 HTC 没有成本、渠道、品牌等优势，HTC 在新兴市场表现同样落魄，由于 VR 虚拟现实可能成长为下一代重要的计算平台，HTC 开始向 VR 领域发展，并在 2015年 3 月的 MWC2015 上发布了与 Valve 联合开发的 VR 虚拟现实头盔产品

---

① 资料来源于 HTC 官网。

HTC Vive,这也标志着 HTC 在转型 VR 领域的道路上迈出了坚实的步伐。

## （二）公司市场情况

随着全球智能手机市场步入成熟阶段，全球智能手机市场的出货量增速持续放缓，2015 年全球智能手机交付量为 12.9 亿部，同比 2014 年增长了 10.3%。三星和苹果仍然是全球智能手机市场的绝对老大，两家企业掌控了四成的市场份额，不过三星的全球份额从 2014 年的 27.8% 降到了 24.8%，苹果的份额则从 2014 年的 16.4% 攀升到了 17.5%。华为以 8.4% 的份额击败联想，成为全球智能手机第三名，如图 3-5、图 3-6 所示。

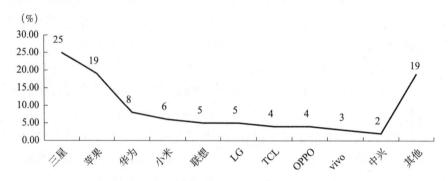

**图 3-5　2015 年主要智能手机厂商全球市场占有率**

资料来源：独立市场调研公司 Canalys 的研究报告。

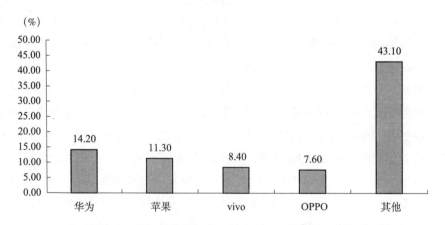

**图 3-6　2015 年中国智能手机市场各厂商市场占有率**

资料来源：市场研究机构 TrendForce 的研究报告。

　　HTC 成立早期专注于为惠普、戴尔、微软等国际知名的品牌商代工。从 2006 年开始自我革命，走上自己品牌的发展之路，凭借较早地押宝安卓系统，从 2006 年到 2011 年 HTC 取得了高速的增长和较高的市场份额。但是随着智能手机市场竞争越来越激烈，一大批新的手机终端厂商陆续加入了安卓阵营，HTC 存在的产品单一化、品牌定位不清晰、成本控制能力不足、垂直产业链存在先天性缺陷、营销投入不足等一系列缺点严重制约了公司的发展，从而在智能手机的激烈竞争中愈发力不从心。国际上，苹果凭借精湛的工艺设计、创新的技术、强大的生态系统牢牢地占据着智能手机高端市场，三星凭借强大的全产业链整合能力和实力雄厚的营销团队逐渐在中高端市场站稳脚跟。在中低端市场，以华为、联想、酷派、小米等为代表的一批国内终端厂商集体发力，借价格优势和本土营销优势占据了绝大部分的份额。HTC 的优势已经被严重削弱，业绩每况愈下（孙长力，2012）。具体从企业财务状况以及市场销量表现来分析如下。

　　1. 市场占有率持续萎缩。在全球市场上，2015 年其全球市场占有率不足 2%，已经跌出十名开外；在它有传统优势的美国市场，市场份额也跌到了 5% 以下；中国市场作为新兴市场的代表，也是其战略转移的重心，2015 年 HTC 在中国智能手机市场占有率甚至也不足 2%，公司股价接连创历史新低，产品销售低迷，经营业绩持续萎缩（见图 3–7）。

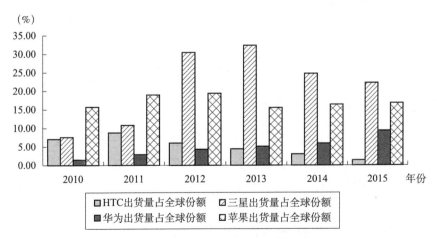

图 3–7　2010～2015 年 HTC 和主要智能手机品牌商全球市场份额占比

资料来源：根据各公司年报资料整理。

2. 企业的盈利状况不佳。根据 HTC 的年报分析发现，HTC 在 2009 ~ 2011 年三年中公司的经营业绩取得了飞速的发展，公司的营业收入、净利润两项指标的年均复合增长率分别为 45.1% 和 29.7%，在 2011 年的净利润达到历史最高值 6 229 905 万新台币后，2012 年以后业绩开始大幅下滑，净利润仅为 1 758 919 万新台币；2013 年净利润为 - 132 379 万新台币，跌入历史最低谷（见图 3 - 8）。

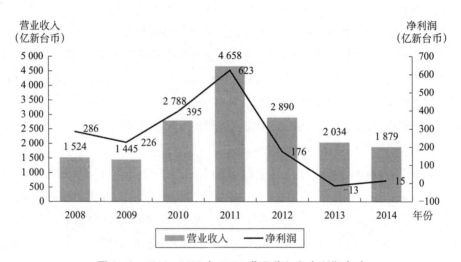

**图 3 - 8　2008 ~ 2014 年 HTC 营业收入和净利润变动**

资料来源：根据 HTC 年报资料整理。

## 二、HTC 公司区位扩张的历程及特征

### （一）区位扩张的主要历程

企业的形成一般都经历了"企业成长—企业扩张—集团形成"的过程，企业成长到一定阶段后往往会迈入企业扩张之路，而企业选择怎样的扩张路径显然会影响企业的长期生存与发展。作为台湾地区企业的典型代表，HTC 从一个小小的代工厂转变为如今全球知名的以生产智能型手机为主的科技公司，区位布局和扩张是其实现快速发展的必经之路。从 HTC 区位扩张的历程来看，我们可以发现 HTC 带有明显的台湾地区电子产业所共有的发展印记，同时 HTC 也有着自己独特的发展路径和区位扩张历程。总体上看，HTC 区位扩张

经历了以下三个过程。

1. 植根台湾地区，专于为欧美品牌商代工（1997~2002年）。从20世纪50年代开始，世界主要发达国家经济高速发展，以中国香港、中国台湾、新加坡、韩国为代表的"亚洲四小龙"顺势推行出口导向型战略，重点发展劳动密集型加工产业，依靠优良的地理位置、低廉的劳动力成本、正确的经济政策，各地经济得到了飞速发展。新竹科技园、南部科学园区的相继成立为台湾地区的电子产业提供了优良的孵化基地，电子产业的发展充满了生机，尤其是为欧美国家代工电子设备的企业百花齐放。1997年HTC以代工起家，早期主要是代工制造搭载Windows CE系统的掌上电脑，2000年HTC与康柏合作生产的iPAQ掌上电脑以其出众的性能让HTC在OEM代工厂商中崭露头角。随着与微软、惠普等品牌商合作的深入，HTC逐渐成为了Windows手机的顶级生产商，HTC本身的硬件生产与设计能力大大增强，为其日后开辟自有品牌打下坚实的技术基础（李旭峰，2013）。

2. 深耕欧美、拓展全球，借安卓东风成功转型（2002~2010年）。为了加深与微软的深度合作以及在美国市场的开拓，2002年HTC将北美总部设在微软旁边——华盛顿州贝尔维尤（Bellevue）地区。因为运营商在欧美地区是非常关键的销售渠道，同时欧美运营商也不仅仅满足话费这一业务盈利的需求，HTC审时度势与法国电信运营商Orange、英国电信运营商合作，共同开发定制机。2005年欧洲分公司成立、2006年日本和巴西分公司成立，HTC将这种低成本的业务拓展模式迅速地由发达国家推向了全球各地。

由于代工竞争越来越激烈，代工厂利润空间被大幅压缩，HTC谋求转型，走上自有品牌的创设之路。2008年，HTC借安卓东风联合电信运营商T-Mobile推出了世界上第一款安卓手机T-Mobile G1并相继开发一系列安卓手机，HTC的业绩呈现爆发性增长，2011年HTC的经营业绩达到了顶峰，市值首度超过诺基亚，成为美国市场上市场占有率最大的智能手机品牌商。

3. 欧美市场遇挫，重心转向中国市场（2010年至今）。2010年苹果开始起诉HTC侵犯其核心专利，由于欧美地区是个信誉风险较高的市场，HTC意识到将业务重心放在欧美市场上风险越来越大。2010年下半年HTC宣布正式进入大陆市场，在经历2011年的业绩顶峰之后，HTC在欧美的专利诉讼相继败诉，部分产品在欧美地区禁售，无疑是一个重大打击，HTC的业绩迅速大幅下滑（林艾涛，2010）。在欧美市场遇挫后，2012年HTC才将重心转向中国大陆市场。但是HTC却发现此时的大陆智能手机市场已经不同以往。从布局时间上来说，三星在中国发展较早，自 1992 年进入中国之后，目前在中国有 166 个机构，其中，有 39 家生产企业、10 家研究所、44 家销售企业和 73 家分公司办事处，拥有 11 万中国雇员，占总雇员的 30%，可谓遍布中国。中国三星的目标是建造一个贯穿于产品策划、设计、研发到生产、销售全过程的本土化体系，将中国三星打造为名副其实的本土企业。苹果虽然没有三星那么早进入中国，但是苹果的高层非常重视中国市场。库克从 2012 年起已经有七次访华，在说服了政府，与中国移动合作之后，苹果手机在中国的销量上了一个新台阶，获得了丰厚的利润回报。从产品定位上来看，HTC 在中国的定价相对较高，但是产品的性能和品牌影响力并不能支撑起其高溢价，和同一配置的国产手机相比，定价往往贵将近一倍左右。而苹果由于其独特的生态系统、精湛的设计创新力和高品牌影响力能够让其在高端智能手机市场牢牢地占据着绝对的市场地位。三星的垂直产业链极其完善，手机零件基本都能独立研发和生产，并且其在中国销售布局纵深推进，投入了巨大的成本来拓展销售渠道，甚至连四、五线城市也有很多的直营店。以国产厂商中兴、华为、酷派、联想为代表的手机新锐通过和运营商合作、网上商城、品牌直营店、零售等一系列的方式积极地拓展销售渠道，并且产品定价相对较低，在低端市场获得了巨大的市场份额。由于进入大陆时间晚、产品定位模糊、销售渠道薄弱等一系列原因，HTC 在高、中、低端市场表现均不佳。

（二）HTC 区位扩张的主要特征

1. 布局大陆，释放产能。HTC 在台湾地区的制造基地主要是多普达国际的新竹工厂和宏达电的桃园工厂。随着智能手机市场规模扩张迅速，产能已经越来越跟不上规模扩张的需要，2009 年 HTC 选择在上海康桥新建工厂，并且将原多普达通信的武汉工厂合并到上海工厂。合并多普达后，HTC 不仅获得先进的移动电话、手持设备的技术，而且产能得到大幅释放，大量的欧美、亚洲等运营商渠道也被整合到 HTC 的销售体系下。

2. 整合资源，完善产业链布局。首先，从研发角度来看，HTC 以代工起家，技术积淀薄弱，缺少核心专利。在先后因为被诺基亚和苹果控告侵犯专利权而在德国、美国市场禁售后，HTC 开始研发自己的关键零配件，通过一连串的收购兼并相关上下游企业后，HTC 获得了大量的技术和专利。其次，HTC 积极建设自己的销售渠道，通过加强与国内外各种渠道商以及运营商的合作、建立基于品牌体验店直营模式的分销渠道、开发互联网电子商务平台、建设直供连锁代理店等一系列措施来完善自己的营销渠道。

3. 双管齐下，海外和国内市场齐头并进。早期 HTC 忽视大陆市场，专注于开拓欧美日市场和走高端路线。但是在欧美市场由于专利诉讼失败而遭禁售后，HTC 的经营业绩大幅下滑，才开始重视布局大陆市场，并且开始走高端和中低端协同发展路线。

## 三、HTC 公司价值链区位扩张分析

### （一）价值链区位概况

HTC 在全球扩张的过程中，一直注重价值链的区位扩张，早期将生产基地设置在台湾、上海、苏州等地，利用中国大陆良好的地理位置和廉价劳动力进行代工生产。转型成智能手机品牌商后，由于研发实力和专利积累相对薄弱，HTC 曲线救国，通过一系列的收购，在短短几年时间里 HTC 先后收购多家欧美地区的高科技公司，在一定程度上弥补了专利的空缺，同时也积累了相当雄厚的研发实力。HTC 深知渠道的布局深刻影响着 HTC 的未来发展，在全球扩张的过程中，HTC 也非常注重开辟一系列的销售渠道拓展自己的业务规模，提高自己的知名度和国际竞争力。

### （二）生产区位分析

生产制造的区位选择对于智能手机品牌商至关重要。20 世纪 60 年代开始，为了承接发达国家的劳动密集型产业的转移，台湾地区采取出口导向型的经济政策并重点支持集成电路、电脑制造等高科技产业，HTC 伴随着台湾地区电子信息的快速发展应运而生。总体上说，HTC 的生产区位的选择主要分为两个阶段。发展初期，得益于台湾地区劳动力成本低廉和新竹科技园电子信息产业的集聚效应，HTC 将生产基地选在位于新竹科技园的新竹工厂和位于桃园县的桃园工厂，主要为欧美品牌商代工掌上电脑等便携产品。随着本土生产成本的提高，台湾地区许多制造业和劳动密集型产业转移到中国大陆和东南亚地区。为了顺利地进入中国大陆市场，HTC 于 2001 年联合中国电子集团公司成立多普达通信，总部设在上海，生产基地设在武汉，产品专门针对中国大陆地区市场进行销售。2003 年，为了弥补公司产能的不足，HTC 在苏州新建工厂。2009 年，伴随着公司业绩的飞速扩张，HTC 在上海康桥新建工厂以增

加产能。从 2011 年开始，随着智能手机业务的衰退，HTC 为了降低运营成本，开始关闭部分生产线并计划出售上海康桥工厂。HTC 目前在全球共有四家生产基地，具体分布及区域优势如表 3 - 8 所示。

表 3 - 8                                HTC 公司全球生产基地具体分布及区位优势

| 台湾地区桃园市、新竹 | 1. 依托 HTC 全球总部，便于形成管理、生产、研发之间的协同效应、降低沟通成本、促进信息交流<br>2. 新竹科技园和南部科技园地理位置优越，同时形成了集成电路、电脑制造等高科技产业的集聚，规模效益明显，有利于实现上下游企业间协作和技术提升<br>3. 资金技术发达，科学教育高度先进，机械化程度高并且产业工人技术成熟，成本优势明显 |
|---|---|
| 上海、苏州、武汉（已并入上海工厂） | 1. 上海科研院校数量众多、技术人才集聚，有利于促进企业生产技术的提升；地理位置优越，有利于降低产品运输成本<br>2. 苏州毗邻上海，受上海经济辐射力较强；电子制造业企业数量众多，以台资制造业企业为代表的外商企业形成集聚，已经形成比较成熟的电子信息全产业链；产业工人数量众多，劳动力成本较低<br>3. 武汉属中部重镇，辐射范围覆盖整个华中地区，有利于汽车物流以及相关零部件的运输 |

资料来源：根据 HTC 公司官网资料绘制。

## （三）研发区位分析

HTC 的研发基地主要布局于经济发达地区，比如中国的台湾、上海以及硅谷、巴黎等；这些地区在政府效能、投资环境、人才及教育资源等要素上占有绝对优势，吸引着其他众多的全球知名高科技企业入驻。由于企业聚集发展，不仅能为企业带来交易成本的降低，还将促使企业间的专业化分工协作和人才、信息的快速传播，为企业带来规模经济、范围经济。截至 2014 年，HTC 在全球共有 10 家研发公司，具体研发公司分布及优势如表 3 - 9 所示。

表 3 - 9                                HTC 公司全球研发基地具体分布及优势

| 亚洲 | 中国台湾 | 1. 电子信息等高科技产业集聚度高，利于知识和行业资讯迅速传播，具备良好的学习效应，促进企业专业化协作<br>2. 总部经济发达，市场广阔，金融机构众多，能够为科研提供资金支持<br>3. 靠近生产基地，更好地服务生产，实现产学研结合 |
|---|---|---|
| | 中国上海 | |

| | | |
|---|---|---|
| 欧洲 | 法国巴黎 | 1. 电子信息、机械制造等高科技产业发达，产业基础成熟 |
| | 白俄罗斯明斯克 | 2. 教育和科研机构数量众多，科研人员储备丰富<br>3. 经济发达，城市基础设施完善 |
| 北美洲 | 美国加州弗里蒙特 | 1. 经济高度发达，金融机构数量众多，能够给科研机构提供足够 |
| | 美国旧金山 | 多的支持，投资环境优越 |
| | 美国西雅图（2家） | 2. 教育和科研力量雄厚，人才储备充足 |
| | 美国硅谷 | 3. 政府机构高效，体制和法制稳定健全 |

资料来源：根据 HTC 公司官网资料绘制。

## （四）销售服务区位分析

　　HTC 的市场开发和服务公司遍及全球，其分布主要集中在亚洲和欧美地区（见图 3 -9）。HTC 在 2010 年之前一直将重心放在欧洲和北美市场。欧美地区的智能手机销售渠道主要掌握在移动运营商的手中，HTC 早期在与欧美电信运营商的合作过程中积累了丰富的渠道资源。2011 年上半年，HTC 在美国的市场占有率达到23%，超越苹果排名第一。2011 年下半年在美国被禁售后，HTC 的销售额急剧下降，截至 2015 年 7 月，HTC 在美国的市场占有率只有3.5%。

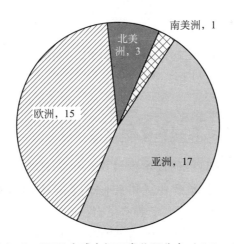

**图 3 -9　HTC 全球市场开发公司分布**（单位：个）

资料来源：HTC 公司 2008 ~ 2014 年年报。

在亚洲，2010 年之前，HTC 主要通过旗下子公司多普达通信拓展中国大陆市场，但是多普达在水货市场泛滥，正规销售渠道缺乏。2007 年，HTC 收购多普达通信及多普达国际旗下 9 家分公司的资产，目的是整合品牌和销售渠道。2010 年，HTC 正式宣布进入中国大陆市场，同时加大力度建设自己的品牌和销售渠道。目前 HTC 在中国大陆市场覆盖了各级销售和服务渠道，包括与运营商的深度合作、品牌体验店直营模式、互联网电子商务平台以及直供连锁代理店等。中国大陆用户购买 HTC 手机的主要渠道占比如图 3 - 10 所示。

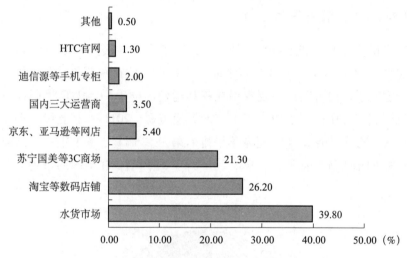

图 3 - 10　中国大陆用户购买 HTC 手机渠道分布占比

资料来源：互联网消费调研中心（ZDC）。

## （五）HTC 区位扩张模式分析

1. 收购。为了完善自己的技术积累和专利，HTC 在发展的过程中一直通过收购上下游企业积极拓宽产业链和企业规模。HTC 收购多普达国际后，获得多普达国际位于武汉的代工厂，提升了自己的产能，拓展了营销渠道。在欧美地区，直接收购了多家企业，比如美国的设计公司 One & Company Design, Inc. 和法国软件开发商 Abaxia，大大提升了研发能力和专利积淀。HTC 公司区位扩张历程中主要收购项目如表 3 - 10 所示。

表 3 – 10　　　　　　　　HTC 公司区位扩张历程中收购项目汇总

| 收购时间 | 金额 | 标的公司名称 | 标的公司主营业务 |
|---|---|---|---|
| 2007 年 5 月 | 1 450 万美元 | 多普达通信及多普达国际旗下 9 家分公司 | 掌上电脑、手持式设备的研发、生产及销售 |
| 2008 年 12 月 | — | 美国旧金山设计公司 One & Company Design，Inc. | 主营消费产品设计、工业设计及应用软件开发 |
| 2010 年 1 月 | 1 320 万美元 | 法国软件开发商 Abaxia | 主要为电信运营商与手机制造商开发手机软件 |
| 2011 年 2 月 | 4 860 万美元 | 英国流媒体视频公司 Saffron Digital | 无线多媒体内容传输相关服务 |
| 2011 年 2 月 | 4 000 万美元 | 美国加利福尼亚游戏公司 Onlive | 基于云计算的游戏开发 |
| 2011 年 3 月 | 1 000 万美元 | 中国台湾在线音乐服务商 KK-Box 10% 的股份 | 基于云计算的数据同步与备份服务 |
| 2011 年 7 月 | 3 亿美元 | 威盛 VIA 图形芯片开发公司 S3 Graphics | 尖端图形芯片、应用产品研发和整体解决方案提供，以及嵌入式平台产品的研发 |
| 2011 年 8 月 | 3 000 万美元 | 美国耳机制造商 Beats 51% 的股份 | 高端耳机制造及流媒体运营 |
| 2011 年 8 月 | 1 850 万美元 | 美国移动网络服务公司 Dashwire | 为移动运营商、设备制造商和零售业者提供全面软件服务 |
| 2011 年 10 月 | 1 300 万美元 | 美国儿童软件开发商 Inquisitive Minds | 儿童应用软件的研发设计 |

资料来源：根据 HTC 公司新闻资料整理。

2. 新建。HTC 成立早期就在台湾桃园建立自己的代工厂，随着公司扩张迅速和中国大陆市场的蓬勃发展，中国大陆市场较低的劳动力和资源成本也为 HTC 的扩张带来了机会，HTC 于 2009 年在上海康桥新建了代工厂。直接新建生产基地的优势在于可以充分利用当地的资源和劳动力，自主建设和运营，实现企业的快速扩张。

3. 合资建设。HTC 在扩张的过程中，生产制造部分的工厂主要是通过合资建设，比如多普达通信是由 HTC 和中国电子集团公司（今中国电子信息产业集团有限公司）共同出资组建的，多普达通信在武汉的工厂主要以零部件组装为主，多普达通信的业务主要面向大陆市场。多普达国际也是 HTC 旗下的子公司，是由 HTC 和威盛电子共同出资组建，其生产基地位于台湾地区新竹，业务主要面向国外市场。合资新建的优势在于利用合作企业的资金、品牌和渠道进行市场开拓，实现优势互补，实现企业的跨越式发展。

4. 参股联营。HTC 在扩张的过程中，为了加强自己的研发能力，通过参股和控股一些欧美研发企业实现自身研发设计能力的迅速跃升，弥补了自身垂直产业链的短板。

## 四、HTC 区位扩张的影响因素

企业的区位布局往往要考虑多方面的因素，然后选择企业最合适的区位布局实现利益最大化。综合来看，HTC 在全球的区位扩张过程中，要综合考虑政府政策、市场竞争环境、人力和资源成本、集聚效应、交通设施、社会文化环境等因素，具体分析如下。

1. 政府政策。政府可以通过政策法规、税收、用地标准等来影响企业的生产和建设意愿。HTC 将主要的生产研发基地放在中国大陆和台湾地区，一是因为中国大陆和台湾地区对于招商引资的政策优惠很多并且法律健全；二是因为欧美发达国家的进入门槛较高，在环保、劳务用工等方面有更高的标准，不利于企业的扩张，而大陆地区相对来说政策标准没那么严格。

2. 市场环境。企业往往要考量该区域的经济状况、人口分布、收入水平、信息流通情况、人文环境、消费习惯等市场环境是否适合企业去布局。由于欧美国家经济发达、国民购买力强、人文环境优越、科技发达，HTC 开始将重点放在欧美市场，2011 年后，随着中国大陆市场的蓬勃发展，收入水平的提高，HTC 开始将重心移向中国大陆市场。

3. 人力和资源成本。人力和资源成本是 HTC 布局的重要考虑因素。智能手机生产需要相当数量的劳动力和资源，HTC 选择在大陆的上海、苏州建厂也是充分考虑了大陆的劳动力成本相对于其他国家更低廉，并且中国大陆原材料资源丰富，可以就地取材，有利于企业降低制造成本。

4. 集聚效应。企业在一定区域内的集聚能够帮助企业降低运输成本、交易成本和信息获取成本，同时能够产生知识外溢效应，促进企业的创新和品牌知名度的提高。首先，HTC 在工厂布局时将制造基地放在大陆的苏州、上海以及台湾地区的新竹科技园，这些工业园区云集着众多的企业，上下游产业链完整，有利于企业实现规模经济和成本的降低。其次，HTC 将研发设计环节放在美国的硅谷、法国的巴黎等科技发达地区，有利于自身创新能力和价值链的提升。

5. 交通设施。交通运输条件对于工业企业的影响非常巨大，工业原料和产品的输出都需要便利的运输条件，HTC 将生产基地布局在沿海沿江地区，比如上海、苏州等地，节省了运输费用和运输时间。

6. 社会文化环境。社会文化环境也会影响企业的区位布局意愿。HTC 在全球布局首选欧美地区，一是因为欧美文化氛围轻松，对新产品的接受度较高，消费习惯比较自由；二是欧美地区社会稳定、法制健全、文化包容，有利于企业销售渠道的建立和市场扩张。

## 五、区位策略失误是造成 HTC 走下坡路的重要原因

区位策略主要包含不同市场的进入时机、对各市场的重视程度、研发和市场销售等其他价值环节的进入等策略。从 HTC 快速由盛及衰的发展历程来看，区位策略失误是造成 HTC 走下坡路的主要原因。具体从以下四方面进行分析。

1. 市场进入时机失误。HTC 刚开始由为欧美品牌商代工起家，早期主要专注于拓展欧美市场，在与欧美品牌商以及运营商的合作过程中，公司获得快速的发展，积累了一定的研发设计实力。但是直到 2012 年 HTC 公司才正式宣布进入中国大陆市场，此时中国大陆市场本土知名的智能手机厂商和杂牌厂商已经凭借低价和渠道优势获得了巨大的市场份额。在中高端市场上，苹果、三星已经站稳脚跟，蚕食着丰厚的利润，HTC 公司在中国大陆的发展举步维艰。

2. 错估市场重要程度。HTC 早期太过重视欧美市场，忽视中国大陆市场的经营。几乎每次的新产品发售，中国大陆市场总是比欧美市场推迟将近半年以上，定价也较高，没有亲和力。同时，在中国大陆销售渠道的建设上一直比较迟缓，消费者想买 HTC 手机大多数只能通过水货市场购买，销售渠道极其匮乏，质量和售后也都不能有效保证。作为民族品牌，HTC 公司这一做法让中国大陆的消费者有些失望。

3. 研发实力太弱。HTC 同大多数代工厂商一样，主要是为品牌商制造产品，技术积淀较少，研发基地主要集中于台湾、上海两地。随着 2011 年苹果开始以 HTC 公司侵犯专利权为由起诉 HTC 的时候，HTC 才意识到自己最致命的问题已经暴露出来。HTC 公司开始在全球马不停蹄地收购技术公司。但是，相对于苹果、三星、华为等企业来说，HTC 的专利积累还是太少，技术研发实力还是太过薄弱。

4. 销售渠道不完备。HTC 的营销一直是其一个短板，制约着其品牌宣传

和推广。2012 年，HTC 公司的销售支出占主营成本的 10%，只达到 7.3 亿美元，销售团队的规模只有 2 000 人。HTC 公司在中国大陆的销售渠道主要是运营商，其他的渠道比如网上商城、品牌专营店、各大卖场等都没有及时建立起来。相比之下，2012 年三星公司的销售支出占主营成本的 23%，销售总支出高达 207 亿美元，并且三星已经建立了超过万人规模的直销团队。苹果 2012 年销售总支出也达到了 100 亿美元。与苹果、三星花大成本做营销广告、建立专营店、入驻各大卖场等方式相比，HTC 的营销手段太过缺乏和低调。

## 六、结论与启发

### （一）结论观点

根据前面对 HTC 公司区位扩张战略的细致分析，本书得到以下四点结论。

1. HTC 的区位扩张历程包括台湾地区内部扩张和海外扩张两个部分，其中海外扩张的成功推进对 HTC 成为全球领先的智能手机企业意义重大。HTC 从成立开始就迅速进行海外扩张，发展初期，伴随着台湾地区电子信息代工产业的兴起，HTC 和其他大多数台湾地区代工厂商一样，专注于为欧美品牌商代工电子产品并且积累了深厚的合作关系，这也为其日后在欧美智能手机市场大放异彩作了铺垫。2008 年借安卓东风由代工厂商成功转型为智能手机品牌商后，由于智能手机需求增长迅速而导致其原有的产能不足，同时中国大陆的劳动力成本较低，HTC 选择将主要的生产制造基地布局到中国上海、苏州两地。

2. HTC 公司区位扩张时机选择失误，太过倚重欧美市场，轻视中国大陆市场。早期 HTC 公司将主要的精力放在欧美市场的拓展，忽视中国大陆销售渠道的构建和品牌运营，错过了布局中国大陆市场的最佳时点。在欧美由于专利败诉遭禁售后，转攻中国大陆市场遇到了较大的困难。

3. 产品定位模糊、营销渠道缺失也是其衰落的重要原因。早期由于智能手机市场竞争不充分，HTC 尚可以在高端市场和苹果、三星一决高下。但是，随着行业的发展，苹果有其独特的系统、工艺设计和品牌支撑，掌控着高端市场。三星凭借垂直一体化产业链和强大的销售能力也可以掌控着中高端市场。反观 HTC 一直将产品定位高端，但是自身的一些问题，比如产品设计落后、营销渠道薄弱、品牌影响力低下等因素并不能支撑起其高定价，从而只能停留在自身的高端设想中（辛飞雁，2014）。

4. 核心技术才是企业保持持续生命力和竞争力之所在。HTC 由代工起家，技术积累薄弱，在专利问题上总是受制于人，错失快速扩张的机遇。虽然后来想通过收购一些拥有核心技术的公司来弥补自身的技术缺陷，但是相对于苹果、三星来说，则远远不够。

（二）借鉴启示

HTC 公司的区位扩张的经验和不足之处对大陆企业尤其是手机厂商制定区位策略具有重要的借鉴意义，主要体现在以下四点。

1. 内部和外部市场要齐头并进。HTC 在扩张的过程中忽视中国大陆市场，将重心放在拓展欧美市场是一个重大的战略失误。反观三星和苹果都是非常重视中国大陆市场，三星公司 1992 年就已经进入中国市场，其目标是构筑一个贯穿于策划产品、设计、研发、生产、销售全流程的本地化体系，深深扎根于中国的这片土地上。自从库克执掌苹果公司后已经有多次访华，未来苹果将重点发展中国市场并加大对中国的投资，包括研发、设计和制造等环节的投入。随着经济全球化的不断深入，越来越多的企业开始走出国门，在全球拓展，发挥自己的国际影响力。这也提醒着这些"走出去"的企业，必须将中国市场的根基打好才能更有底气、更有自信地参与国际竞争。

2. 技术创新实力是企业的核心竞争力所在。HTC 在全球扩张过程中，由于技术积累薄弱，被竞争对手抓住软肋，在一连串的专利诉讼中接连败诉，从而错失了大好的扩张机会。因此，企业的技术创新实力才是核心竞争力的关键，要想在激烈的市场竞争中立于不败之地，企业必须加大研发投入和科研队伍的建设（锡士，2012）。

3. 市场定位清晰，实施差异化的发展战略。早期 HTC 公司实施高端化战略，想与苹果、三星在高端市场一决高下，忽视中低端市场的建设，这在智能手机发展初期尚且可以。但是，随着智能手机市场竞争的激烈程度加剧，HTC 仍然坚持走高端化战略，没有意识到自己的产品设计、品牌价值等并不能支撑起其高定价，导致在竞争中遇挫。因此，企业在参与全球竞争中要实施差异化战略，及时调整策略和发展方向，发挥出自己的竞争优势。

4. 多元化战略能够有效降低企业风险。HTC 公司的智能手机业务收入占据其总收入的95%以上，产品过于单一化。随着智能手机行业竞争越来越激烈，产品同质化严重，市场已经开始步入红海，实施多元化的产品战略，能够帮助企业有效地降低风险。当原先的产品或者市场遭遇失败后，新开发的产品或市场能够为企业提供缓冲和保护空间。

# 第四节　华为区位战略研究

## 一、公司概况

### （一）公司简介

华为技术有限公司（以下简称"华为"）成立于 1987 年，其总部位于中国广东省深圳市龙岗区坂田华为基地。华为技术有限公司是一家以生产、销售通信设备为主的民营高科技通信公司，生产的产品涉及通信网络中的传输网络、无线及有线固定接入网络、交换网络、数据通信网络以及无线终端相关的产品，华为公司致力于为全球各地通信运营商和专业网络用户提供硬件设备、软件产品、服务和解决方案。

华为是具有全球影响力的信息与通信技术（ICT）解决方案供应商，专注于 ICT 领域。自成立以来，公司始终坚持稳健经营、持续创新、开放合作的经营理念，并在电信运营商、终端、企业以及云计算等领域取得了端到端的解决方案优势地位。目前，华为约有 18 万名员工，业务遍及全球 170 多个国家和地区，服务全世界 1/3 以上的人口。

作为全球领先的信息与通信解决方案供应商，华为助力众多客户在数字社会获得成功。公司坚持聚焦发展战略，对通信基础网络、云数据中心、智能终端等领域持续加大研发投入。在前沿技术创新和客户需求的双重驱动下，华为始终处在行业的最前沿，引领行业发展。华为每年研发投入的总金额都占销售收入的 10% 以上；在全球约 18 万名华为员工中，从事创新、研究与开发的员工数量超过 45% 的比例。华为在全球 170 多个开源组织和标准组织中担任核心职位，累计获得专利授权数量达 38 825 件。

华为在 2010 年首次以 218.21 亿美元的营业收入进入《财富》世界 500 强，排名为第 397 位；2011 年上升至第 352 位；2012 年，华为名列第 351 位；2013 年，华为首超全球第一大电信设备商爱立信（排名第 333 位），排名第 315 位；至 2016 年，居世界 500 强第 129 位。2015 年，华为被评为新浪科技 2014 年度风云榜年度杰出企业。2016 年，研究机构 Millward Brown 编制的

BrandZ 全球 100 个最具价值品牌排行榜中，华为从 2015 年的排名第 70 位上升到第 50 位。

### （二）公司市场表现

1. 销售收入。2011 年，华为公司销售收入突破了 200 000 百万元，并且达到 12% 的增长率，随后几年一直保持稳定的增长，2012 年和 2013 年的销售收入增长率分别为 8% 和 9%；2014 年销售收入高达 299 197 百万元，增长率达到 21%（见图 3-11）。主要受益于 2014 年实施了广泛的组织变革，持续巩固面向未来的电信网络架构 SoftCOM，运用云计算、NFV、SDN 等概念，构建了以业务、运营、网络架构、网络功能等元素为核心的电信网络解决方案，帮助运营商成功实施了向互联网化、商业化的转型（郭晓峰，2014）。2015 年华为销售收入持续增长达到 3 950.09 亿元，增长率也非常可观，达到 37%，其中运营商业务、消费者业务、企业业务三大核心业务领域业绩均实现有效增长。

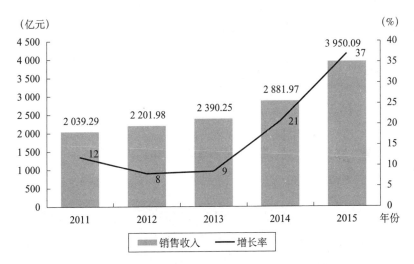

图 3-11　华为 2011~2014 年销售收入及增长率

资料来源：华为技术有限公司 2015 年年报。

2. 主要事业领域。华为公司的主要业务包括运营商业务、企业业务、消费者业务及其他业务。其中运营商业务是华为的主营业务，对运营商的销售收入占总销售收入的比例达到 59%，包括解决方案、产品、服务三大部分。解决方案包括业务重构、运营重构、架构重构、网络重构；产品包括无线网络、固定网络、云核心网、电信软件、IT、网络资源；服务包括咨询、系统集成、管理等服务。如图 3 - 12 所示，2015 年消费者业务销售收入占比为 33%，是华为核心的三大业务之一，包括智能手机、平板电脑、穿戴设备、移动宽带、智能家居等产品。企业业务销售收入占比为 7%，下层组织主要包含：全球销售部、渠道及合作伙伴业务部、MKT 与解决方案销售部、企业技术服务部、质量与运营部及其他支撑部门，是华为公司面向企业、行业客户的产品和行业解决方案营销、销售和服务的管理和支撑组织。其他业务销售收入占比为 1%，主要是除华为三大核心业务之外的业务。例如，授权培训业务，包括华为能力咨询、知识传递服务和华为认证服务。

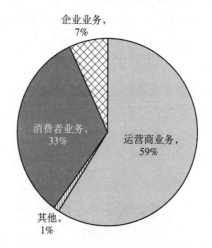

**图 3 - 12　华为 2015 年主要业务销售收入占比**

资料来源：华为技术有限公司 2015 年年报。

　　3. 主要产品与服务营业收入。2014 ~ 2015 年华为公司的三大核心业务包括运营商业务、消费者业务、企业业务均取得了大幅增长（见表 3 - 11）。2015 年运营商销售收入为 232 307 百万元，同比增长 21.4%，主要受益于全球4G 网络的广泛部署；消费者业务销售收入达到 129 128 百万元，增长率高达72.9%，受益于消费者对高品质手机体验需求的增长以及品牌影响力的提升，华为重点打造的旗舰品牌智能手机的市场份额大幅提升：P7 品牌手机的总出货量达 400 多万台，畅销全球 100 多个国家和地区（郭晓峰，2014）；Mate7品牌手机在智能手机高端领域人气飙升，产品供不应求；以互联网为渠道的荣耀品牌手机，其全球销量超过 2 000 万台，这些都为华为公司的迅速发展打下了坚实的基础。企业业务销售收入为 27 609 百万元，同比增长 43.8%，在公共安全、金融、交通、能源等行业快速增长，其他业务在 2014 年同比下降 26.5%，2015 年同比上升 103.8%，同样具有非常广阔的发展前景。

表 3-11    华为公司主要业务销售收入及同比变动

|  | 2015 年销售收入（百万元） | 2015 年同比变动（%） | 2014 年销售收入（百万元） | 2014 年同比变动（%） |
|---|---|---|---|---|
| 运营商业务 | 232 07 | 21.4 | 192 073 | 16.4 |
| 消费者业务 | 129 128 | 72.9 | 75 100 | 32.6 |
| 企业业务 | 27 609 | 43.8 | 19 391 | 27.3 |
| 其他 | 5965 | 103.8 | 1633 | -26.5 |
| 合计 | 395 009 | 37.1 | 288 197 | 20.6 |

资料来源：华为技术有限公司 2014 年、2015 年年报。

4. 市场占有率与市场排名。2013 年，华为超越爱立信，成为全球第一大通信厂商。与 2013 年相比，五大通信厂商在 2014 年的排名并无改变，华为在 2014 年进一步加大了领先优势，除总销售额外，在电信业务上也超越爱立信公司成为全球第一大设备制造商。从同比增长率来看，2014 年华为同比增长 18.62%，中兴同比增长 6.5%，而欧洲的爱立信、阿朗、诺基亚却呈现负增长趋势，表明了中国通信厂商在国际上的竞争力越来越强（见图 3-13）。

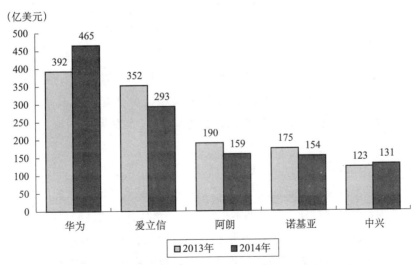

图 3-13    2013 年和 2014 年五大通信厂商整体业务收入排名

资料来源：虎嗅网。

## 二、华为公司区位扩张历程和特征

### （一）华为区位扩张的主要历程

1. 农村包围城市。华为成立初期在国内的区位扩张策略借鉴了我国革命成功的农村包围城市的经验，即先进入竞争比较少的农村地区，再渐渐进入当地的城市。例如，从刚进入四川时，华为先在农村市场布局，在占据农村市场后，才开始慢慢切入城市通信市场。

2. 进入俄罗斯。华为区位扩张的首站选在了俄罗斯，主要是抓住了当时我国与俄罗斯达成战略协作伙伴这一机遇，加快了与俄罗斯合作的步伐。1997年，华为采取本地化的经营模式，在俄罗斯设立了第一家合资公司。至2011年，华为公司在俄罗斯的销售额突破了16亿美元，员工总数也发展到1400多人，员工本土化率达到80%，业务覆盖俄罗斯的大部分地区。此外，尽管华为销量增长迅猛，其在俄罗斯市场的占有率还相对较低。2015年，华为在俄罗斯地区的市场占有率仅为1%，2016年前5个月的占有率约为2.5%（环球网，2016）。

3. 转向亚非拉。1998年进入印度，2000年进入中东和非洲，华为将目光瞄准了市场空间广阔、劳动力成本低廉的亚非拉市场。但在这些地区的扩张也不是一帆风顺，由于金融危机的影响、拉美地区经济环境的不断恶化，当地的电信运营商大多数是欧美公司，采购权在欧美总部而不在拉美当地，这大大增加了华为进入拉美地区的难度。华为在亚非拉地区采取的扩张策略是跟随我国的外交路线，在亚非地区的扩张显得更为典型（郗永忠、李夏，2004），巩固、发展同周边国家的友好合作关系，加强与广大发展中国家的传统友好关系。

4. 进入欧美地区。通过在亚非拉地区的发展，华为在国际上的影响力不断加强。华为渐渐向欧美等发达地区进发。在通信领域竞争非常激烈的欧洲市场，华为采取的策略是通过建立与欧洲本土知名的一流代理商的良好合作关系来进入欧洲市场。2015年9月，华为在西班牙的智能手机市场占有额为2.4%；在意大利智能手机市场占有额为10.9%。此外，华为智能手机在比利时、瑞士、葡萄牙等欧洲国家市场占有率排名前三（环球网，2015）。2002年华为进入美国市场，2012年之前，华为曾经依靠美国小运营商销售低端白牌机，在美国的市场占有率达到 3% ~ 4%，但运营商之间的并购整合使得华为失去了小运营商的订单，华为在美国市场份额也急剧下滑，在美国市场占有率极小。

### （二）华为区位扩张的主要特征

1. 紧密跟随我国外交路线进行扩张。在区位扩张过程中，华为具有沿我国的外交路线进行扩张的特点。在俄罗斯与我国达成战略合作协议后，华为抓住机会将市场扩张到俄罗斯。此外，在我国对一些发展中国家实施经济援助的政策下，华为产品进入当地市场的难度大大降低。

2. 渐进性。华为区位扩张过程中具有渐进性，具有从发展中国家向发达国家扩张的特点，这也体现在华为农村包围城市的市场策略上。在海外市场上，华为将欧美等地区视为电信市场战略地图上的"城市"，而把亚非拉等发展中国家集聚的地区当作"农村"。华为海外扩张的第一站设于俄罗斯，然后向亚非拉地区扩张，最后逐渐进入欧美等市场。

3. 扩张与研发同步。华为采取市场为导向的技术研发战略，每年在创新研发上的投入庞大，2015 年研发费用 90 亿美元，占比总收入达 15%。华为在区位扩张过程中，研发也同步进行，在全球总共设立了 16 个研究所，研发适合当地市场需求的产品。同时，华为也充分利用全球的优秀研发资源来促进自身产品的创新，创新也使得华为在区位扩张时更具有竞争力。

## 三、华为公司区位扩张的模式及影响因素

### （一）区位扩张模式

1. 新建全资子公司。新建全资子公司是跨国企业进行海外扩张的最主要的手段，根据华为 2014 年年报，华为一共设立了 20 家全资子公司，且有 7 家均在海外地区。此外，华为还在全球设立了全资的研发中心，如早在 1999 年时，华为在印度电子信息产业集聚中心——班加罗尔设立研发中心。之后，华为在各地一共设立了 16 家全资的研究所。

2. 合资。跨国公司通过建立合资公司，可以更有效率地利用合作公司的技术优势，联合开发更高级的技术和战略。2003 年，华为与 3Com 公司进行合作并成立了合资公司，专注于研发企业数据网络的解决方案。2004 年，华为与西门子采取战略合作并成立合资公司，专注于 TD-SCDMA 解决方案的开发。

2006 年，华为与摩托罗拉在上海合作成立联合研发中心，专注于 UMTS 技术的研发。2007 年，华为与赛门铁克合作成立合资公司，致力于存储和安全产品解决方案的开发；此外，华为还与 Global Marine 合作成立合资公司，开发并提供海缆端到端网络的解决方案（刘伟全，2010）。

3. 收购。收购当地现存企业是跨国公司进入当地市场、获得高级技术最为快速有效的方法之一。2014 年 9 月 16 日，华为公司之全资子公司荷兰华为以现金 15 百万英镑（折合人民币 142 百万元）作为对价从第三方购买了 Neul Limited（"Neul"）100% 的股权。本次收购增强了本集团对物联网市场的准入。华为于 2014 年 3 月从第三方收购了其持有的成都投资 51% 的股权（成都投资原为本公司的合营公司），自此，成都投资成为了华为的全资子公司。

4. 战略合作。华为的战略合作有助于其不断增强全球本地化经营，加强在当地的投资，如 2010 年华为在英国班伯里成立了英国安全认证中心，该中心对监管机构和客户都是透明的、可及的、开放的。认证中心为了使华为产品具备网络安全威胁的防御能力，负责对华为产品包括硬件和软件在内进行测试分析，这也可以消除进军海外市场障碍。这些战略合作为华为在跨国海外扩张中提供了有利的条件，也增强了品牌的知名度。

华为区位扩张重大事件如表 3 - 12 所示。

表 3 - 12　　　　　　　　　华为区位扩张重大事件一览

| 年份 | 事件 | 扩张模式 |
| --- | --- | --- |
| 1999 | 在印度班加罗尔设立研发中心 | 新建全资子公司 |
| 2003 | 与 3Com 合作成立合资公司 | 合资 |
| 2004 | 与西门子合作成立合资公司 | 合资 |
| 2005 | 与沃达丰签署《全球框架协议》 | 战略合作 |
| | 成立荷兰华为 | 新建全资子公司 |
| 2006 | 华为收购港湾网络 | 收购 |
| | 与摩托罗拉合作在上海成立联合研发中心 | 战略合作 |
| 2007 | 与赛门铁克合作成立合资公司 | 合资 |
| | 成为欧洲所有顶级运营商的合作伙伴 | 战略合作 |
| | 成立华为机器有限公司 | 新建全资子公司 |
| 2012 | 海思光电子有限公司 | 新建全资子公司 |
| 2014 | 华为收购英国物联网公司 Neul | 收购 |
| 2015 | 华为收购 Amartus 旗下业务 | 收购 |
| | 与欧洲运营商共同建设全球首张 1T OTN 网络 | 战略合作 |

资料来源：笔者根据华为官网及网络数据整理。

（二）华为区位分布的影响因素

1. 市场因素。市场因素是华为公司在进行区位扩张时非常重要的因素之一，华为立足中国，走向世界，首先从进入潜力巨大的发展中国家和新兴市场开始，1997 年，华为由拉丁美洲、非洲、东南亚开始进军海外市场，在取得成功，同时自身企业实力也得到大幅度提升之后，华为开始选择进入更加高端的市场，如 2001 年华为通过与当地著名代理商合作进入法国、西班牙、英国等发达国家（龙晓蕾，2013）。

2. 成本因素。是否能够有效地节省成本是检验企业所选择的区位是否正确的标准之一。华为将负责营销的海外子公司设立在新加坡、印度尼西亚、德国，正是因为在这些地方更加靠近市场，节省成本，并且可以辐射周边国家和地区，扩大地区影响力。华为将欧洲物流中心设立在匈牙利，其目的是能够服务到周边的欧洲、中东、中亚、非洲等地区。

3. 集聚因素。华为在全世界各地都设立了研发中心，其区位的选择都是因为当地的电子信息产业的集聚，如印度的班加罗尔、美国硅谷、中国的北京、上海、广州、杭州等地。华为利用当地优秀的劳动力蓄水池、便捷的交通、迅速的知识溢出等集聚因素而产生的创新氛围，来建立华为研究所，为其以后的发展打下坚实的基础。

## 四、华为公司价值链区位扩张分析

（一）价值链区位概况

华为主要子公司共有 21 家，其中有 13 家子公司的注册地或经营地在中国（包括 3 家香港子公司），8 家子公司的注册地或经营地在海外（见表 3 – 13）。华为大于 60% 的公司的经营地都在中国，这 13 家在中国大陆的子公司中，涉及了电子信息产业的产业链中所有的环节，其主要业务包括生产、研发、销售和服务。其余的 3 家香港子公司均为销售公司。华为的海外子公司中，位于日本、美国和英国剑桥的子公司从事的业务是研发类的，其余全部是销售、服务及投资业务。

表 3 - 13                          华为主要子公司价值链分布

| 价值链环节 | 子公司名称 | 地区分布 | 业务范围 |
|---|---|---|---|
| 生产、研发、销售 | 华为技术有限公司 | 中国 | 通信产品、技术维修服务 |
| 生产 | 华为机器有限公司 | 中国 | 通信产品 |
| 研发 | 华为技术（美国）有限公司 | 美国 | 技术研发 |
| 销售 | 华为技术投资有限公司 | 中国香港 | 通信设备 |
| 销售 | 香港华为有限公司 | 中国香港 | 通信设备 |
| 销售 | 华为国际有限公司 | 新加坡 | 通信设备 |
| 销售 | 华为终端（香港）有限公司 | 中国香港 | 通信电子及配套产品 |
| 研发、销售 | 深圳市海思半导体有限公司 | 中国 | 半导体产品 |
| 研发、销售 | 上海华为技术有限公司 | 中国 | 通信产品 |
| 研发、销售 | 北京华为数字技术有限公司 | 中国 | 通信产品 |
| 研发、销售 | 华为技术投资有限公司 | 印度尼西亚 | 通信产品 |
| 研发、销售 | 华为技术日本株式会社 | 日本 | 通信产品 |
| 研发、销售 | 德国华为技术有限公司 | 德国 | 通信产品 |
| 生产、研发、销售 | 华为终端有限公司 | 中国 | 通信产品 |
| 生产、研发、销售 | 华为终端（东莞）有限公司 | 中国 | 通信电子及配套产品 |
| 生产、研发、销售 | 华为软件技术有限公司 | 中国 | 软件及通信相关产品 |
| 生产、研发、销售 | 海思光电子有限公司 | 中国 | 光电子技术 |
| 安装维修服务 | 华为技术服务有限公司 | 中国 | 通信产品及配套产品 |
| 金融 | 华为技术有限公司 | 荷兰 | 海外投资 |
| 金融 | 华为全球金融（英国）有限公司 | 英国 | 融资 |
| 金融 | 欧拉资本有限公司 | 英属维尔京群岛 | 融资 |

资料来源：华为技术有限公司 2015 年年报。

## （二）生产区位

华为自身生产能力较好，只做少量的研发试产，大部分的产品生产都是以外包方式。下面为华为生产基地，区位优势分析如表 3 - 14 所示。

表 3 - 14                          华为生产基地分布及区位优势

| | | |
|---|---|---|
| 广东 | 深圳 | 依托总部的优势获得充足的资源；<br>众多电子信息产业企业集聚，正外部性明显 |
| | 东莞 | 比邻港澳，是广州与香港之间水陆交通的要道与经济走廊；<br>全球重要的电子产品生产基地 |
| 浙江 | 杭州 | 地处长三角产业集群、邻近上海，高新技术产业发达；<br>已形成具有一定规模和优势的电子信息产业；<br>依托京杭大运河，紧邻舟山、宁波、上海港等，水运、航运以及铁路运输便利 |
| 河北 | 廊坊 | 地理位置优越，邻近北京、天津两大城市，依托中心城市和空港、海港的独特优势，充分利用京津地区优越的人才和科研资源；<br>生产要素价格低、市场需求大、投资环境好 |

资料来源：笔者根据华为官网及网络资料整理。

## （三）研发区位

2015 年，华为研发投入 596 亿元，占销售收入的 15%。过去 10 年，华为研发投入累计超过 2 400 亿元。目前全球研发人员约 7.9 万名，占据公司总人数的 45%，全球拥有 16 个研发中心，申请的中国专利累计超过 5 万件，国外专利的申请数量达万余件，在企业全球专利申请量上居第一位（冯宇庆，2016）。

华为海内外共设有 16 家研究所，其中中国本土研究所有 8 家，主要设于各地区电子信息行业较为发达的中心城市（见表 3-15）。电子信息华东地区有 4 所研发机构，分别位于苏州、杭州、上海、南京，均处于长江三角洲产业集群；华中地区在武汉设有一家研究所，武汉是中西部地区承接电子信息产业转移的重点省份；西北地区在西安设有一家研究所，西安是中国信息产业六大基地城市之一；华北地区在北京设有一家研究所，北京是我国政治、经济中心；西南地区在成都设有一家科研机构，成都的电子信息行业已形成完备的上下游产业链。

表 3-15　　　　　　　　　华为国内研究所分布及区位优势

| 地区 | 名称 | 主要业务 | 区位优势 |
|---|---|---|---|
| 华东 | 华为苏州研究所 | WLAN 产品，企业网总部 | 1. 地处长三角地区、交通便利<br>2. 电子信息产业集聚 |
|  | 华为杭州研究所 | 技术开发、技术服务、技术咨询、通信设备 | 长江三角洲重要中心城市、中国东南部交通枢纽 |
|  | 华为上海无线研究所 | 新产品研发中心、无线控制器部分、无线技术服务、终端 | 1. 工业基础雄厚、长三角经济圈的中心、我国重要的经济中心<br>2. 电子信息产业集聚地、外资充足 |
|  | 华为南京研究所 | 电软核、交换机、企业硬件、企业设计 | 1. 长江下游地区重要的产业城市和经济中心<br>2. 电子信息产业集聚地、具有外部性 |
| 华中 | 武汉华为研究所 | 安全储存 | 1. 众多高校集聚，研发资源充足<br>2. 中部承接产业转移的重点城市 |
| 西北 | 西安无线研究所 | 维护开发（补丁版本）、售后支持 | 1. 高校众多、科研资源丰富<br>2. 老工业基地，拥有雄厚的工业基础 |
| 华北 | 华为北京数通研究所 | 网络产品线平台研发、全球技术服务 | 1. 拥有众多一流高校及全国性的科研机构<br>2. 政府支持高新技术产业、享有政策红利 |
| 西南 | 华为成都研究所 | 无线、光网络、存储 | 连接"一带一路"和长江经济带的重要纽带，西部大开发重点城市 |

资料来源：笔者根据华为官网资料整理。

华为在欧洲、加拿大、印度、日本、俄罗斯、美国六大地区设有八个研究所（俄罗斯研究所独立于欧洲研究所）。华为海外研究所的设立地点均在上述国家的电子信息产业的集聚中心，如日本横滨、印度班加罗尔、俄罗斯的莫斯科、美国的硅谷等。其研发区位的优势如表 3 – 16 所示。

表 3 – 16 　　　　　　　　　华为海外研究中心分布及区位优势

| 地区 | 国家 | 研究中心名称 | 主要业务 | 区位优势 |
|---|---|---|---|---|
| 欧洲 | 法国 | 美学研究中心、无线标准研究中心、数学研究中心、家庭终端研究中心、芯片研究中心 | 5G 等战略项目、短期产品、芯片设计和嵌入式电子设备 | 1. 充分利用和开发当地成熟的信息技术生态系统，以及高水平的工程师力量。人才技术优势辐射全球<br>2. 拥有高素质的数学家资源 |
| | 英国 | 华为设计研究所 | 芯片技术、半导体 | 高端研发人才集聚 |
| | 比利时 | 欧洲研究院 | 5G 研究项目、芯片 | 1. 优越的产业环境<br>2. 毗邻众多欧盟国家 |
| | 意大利 | 微波技术研发中心 | 微波技术 | 国际上知名的微波技术研发地、拥有来自大学和科研机构等的大量资金投入 |
| | 德国 | 德国工程能力中心 | 整机及硅光制造、自动化与智能机器人、测试、实时供应链管理 | 1. 人才、技术和研发等方面的优势资源<br>2. 有利于与德国电信企业建立战略合作伙伴关系 |
| | 瑞典 | 瑞典研发中心 | 无线管道关键平台、技术研究 | 开放、创新、公平的商业环境 |
| | 芬兰 | 技术设计中心 | 移动设备新技术的研发、智能手机、平板和其他相关设备的软件开发 | 1. 与瑞典、挪威、俄罗斯接壤，地理位置优越<br>2. 诺基亚的总部所在地，具有良好的开放与创新氛围 |
| | 爱尔兰 | 智能手机研发中心 | 客户体验管理产品——SmartCare、IT 软件 | 1. 技术基础设施<br>2. 高品质的人才 |
| 加拿大 | 渥太华、多伦多、蒙特利尔和滑铁卢 | 加拿大研发中心 | 全球第五代无线网络传输技术（5G） | 1. 市场前景广阔<br>2. 良好的研发环境和大批优秀人才 |
| 印度 | 班加罗尔 | 软件研发中心 | 开发通信软件和尖端通信网络服务方案 | 1. 大量优秀的软件工程师<br>2. 丰富的劳动力和广阔的市场 |
| 日本 | 横滨市 | 小型化设计、质量控制研究中心 | 终端、网络 | 1. ICT 产业市场规模巨大<br>2. 研发资源丰富 |

| 地区 | 国家 | 研究中心名称 | 主要业务 | 区位优势 |
|---|---|---|---|---|
| 俄罗斯 | 莫斯科 | 算法工程化能力中心、最优化能力中心、大数据分析能力中心等 | 新一代通信、云计算、音频视频分析、数据挖掘、机器学习 | 1. 大量专业的优秀研发人才<br>2. 广阔的市场<br>3. 地跨欧亚两洲，区位优势明显 |
| 美国 | 硅谷 | 射频、芯片研究中心 | 芯片 | 高技术产业聚集区、研发外部性明显 |

资料来源：笔者根据官网资料整理。

### （四）销售区位

如图 3-14 所示，华为国内收入占比为 43%，海外收入占比为 57%，国内还是华为较为重要的市场。海外市场在华为的区位布局中也显得十分重要。欧洲及中东市场收入占比为 21%，其中欧洲是华为电信市场扭转全球格局的重要市场，其中华为已成为意大利和西班牙两国第二大智能手机制造商。经过在中东地区十几年的经营，华为在当地企业市场内成为发展速度最快的信息与通信技术供应商之一，销售收入发展潜力大。亚太地区销售收入占比为 15%，受益于韩国、泰国、印度等市场的发展。美洲地区销售收入占比为 21%，得益于其在中高端手机市场中的突破。

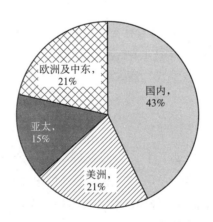

图 3-14 2015 年华为全球各地区销售收入分布

资料来源：华为技术有限公司 2015 年年报。

如图 3-15 所示，2015 年中国销售收入为 1 676.9 亿元，同步增长 54.3%，主要得益于运营商 4G 网络建设、智能手机爆发式增长以及企业行业解决方案能力的增强；欧洲中东非洲地区 2015 年销售收入为 1 280.2 亿元，同比增长 27.2%，主要受益于基础网络、专业服务以及智能手机的增长及智能手机市场份额提升。亚太地区销售收入为 505.3 亿元，同比增长 19.1%，得益于印度、菲律宾、泰国等市场基础网络建设，保持了良好的增长势头；在美洲地区销售收入 389.8 亿元，同比增长 26.4%，得益于墨西哥、阿根廷、秘鲁等国家运营商通信网络大幅投资及美国智能手机业务的快速增长；其他地区销售收入 98.0 亿元，同比增长 75.1%。

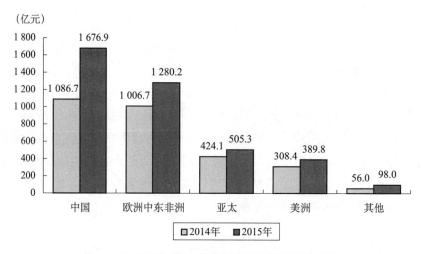

**图 3-15 2014~2015 年华为各地区销售收入变化**

资料来源：华为技术有限公司 2015 年年报。

## 五、结论与启发

华为技术有限公司经过二十多年的发展，成为全球第一大电信设备商，2016 年居《财富》世界 500 强第 129 位，是国内电子信息企业区位扩张较为成功的典型代表。通过前面对华为区位扩张历程、模式、特征、影响因素以及价值链区位扩张的分析，有以下经验值得借鉴。

### （一）高资本积累和研发投入

华为技术有限公司成立的初始阶段，由于产品的创新力不足，在一、二线城市的竞争力低，华为选择先进入对产品实用性要求高、产品创新要求较低的

三、四线地区。在完成资金的积累后，华为将大量资金用于研发，增加产品竞争力。华为在其"基本法"中规定，每年销售收入的10%用于研究开发新产品，部分年份达到15% ~ 17%。高比例的研发投入使得华为在国际市场竞争力较强。华为的智能网用户数量全球排名第一，下一代通信网全球排名第二，传输亚洲排名第一、全球排名第四，交换机品牌排名第二（陈峥，2005），数据通信也成功地进入了美国甚至全球市场。

### （二）战略合作进入目标市场

电信行业具有很强的垄断性，这使得进入一个新市场并生存下去的难度非常大，华为在区位扩张过程中采取战略合作的策略来降低进入当地市场的难度。例如，2005年与英Marconi公司签署了互助商品代销协议。根据该协议及初期达成的谅解备忘录，两家公司互相销售对方的部分产品。Marconi将仅以Marconi的品牌向电信运营商转销华为的电信级数据通信产品，而华为将在其无线网络项目中转销Marconi的微波设备，包括下一代微波设备以及相关的网络服务。

### （三）紧跟国家政策

华为在短短二十几年从一个名不见经传的企业发展成如今的国际化大企业，与国家的政策扶持有很大关系，通信行业属于国家战略性产业，华为在区位扩张过程中紧紧跟随国家政策动向，顺利解决了发展过程中的障碍。例如，1995年华为遇到资金"瓶颈"，国家领导人到访并解决了银行贷款问题，地方政府的支持力度也随之加强。在通信安全凸显重要性的现代，华为作为重要的跨国公司，对我国的国际战略也十分重要。

但华为区位扩张过程中存在的一些问题我们也应引以为鉴。首先，应结合目标市场的综合情况选择是否进入。例如，华为企业在海外扩张中，倾向于市场广阔且劳动力丰富的金砖国家。1996年华为进入巴西市场，但巴西市场的高关税使得华为直到2014年才实现盈利。其次，由于通信行业带有一定的敏感性，在区位扩张过程中也应考虑到这个问题，例如，由于当地政府对安全问题的担忧，华为在北美市场发展缓慢，美国国会曾指控华为受到政府支持以及窃取其他公司的技术。澳大利亚也曾因为安全问题，禁止华为参与竞争国家宽带网基础设施建设项目。2010年7月，印度就曾以"黑名单"方式，将包括华为在内的25家中国电信设备商列入其中，暂时禁止印度电信运营商购买它们的设备（文庚淼，2014）。

**参考文献**

[1] 卢明华，李国平，杨小兵．从产业链角度论中国电子信息产业发展[J]．中国科技论坛，2004（4）.

[2] 工业和信息化部电子科学技术情报研究所．中国 IT 产业发展报告（2013～2014）[M]．北京：社会科学文献出版社，2014.

[3] 中国电子信息产业发展研究院．2013～2014 年中国电子信息产业发展蓝皮书[M]．北京：人民出版社，2014.

[4] 中国电子信息行业联合会．2015 年中国电子信息产业发展蓝皮书[M]．北京：电子工业出版社，2015.

[5] 中国信息产业年鉴（2010～2013 年各年）[M]．北京：电子工业出版社.

[6] 工业和信息化部运行监测协调局．中国电子信息产业统计年鉴（综合篇）[M]．北京：电子工业出版社.

[7] 2011～2015 年电子信息产业统计公报．工信部运行监测协调局，2016.

[8] 华为．华为技术有限公司 2010～2015 年年度报告[R]．华为技术有限公司，2016.

[9] 华为官网．华为技术有限公司[EB/OL]．http：//www. huawei. com/cn/about-huawei，2016.

[10] C114 中国通信网．华为 2016《财富》世界 500 强排名 129 位 较上年跨越提升近百名[EB/OL]．http：//www. c114. net/news/126/a964111. html，2016.

[11] 郭晓峰．华为 2014 年收入将达 460 亿美元 爱立信或望尘莫及[EB/OL]．http：//tech. qq. com/a/20141231/018354. html，2016.

[12] 环球网．俄媒：华为手机 2016 年在俄销售量增长数倍[EB/OL]．http：//tech. huanqiu. com/original/2016 - 07/9111951. html，2016.

[13] 郄永忠，李夏．华为出海[J]．经济导刊，2004（5）.

[14] 刘伟全．中国 OFDI 逆向技术溢出与国内技术进步研究——基于全球价值链的视角[D]．山东大学，2010.

[15] 龙晓蕾．华为公司的国际化战略与其创新绩效关系的研究——基于

制度和资源理论视角 [D]. 首都经济贸易大学, 2013.

[16] 冯宇庆. 从华为向苹果许可专利说开去 [EB/OL]. http：//pa-per. ce. cn/jjrb/html/2016 – 05/30/content_302335. html, 2016.

[17] 陈峥. 华为公司的国际化战略分析 [D]. 复旦大学, 2005.

[18] 文庚淼. 华为受阻于美国的背后 [EB/OL]. http：//wengengmiao. baijia. baidu. com/article/22922, 2014.

[19] 宏达国际电子股份有限公司. 宏达电子 2010～2015 年年度报告 [R].

[20] 宏达国际电子股份有限公司官方网站（中国台湾）. http：// www. htc. com/tw/.

[21] 林艾涛. 宏达电不做行业"替罪羊"智能手机专利纷争走上歧途 [J]. IT 时代周刊, 2010 (11).

[22] 李旭峰. 台湾女首富王雪红的传奇故事（下）　宏达电：智能手机竞技场的一匹"黑马" [J]. 海峡科技与产业, 2013 (7).

[23] 辛飞雁. 浅析 HTC 市场营销策略 [J]. 对外经贸, 2014 (10).

[24] 孙长力. HTC 发展现状及前景初探 [J]. 中国外资, 2012 (21).

[25] 锡士. HTC 遭遇成长的烦恼 [J]. 上海经济, 2012 (11).

[26] 美国苹果公司. 2010～2015 年年度报告 [R]. 加利福尼亚州：美国苹果公司, 2011～2015.

[27] 苹果公司官网. http：//www. apple. com/.

[28] 财富中文网. 2015 年财富世界 500 强排行榜 [EB/OL]. http：// www. fortunechina. com/fortune500/c/2015 – 07/22/content _ 244435. htm, 2015 – 07 –20.

[29] 惠苏渊. 苹果公司发展战略分析及思考 [J]. 工业技术经济, 2006, 25 (1)：48 –51.

[30] 韩竹. 从富士康到苹果——扭曲的代工产业链 [J]. 社会观察, 2012 (3)：68 –69.

[31] 何兴平. iPhone 制造外包模式下的苹果公司供应链管理研究 [D]. 天津大学, 2014.

[32] 李鸣. 苹果公司手机产品市场策略研究——以中国市场为例 [D]. 安徽大学, 2012.

# 第四章　化工产业案例[①]

## 第一节　化工产业的价值链结构

化工行业是众多行业的上游产业，为其他行业提供原料，化工行业的内部细分子行业之间也可能是上下游关系，例如，合成氨是农药化肥的原材料，因此，化工行业的产业链比较复杂，如图4-1所示。总的来说，化学工业的上游主要是石油组分，包括石油勘探、开采、油品、润滑油、能源等。中游环节涉及石化、乙烯工程、基础化工、煤化工、炼焦的生产活动，中间品主要包括乙烯苯、苯的衍生物、苯乙烯、助剂等，化学品有化纤类、日化类、橡胶类、甲醇类等。

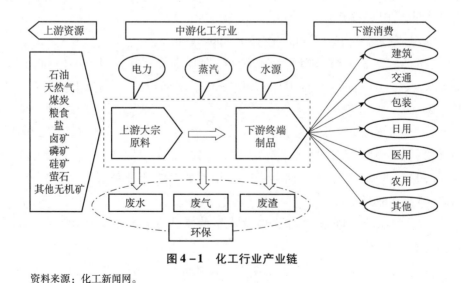

图4-1　化工行业产业链

资料来源：化工新闻网。

---

① 本章由暨南大学产业经济研究院赵锦瑜、陶锋执笔。

化工行业的下游产业覆盖众多消费行业，如纺织服装业、农业、交通运输业、轻工建材和房地产等与国民经济发展联系密切的行业，化工行业常常以固定资产投资拉动经济增长的方式进入这些行业。国家经济发展到一定阶段，传统化学品的需求相对减缓，而与新兴产业及消费升级相关的化工品需求将保持快速增长，如生物医药行业需求的化学品市场空间很大。

化工行业产业链的价格传导是双向的，即上游可以自发影响下游，下游也可以影响上游原料的价格。上游行业的大规模扩产可能导致原材料价格的迅速下降，而下游企业需求的突然扩大或缩减更会显著影响企业产品价格。同时由于化工行业的原材料主要是石化基础原材料，因此，化工行业受油价的影响较大。其中，以石化初级产品为原料的化纤、合成材料、塑料制品、橡胶制品等，价格将随着上游原料价格的上升而升高。这类产品不是直接以石油为原料，而是以石化产品为原料，所以受石油价格波动的影响也比较间接，对行业的传导能力也较弱。而对于化肥、硫酸、纯碱、无机盐等无机化工产品，因为与石油产品关联度较小，产品价格受影响也较小。

# 第二节　杜邦区位战略研究

## 一、公司概况

### （一）公司简介

杜邦公司（DuPont）是一家拥有200多年历史的大型跨国化工企业，总部位于有着"世界化工之都"的美国威尔明顿。在2015年《财富》杂志世界500强排行中杜邦位居第379名，名列化工行业的第3名。杜邦公司的前身是由皮埃尔·杜邦（Pierre DuPont）于1802年在特拉华州创办的杜邦火药厂，在战争期间杜邦火药行销全球，一度成为美国最大的火药生产商。20世纪杜邦将业务重心转向化学制品、材料和能源领域，涉及石化、日用化学品、医药、涂料以及各种聚合物等1 700个门类，20 000多个品种。进入21世纪，杜邦公司宣布企业的重新定位，将从严格意义上的"化学公司"转变为更加综合的"科学公司"。以广泛的创新产品和服务涉及农业与食品、楼宇与建筑、通信和交通、能源与生物应用科技等众多领域。截至2015年，杜邦在全球拥有 52 000 多名员工，302 家公司和机构，分布在全球 90 多个国家和地区，年营业收入高达 250 亿美元。

在杜邦长达几百年的发展历程中，诸多产品与发明深刻地影响了现代文明的进程，极大地改善了人们的生活体验。尼龙纤维便是典型代表之一，尼龙纤维的发明极大地丰富和便利了人们的日常生活，在 1939 年尼龙丝袜推出便引起了人们近乎疯狂的购买，甚至出动警察维持购买秩序（李存茂、李九江，2005）。另一代表产品就是 Kevlar 纤维，Kevlar 纤维的发明也极具意义，尤其是在消防安护领域。Kevlar 纤维强度是钢的五倍，具有非常好的坚韧防护性，被广泛运用到防弹衣、宇航服和消防服中，甚至在飞机雷达罩、发动机舱和汽车轮胎中也有广泛的运用。此外，杜邦公司首创的财务管理分析方法非常实用，在财务会计领域一度被奉为圭臬（戴颖、李延莉，2009）。正是因为杜邦一直秉承着"创造科学奇迹"的理念，才能有众多伟大的发明创造，也才能使其历经百年依旧兴盛。

## （二）公司市场表现

在全球经济增长颓势、化工行业持续低迷的背景下，包括巴斯夫、陶氏化学在内的知名化工企业的业绩纷纷出现不同程度的下滑。杜邦公司近几年公司发展同样处于震荡下滑状态，整体运营业绩欠佳。但是市场占有水平仍旧稳定，科研实力以及产品质量方面仍有重大进展。具体从以下几个方面进行分析。

1. 业务结构。杜邦公司作为全球大型的化工制品公司，业务涉及多个领域，产品种类十分丰富。如图 4 - 2 所示，公司业务涉及农业、营养保健、工业生物科学等诸多领域。其中，农业作为公司核心业务相关收入占总收入的约 40%，同时高性能材料及安全和防护也是公司重点业务领域。多元化的业务结构有助于增强企业竞争力和盈利能力。

2. 盈利水平。如图 4 - 3 所示，2010 年以来，公司发展状态较佳，业绩稳步上升，2013 年营业收入达到 290 亿美元峰值，而后营业收入明显下降，2015 年跌至 251 亿美元。究其原因，一方面是国际同业竞争压力增大，市场份额受到挤压；另一方面是全球整体经济不景气，工业制造经济低迷，整体市场萎缩。近几年杜邦公司净利润水平呈现剧烈波动，十分不稳定。2010 ~ 2014 年期间，公司净利润水平在波动中实现小幅增长，2013 年实现利润水平为 290 亿美元，达到近年最高点。但是 2015 财年公司净利润低至 20 亿美元，达到近

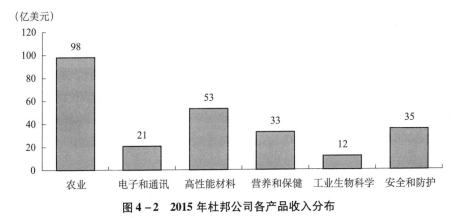

**图 4-2 2015 年杜邦公司各产品收入分布**

资料来源：根据杜邦公司 2015 年报数据整理。

六年最低水平，相比 2013 年下降 28 亿美元，跌幅高达 58%。这一波动变化不仅反映出公司的盈利水平出现问题，管理策略和经营战略需要调整，也折射出整体化工行业的不景气。从企业外因素而言，上游原料以及中间品的价格上升、劳动力成本上升都是导致公司利润下降的重要因素。

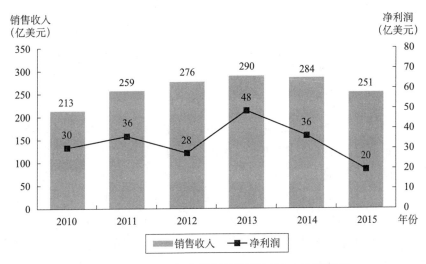

**图 4-3 2010~2015 年杜邦公司销售收入与利润变化**

资料来源：根据杜邦公司 2010~2015 年年报数据整理。

3. 行业地位。杜邦公司近几年的业绩水平有所下滑，经营发展面临众多问题，但是行业排名却有着轻微上浮。2014 年，全球化工企业排行中杜邦名列第十，2015 年上升至第八位。杜邦在全球市场竞争力仍是不断提升的。

## 二、杜邦公司区位扩张历程

成立之初，杜邦公司还只是拥有 100 人，3 万多美元投资的小厂，而到了 2015 年，它已经成为年销售额近 300 亿美元的跨国化工巨头。其扩张历程大致可以分为两个时期。

### （一）国内扩张时期（1802～1939 年）

杜邦公司在这一时期的国内扩张主要体现在行业内纵向扩张和转型跨行业并举。自 1802 年成立以来，火药制造一直作为杜邦公司的核心业务，在"一战"、英美战争和美国南北战争期间，杜邦公司作为全球数一数二的火药制造商，不仅占领全美市场，同时产品远销欧洲诸国，获得丰厚利润，规模急剧扩张。1908 年后，杜邦开始业务重组和战略调整，尝试向以火药为中心的多样化产品模式转变。1910～1917 年期间，杜邦并购了多家生产制造纤维、皮革、染料油漆、塑料和橡胶涂层的化学化工企业，其中横向扩张最具代表性事件是在 1918 年，杜邦公司通过购买以及投资等渠道成为通用汽车公司大股东，占有其总份额达到 43%（李存茂、李九江，2005）。通过一系列并购和扩张，杜邦已经成为一个业务多元化综合化工企业，资产规模迅速扩大。

### （二）海外扩张时期（1939 年至今）

由于在国内生产经营业绩都非常出色，杜邦对海外市场一直没有重视。"二战"爆发时，杜邦公司海外经营规模较之国内是微不足道的，1939 年的出口额仅为 1 480 万美元，只占全部销售额的 5%（李存茂、李九江，2005）。"二战"后，公司传统火药业务逐渐失去市场，并且国内化工竞争日益激烈，利润水平急剧下降。与此同时，国内其他化工企业孟都山等陆续增加海外投资，加之海外廉价劳动力和发展中国家优惠的外资政策的吸引，上述一系列因素都促使杜邦将眼光转向海外。

杜邦海外扩张分为两个阶段。第一阶段是海外初期扩张，时间集中在"二战"后到 1956 年期间。由于杜邦对于海外业务相对谨慎，特点表现在扩张规模小，业务相对单调，以海外投资制造基地为主，地理上表现在以美国为核心向四周延伸布局。在这期间，杜邦在加拿大新建了 5 家化工企业，在欧洲也仅仅布局了少数几家轮胎制造企业，在南美洲投资新建了部分油漆染料加工制造业。伴随着第一阶段海外扩张取得较大成功，积累了海外扩张经营管理经验，杜邦便开始大规模地海外扩张。第二阶段杜邦海外扩张全面展开，时间主要是在1956年以后。一方面，在拉丁美洲、欧洲等地区的原基础之上继续扩大业务，扩大投资规模；另一方面，将业务扩张到非洲和亚太地区，上述地区不仅有着丰富廉价原料，更有着广阔的市场。此外，杜邦扩张不仅集中体现在规模上，在向全球扩张同时，针对不同地区地理以及市场特点，杜邦产品结构也不断扩充和优化。

如图4-4所示，杜邦海外销售额已经占总销售额的65%，海外市场已经成为杜邦主要收入来源，并且形成了以农业化工和高性能材料为主，广泛涉及生物医药、营养保健和安全防护等领域的综合型经营模式。

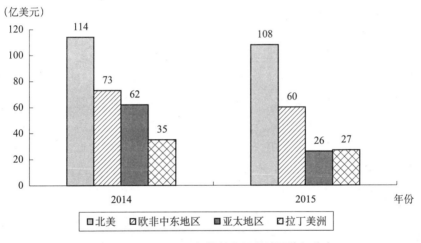

**图4-4　2014~2015年杜邦公司各地区收入分布**

资料来源：根据杜邦公司2014~2015年年报整理。

## 三、杜邦公司区位扩张模式和特征

### （一）杜邦区位扩张的主要模式

杜邦作为有着200多年历史的大型跨国化工企业，从单一火药产品扩张到化工全产业链，市场范围从美国特拉华州到世界各地。结合杜邦公司区位扩张历程，将其扩张模式概括为以下几类。

1. 兼并收购。公司在早期发展迅速，具备雄厚资金和技术的实力，加之火药业务衰落，转型扩张需求明显。国内扩张期间，杜邦通过横向扩张和纵向扩张并举，大量收购兼并相关企业，延伸和完善产业链及进入新行业，以实现规模经济。如1981年收购大陆石油公司，1997年收购先锋种子国际公司的部分股份，1998年，杜邦收购默克制药公司的股份（张卫宁，2013）。通过对这些公司的收购和兼并，杜邦公司规模迅速扩张，产品和业务结构日益完善，多元化的经营策略既分散了经营风险，同时通过经营策略的不断调整，行业地位也得到提升。

2. 投资新建。这一模式在杜邦公司海外扩张历程中发挥了巨大的作用。杜邦公司在全球的300多个子公司大部分都是通过投资新建的方式建立的。投资新建分为全资新建和合资新建，出于对技术专利和知识产权的保护，海外投资主要以独资新建为主。但是考虑到一些地区的资金、市场和政府政策等因素，杜邦公司在进行扩张时也采用了合资新建的形式。合资模式不仅扩大了产能，开拓了市场，同时也避免了资金不足和市场恶性竞争等问题。

3. 转型重组。转型重组是杜邦扩张历程中采用的模式之一，也是其历经百年依旧兴盛的诀窍。杜邦的发展目标是要成为一家全球领先的、可持续增长的科学企业，其战略决策不单单是从一个行业的发展趋势着眼，更强调根据时代主流趋势来确定自己的发展规划。从起初火药制造满足战争军工，到后来重组并购很多日用化工企业，进入民用化学品的生产，提供廉价多样化的日化用品；进入21世纪后，杜邦致力于农业、电子通信、生物医药和高科技材料等化工行业的科研和开发。2015年，杜邦与陶氏化工宣布进行战略重组合并，以期实现强强联合，增强竞争实力，成为其转型重组的重要一步（金焕东，2016）。

## （二）杜邦公司区位扩张的主要特征

结合杜邦扩张历程以及其扩张模式，不论是国内和海外，其扩张都具备非常明显的特征，具体体现在以下几点。

1. 立足美国，积极拓展海外市场。"二战"前，杜邦业务发展和扩张集中在国内。杜邦国际部成立于1958年，凭借着强大的资金和技术优势公司大举进行海外扩张。由于化工企业生产大都是原料指向型企业，为了更加便捷地获取原料，公司将生产基地向拉丁美洲、亚太地区和中东等基础矿产资源丰富的地区进行扩张。另外，鉴于国内市场逐渐饱和，为了打开北美以外的其他市场，杜邦将生产销售基地开拓到欧洲以及亚非拉地区。

2. 注重研发，提升科研技术水平。"创造科学奇迹"是杜邦公司的经营理念，也是杜邦进入 21 世纪以后的发展目标。作为全球高端水平的化工企业，加强研发对杜邦公司而言至关重要。杜邦公司的研发远远走在生产制造之前，其扩张过程中都是以研究开发为重点。近三年，公司年均的研发投入为 20 亿美元左右，约占营业收入的 10%。2015 年，杜邦获批约 1 050 项美国专利和2 200 项左右国际专利。杜邦公司在全球设计研发中心基本分布于上海、日本名古屋、韩国首尔、瑞士梅林根和俄罗斯莫斯科等经济发达和科技水平高的城市，可以为杜邦新产品研究开发提供强大的资金和技术支持。

3. 兼并扩张，进行全产业链布局。杜邦公司在其漫长的发展过程中进行了大量的兼并扩张。早期以纵向扩张为主，涉及领域从火药扩展到油漆、橡胶、材料和通信技术等化工行业绝大部分领域，通过整合上下游产业链，增强协作，节约成本。在后期伴随着海外扩张展开，公司扩张多以横向扩张为主，主要体现在公司并购石油、制药、农业和营养保健等企业，将业务多元化，有利于增强经营能力和分散风险。

## 四、杜邦公司价值链扩张区位分析

### （一）区域中心

杜邦是一家全球性跨国企业，在进行全球布局时，需要考虑不同地区的经济、文化和政策等多种因素。为了更好地协调各主要地区的经营管理，公司在全球范围内设置了若干区域中心（见表 4 - 1）。早期以美国为中心，"二战"后期，杜邦在拉丁美洲和欧洲纷纷设立区域中心。20 世纪后期，为满足亚太地区日益增长的投资和巨大市场，区域中心向亚太地区转移。

区域中心一般布局在经济发达的大型城市，区位优势主要有以下三点：（1）制造业尤其是化工业高度发达，技术水平高端，如威尔明顿和柏林。（2）经济发达，贸易兴盛，在区域中具有极大的辐射效应，有利于协调管理区域运营，如中国香港、新加坡。（3）交通便利，交通网发达，对外联系交流便捷，便于原料货物的运输，如中国香港、圣保罗等。

## （二）研发中心

科技创新一直是杜邦公司的传统。截至 2015 年，杜邦公司在全球拥有 13 个区域研发中心，10 000 多名科研人员以及分布在 90 多个国家的 150 多个研究所。杜邦研发中心集中分布在亚太、欧洲和北美地区的大型城市（见表 4－1）。

表 4－1　　　　　　　　杜邦公司价值链区域分布

| 价值链环节 | 区域 | 城市 | 性质/职能 |
|---|---|---|---|
| 区域中心 | 北美洲 | 美国威尔明顿 | 统筹区域整体运营 |
| | 南美洲 | 巴西圣保罗 | |
| | 亚太地区 | 中国深圳 | |
| | | 印度浦那 | |
| | | 新加坡新加坡市 | |
| | 欧洲 | 德国柏林 | |
| 研发中心 | 北美洲 | 美国特洛伊 | 产品和技术研究开发 |
| | | 美国约翰斯顿 | |
| | | 墨西哥墨西哥城 | |
| | 欧洲 | 瑞士梅林根 | |
| | | 俄罗斯莫斯科 | |
| | | 土耳其伊斯坦布尔 | |
| | 南美洲 | 巴西帕里尼 | |
| | 亚太地区 | 中国上海 | |
| | | 日本名古屋 | |
| | | 韩国首尔 | |
| | | 泰国曼谷 | |
| | | 中国台湾新竹 | |
| | | 印度浦那 | |
| 生产基地 | 北美地区 | 107 个 | 原材料、中间品、消费品的生产制造 |
| | 欧洲和中东 | 170 个 | |
| | 亚太地区 | 60 个 | |
| | 拉美地区 | 22 个 | |
| | 非洲 | 28 个 | |
| 销售服务 | 北美地区 | 43% | 销售、咨询和服务 |
| | 拉美地区 | 11% | |
| | 亚太地区 | 22% | |
| | 欧非中东地区 | 24% | |

注：销售服务为 2015 年杜邦销售收入在各地区的比例。
资料来源：根据杜邦官网数据整理。

上述城市区位优势主要有以下四点：（1）所在城市经济发达，能为研发提供产业资本的支持。（2）科研技术发达，高等院校以及相关研究所数量众多，可以为研发和实验提供智力支持。（3）化工产业高度集中，具有很好的区域外部性，知识外溢性能加快研发进程。（4）制造业发达，化工产品需求广阔，可以更好地实现产研销一体化相结合。

（三）生产基地

杜邦公司在全球广泛布局生产基地，在 90 多个国家和地区拥有 302 个生产基地。早期扩张集中在工业化完成较早的北美和欧洲地区，后期扩张布局在亚非拉地区。其区位优势如下：（1）亚太、拉丁美洲地区经济发展迅速，市场潜力巨大，将生产基地布局在上述地区，能够更好地实现产销结合，开拓市场。（2）为了获取更低廉的原料、劳动力，降低仓储物流成本。（3）化工行业上下游之间联系紧密，将生产基地区域化的集中布局有利于完善产业间的协作，节约成本，实现规模经济。（4）杜邦在欧洲、日本的生产基地，不仅能够充分利用发达地区高水平的工业制造基础，在扩张高端市场的同时学习更多先进技术。

（四）销售服务

一般意义上，为了获得更大的市场份额和更好的服务生产环节，销售服务布局跟随生产制造扩张或随市场分布。如表 4-1 所示，杜邦公司的销售服务机构主要集中在北美、亚太以及欧洲地区。主要有以下三点区位优势：（1）亚太、拉丁美洲地区作为新兴经济体，工业化的飞速发展以及作为传统的主要作物产区，相关的化工产品市场需求巨大。（2）北美地区不仅作为杜邦的重要市场所在也是主要生产基地，需要大量销售服务企业来完善产业链。（3）欧洲等发达地区对于营养保健、高科技通信材料和生物医药存在广泛的需求，将销售服务布局在欧洲有利于开拓高端市场。

## 五、杜邦公司中国扩张区位分析

（一）杜邦公司在华概况

伴随着中国改革开放及经济飞速发展带来的巨大的消费市场，杜邦公司于

1984 年在北京设立办事处,成为最早开展对华投资的跨国企业之一。1988 年在深圳注册成立杜邦中国集团有限公司,作为中国地区区域中心。经过 30 多年的发展,杜邦已经在中国建立了 40 余家独资及合资企业,拥有员工约 6 000 人,并将众多地区业务总部移至中国大陆(万晓晓,2013)。2005 年,位于上海的杜邦中国研发中心正式投入使用,致力于为中国本地、亚太地区和全球市场提供技术创新支持与合作平台,着重于光伏解决方案、生物制药、安全防护和汽车材料等领域的新材料应用开发及检测能力。

## (二)杜邦公司在华扩张区位分析

杜邦公司对中国市场十分重视,在华业务范围不断扩张,投资规模快速增长。结合价值链扩张对杜邦在华扩张进行区位分析如下。

1. 区域中心的扩张。中国作为最大的发展中国家,人口众多,经济发展迅速,不仅是主要生产基地也是杜邦的重要市场。20 世纪 80 年代,杜邦在中国地区业务的区域中心设在深圳。深圳作为对外开放窗口,具有较多优惠政策,进出口贸易便利;商业贸易发达,资金和产业优势明显;深圳不仅在地区甚至在全国范围内都具有较大的辐射效应。上述区位优势有利于深圳区域中心统筹杜邦在华业务。

2. 生产制造的扩张。杜邦在华企业大多以生产制造为主,且集中分布在长三角、珠三角和华北部分地区(见表 4 - 2)。华北地区作为主要作物产区,杜邦农业以及相关产品具有巨大市场,同时也为加工企业提供了便捷的原料。长三角和珠三角地区经济发达,是我国主要生产制造产业区,制造业基础设施完善,交通运输便利,且化工及其相关产业集中,具有较好的规模经济优势,并且长三角等地工业发达,对化工产品需求广阔。

表 4 - 2 　　　　　　　　　 杜邦公司在中国子公司情况一览

| 区域 | 城市 | 年份 | 公司名称 | 性质职能 | 设立形式 |
|---|---|---|---|---|---|
| 华北 | 北京 | 1989 | 杜邦中国集团有限公司北京分公司 | 区域中心 | 独资新建 |
| | | 1997 | 北京凯拓迪恩生物技术有限责任公司 | 研究开发 | 合资新建 |
| | | 2001 | 杜邦营养食品配料(北京)有限公司 | 生产制造 | 独资新建 |
| | | 2002 | 北京华美聚合物有限公司 | 生产制造 | 合资新建 |
| | | 2011 | 丹尼斯克(北京)菌种有限公司 | 生产制造 | 兼并收购 |
| | | 2013 | 杜邦先锋投资有限公司 | 经营投资 | 独资新建 |
| | 河南安阳 | 2011 | 丹尼斯克甜味剂(安阳)有限公司 | 生产制造 | 兼并收购 |

续表

| 区域 | 城市 | 年份 | 公司名称 | 性质职能 | 设立形式 |
|------|------|------|----------|----------|----------|
| 华北 | 河南漯河 | 1997 | 杜邦双汇漯河食品有限公司 | 生产制造 | 合资新建 |
| | 河南漯河 | 1997 | 杜邦双汇漯河蛋白有限公司 | 生产制造 | 合资新建 |
| | 河南郑州 | 2002 | 杜邦郑州蛋白有限公司 | 生产制造 | 独资新建 |
| | 辽宁铁岭 | 1998 | 铁岭先锋种子研究有限公司 | 研究开发 | 独资新建 |
| | 山东莱州 | 2003 | 山东登海先锋种业有限公司 | 生产制造 | 兼并收购 |
| 华东 | 浙江台州 | 2010 | 海旭生物材料有限公司 | 生产制造 | 合资新建 |
| | 浙江宁波 | 1998 | 宁波杜邦帝人鸿基薄膜有限公司 | 生产制造 | 合资新建 |
| | 上海 | 1988 | 杜邦中国集团有限公司上海分公司 | 销售服务 | 独资新建 |
| | | 1992 | 上海杜邦农化有限公司 | 生产制造 | 合资新建 |
| | | 1996 | 杜邦（上海）电子材料有限公司 | 生产制造 | 独资新建 |
| | | 2001 | 杜邦贸易（上海）有限公司 | 销售服务 | 独资新建 |
| | | 2003 | 杜邦钛白科技（上海）有限公司 | 生产制造 | 独资新建 |
| | | 2004 | 舒莱贸易（上海）有限公司 | 销售服务 | 独资新建 |
| | | 2005 | 孟莫克化工成套设备（上海）有限公司 | 生产制造 | 兼并收购 |
| | | 2005 | 杜邦（中国）研发管理有限公司 | 研究开发 | 独资新建 |
| | | 2011 | 丹尼斯克（中国）投资有限公司 | 经营投资 | 兼并收购 |
| | 江苏常熟 | 2003 | 杜邦三爱富氟化物（常熟）有限公司 | 生产制造 | 合资新建 |
| | 江苏昆山 | 2011 | 丹尼斯克（中国）有限公司 | 生产制造 | 兼并收购 |
| | 江苏无锡 | 2003 | 杰能科（中国）生物工程有限公司 | 生产制造 | 独资新建 |
| | | 2004 | 杜邦兴达（无锡）单丝有限公司 | 生产制造 | 合资新建 |
| | 江苏张家港 | 2011 | 丹尼斯克（张家港）亲水胶体有限公司 | 生产制造 | 兼并收购 |
| 华南 | 广东深圳 | 1988 | 杜邦中国集团有限公司 | 区域中心 | 独资新建 |
| | | 1989 | 杜邦（深圳）制造有限公司 | 生产制造 | 独资新建 |
| | | 1989 | 杜邦（深圳）实业有限公司 | 生产制造 | 独资新建 |
| | 广东广州 | 1985 | 杜邦应用面材（广州）有限公司 | 生产制造 | 独资新建 |
| | | 2011 | 丹尼斯克（中国）有限公司广州分公司 | 销售服务 | 兼并收购 |
| | 广东东莞 | 1994 | 东莞杜邦电子材料有限公司 | 生产制造 | 独资新建 |
| | 中国香港 | 1983 | 杜邦中国有限公司 | 销售服务 | 独资新建 |
| | 广东佛山 | 1996 | 佛山杜邦鸿基薄膜有限公司 | 生产制造 | 合资新建 |
| 西北 | 甘肃酒泉 | 2006 | 敦煌种业—先锋良种有限公司 | 生产制造 | 合资新建 |
| 西南 | 四川成都 | 2003 | 杜邦中国集团有限公司成都分公司 | 销售服务 | 独资新建 |

资料来源：根据杜邦（中国）网站数据整理。

3. 研究开发的扩张。随着杜邦在华业务逐渐成熟以及生产规模的不断扩大，杜邦开始在上海和北京等地设立研究基地。2013 年，上海研发基地二期完成，致力于为中国本地、亚太地区和全球市场提供技术创新支持与合作平台。此外，聚焦于农业及食品、3C、汽车和能源四大领域的杜邦上海创新中心在 2014 年 9 月落成，进一步连接中国本地市场的研发需求与杜邦全球创新资源，更高效地推动地区协作。其研发扩张的区位优势在于京沪地区相关产业技术高度发达，科研院所及人员众多，其次京沪两地位于主要生产区域，能使科研更好对接生产。最后，京沪等地对外交流便利，更易于新技术的引进。

4. 销售服务的扩张。伴随着生产制造规模的不断扩大，以及中国本土巨大的市场需求，销售服务的扩张亦随之进行。结合表 4 - 2，杜邦绝大部分销售服务公司分布在上海、广州等地区。其区位优势体现在以下两方面，一方面，长三角和珠三角等地区经济发达，消费市场广阔，能较好地服务生产和拓展市场；另一方面，上述地区位于沿海地区，进出口贸易便利，便于协调中国与海外市场之间的差异，引进高科技产品的同时也促进中国内地产品出口海外。

杜邦公司在华扩张迅猛，取得较大成就。同时也面临着以下问题。

（1）竞争日益激烈，利润空间受到挤压。中国本地化工企业逐渐成长以及其他国际化工巨头纷纷加码中国市场，竞争压力日益增加，盈利能力日益下降。

（2）环保政策趋严，化工准入门槛提高。伴随着中国产业结构转型升级，对化工行业的环境保护政策日趋严格。同时，由于其他外资政策的调整，杜邦在华政策红利逐渐消失。

（3）生产成本上升，廉价劳动力和原料等成本优势逐渐消失，难以再享受制造业红利带来的超额利润。

## 六、结论与启发

### （一）结论观点

通过前面对杜邦公司扩张历程、模式和特征进行概括分析，本书得出以下三点结论。

1. 杜邦扩张历程主要包括国内扩张和海外扩张两个时期。从 1802 年成立至"二战"初期，杜邦扩张集中在国内，通过兼并收购和重组转型，从火药制造企业成为一家大型综合化工企业。"二战"以后，杜邦着眼于全球市场，积极开拓全球市场，海外业务比重逐渐增加。将生产制造扩张到亚太、拉美和北非等地区，在德国、日本和韩国等发达国家和地区设立研发机构，集全球智慧致力于"创造科学奇迹"。

2. 杜邦在区位扩张历程中采取多样化扩张模式，以适应不同的时期、地区和业务范围。国内扩张时期，杜邦多采用兼并收购来扩张业务范围，完善产业上下游之间的衔接。对于区域中心和研发中心，杜邦都是通过投资新建的方式设立。而对于中国和其他地区大部分的生产制造基地，杜邦都是通过合资新建或者兼并收购的方式获得的。此外，杜邦自身在百年发展中，密切关注时代变化，不断进行自我变革和转型也是其扩张模式之一。

3. 杜邦公司产业价值链在全球范围内已经实现科学合理化布局：研发中心布局在欧美发达地区，科研优势明显；在全球有 5 大区域中心，能够协调统筹各地区业务；杜邦产品市场在经济活跃、人口众多的亚太和美洲地区；同时，大部分生产基地布局在亚太和拉美地区，生产制造成本优势明显。

（二）借鉴启示

在全球化工企业中，不论是资产规模或者产品技术，杜邦都处于领先地位。其区位扩张特征和得失之处，对于其他跨国大型化工企业和我国化工企业都具有重要的借鉴意义，具体体现在以下三个方面。

1. 重视科研，加强技术创新。化工行业尤其是生物医药、材料和油漆等行业都属于技术指向型行业，对于科研技术实力要求较高。杜邦在其漫长的扩张过程中，一直非常重视科技创新。对比巴斯夫和杜邦等企业，我国大部分化工企业处于产业链低端环节，主要原因是由于没有核心技术，缺乏竞争力。因此，企业在发展和扩张历程中，必须重视科技研发，通过加强自主创新引领生产和开拓市场。

2. 多元经营，完善产业结构。杜邦公司早期以火药制造为核心业务，后期向上下游产业链进行扩张，发展成为大型综合化工化学企业。我国大部分化工企业业务相对单一，生产经营不稳定，且单一产品结构受价格等其他因素影响较大。因此，在发展过程中应适时地通过兼并收购延伸产业链，多元化经营结构，分散经营风险，增强竞争实力。

3. 积极转型，适应时代发展。杜邦作为世界上最长寿的企业之一，其秘诀就在于把时代需求作为最大的区位因素。战争期间大力发展火药军工事业，战后重建时期杜邦专注于民用日化行业，进入 21 世纪以来，杜邦致力于生物医药、材料和通信技术等领域的技术创新。因此，企业在制定扩张策略时，不仅需要考虑地区区位因素，更应有长远视野，根据时代发展大方向来定位企业发展的扩张路径，才能实现长足发展。

# 第三节 巴斯夫区位战略研究

## 一、公司概况

### （一）公司简介

巴斯夫股份公司，英文简称为 BASF，是全球领先的化工公司，公司成立于 1865 年，具有 150 多年的悠久历史，总部位于德国莱茵河畔的路德维希港，是世界上工厂面积最大的化学产品生产基地。2011 年被美国商业杂志《财富》评为"全球最受赞赏德国公司"，同时在"2011 年度全球最受赞赏公司"榜单中，巴斯夫连续三年蝉联全球化工行业类冠军。巴斯夫集团经营的业务范围很广，主要可以分为五个门类：石油和天然气、化学品、塑料、功能性化学品以及动物药业。作为一家大型的跨国公司，截至 2015 年底，巴斯夫在全球 41 个国家拥有超过 160 家全资子公司或者合资子公司和 190 多个生产基地。

巴斯夫的前身为巴登苯胺碱厂，是德国商人恩格尔霍恩和其兄弟克勒姆于 1865 年建立的，主要以生产苯胺和品红等染料为主。1900 年初期巴斯夫开始生产化肥，1920 年开始将重点放在高压技术的合成物的生产上，经过第二次世界大战，公司经过重建，1953 年巴斯夫开始进入石油化工领域。20 世纪 60 年代，公司开始进入快速发展的阶段，通过收购或者合资、独资建厂的方式，业务经营领域逐渐多元化，将业务范围拓展到表面涂料、医药、农药和化肥等多个领域。

巴斯夫在企业节能环保方面也处于行业的领先地位。"一体化"的企业节能环保理念是巴斯夫企业哲学中不可分割的一部分。通过一体化，巴斯夫致力于为客户、合作伙伴、社会和环境寻求最优的解决方案。一体化的构想最初来源于生产实践中，是将每个生产厂的产品及其废料作为下一个生产厂的原料，通过这种互相联系的、环环相扣的生产联合体，尽可能地节约能源和原材料

（项俊豪，2013）。

### （二）市场表现

1. 销售额。2010～2015年巴斯夫的全球销售额基本保持持续增长，其中，2010～2011年增长较快，增长幅度为35%，之后的2011～2015年销售额的增长速度放缓。欧洲（除德国）和德国作为巴斯夫的两大主要市场，销售额基本保持稳定。北美地区和亚太地区作为巴斯夫重点开拓的市场，其销售额增长较快，2010～2015年，北美地区的销售额从94.04亿欧元增长到156.65亿欧元，增长幅度为166.6%，亚太地区的销售额从79.97亿欧元增长到117.12亿欧元，增长幅度为46.5%，成为巴斯夫最有增长潜力的两大海外市场（见图4-5）。

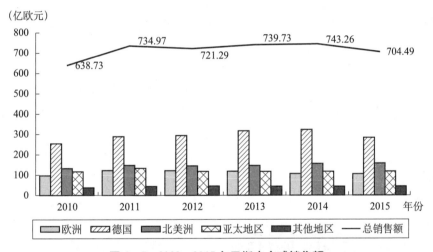

图4-5　2009～2015年巴斯夫全球销售额

资料来源：巴斯夫2010～2015年年报。

2. 主营业务销售额。巴斯夫的主营业务主要分为化学制品、性能产品、功能产品与溶液、农业溶液、油气等。其中，化学制品、性能产品、功能产品与溶液和油气的销售额占有较大的比重，为巴斯夫的主要业务领域。农业溶液的销售额基本保持逐年增长，2012年，功能产品与溶液的销售额有所下降，从2011年的223.54亿欧元下降到2012年的170.49亿欧元，下降幅度为24%（见图4-6）。

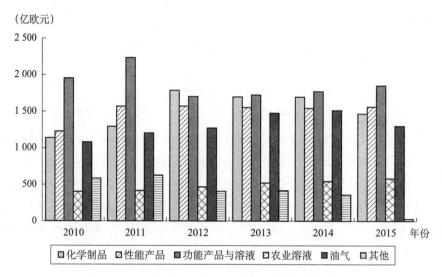

**图4-6　2010~2015年巴斯夫分业务营业收入**

资料来源：巴斯夫2010~2015年年报。

3. 行业排名。巴斯夫作为全球化工行业的领先企业，资金实力雄厚，市场竞争力强，产品多元化。2015年，在全球化工企业市值的排名中，巴斯夫以9 150万美元的市值排名第二。2015年，在全球的化工企业50强的排名中巴斯夫位居首位，并且连续十年排名第一，巴斯夫的销售额与排名第二的陶氏相比高出了205亿美元，在化学行业地位稳固，处于龙头老大的地位（见图4-7）。

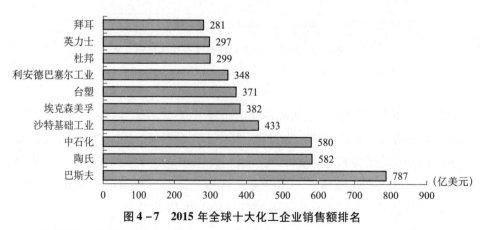

**图4-7　2015年全球十大化工企业销售额排名**

资料来源：各公司年报。

## 二、巴斯夫区位扩张的历程和主要特征

### (一) 巴斯夫区位扩张的主要历程

根据扩张时间的先后，巴斯夫在全球的扩张历程主要可以分为两个时期：欧洲、北美洲扩张时期（19 世纪 60 年代～20 世纪 80 年代）和亚太地区扩张时期（20 世纪 80 年代至今）。

1. 欧洲、北美洲扩张时期。这一时期巴斯夫的扩张主要集中在欧洲和北美洲地区。巴斯夫成立初期主要是在德国本土进行扩张，在德国建立了从生产、研发到销售的完整的产业链。"二战"时期，巴斯夫工厂损失惨重。1952年巴斯夫重建，并且凭借战前建立的生产研发的技术和基础，开始了聚合物等化学品的生产，并且凭借新技术与英国、法国、美国等国家的企业合资合作，开拓了美国、法国、巴西、阿根廷等地的市场。几乎在欧洲的各个国家都建有分公司，在美国的得克萨斯州、路易斯安那州、伊利诺伊州、亚拉巴马州等地都建有生产基地，在欧洲、北美洲地区建立了完整的生产、研发、销售体系。

2. 亚太地区扩张时期。20 世纪 80 年代的巴斯夫开始将业务拓展的重心放在亚太地区。巴斯夫在亚太地区的扩张也分为两个阶段。第一个阶段巴斯夫的业务重点主要集中在日本和新加坡等亚太地区比较发达的国家。第二个阶段20 世纪 90 年代，巴斯夫开始将中国作为其业务发展的重点，在上海、南京、沈阳等地都建立了合资或独资公司。20 世纪 90 年代以前，巴斯夫在中国市场的业务基本是由设在其他国家的地区总部代理的。随着改革开放和中国经济的快速发展，中国逐渐成为巴斯夫在亚太地区的重要市场。1996 年巴斯夫在北京设立"巴斯夫中国控股公司"，之后相继在香港、上海、南京、广州、吉林、沈阳等地建立分公司和办事处。同时，巴斯夫在中国建立了以上海、南京、重庆为核心的生产体系和以上海为核心的研发体系。

### (二) 巴斯夫区位扩张的主要特征

1. 立足欧洲市场，同时重点拓展北美和亚太市场。欧洲是巴斯夫业务发展的重点。如表 4－3 所示，2015 年欧洲市场的销售收入为 386.75 亿欧元，占总销售收入的 55%。其次是北美，销售收入为 156.65 亿欧元，占总销售收入的 22%，亚太地区位于第三，销售收入为 117.12 亿欧元，占总销售收入的

17%（巴斯夫年报，2015）。巴斯夫以欧洲为中心向外扩张，加强欧洲生产基地、研发机构和销售网络的新建、扩建和完善，以巩固欧洲市场。同时，在北美和亚洲地区建有多家子公司，直接指导当地的业务发展。

表4-3　　　　　　　　2011～2015年巴斯夫各地区销售额

| 地区 | 2011 年 | | 2012 年 | | 2013 年 | | 2014 年 | | 2015 年 | |
|---|---|---|---|---|---|---|---|---|---|---|
| | 销售额（百万欧元） | 增幅（%） | 销售额（百万欧元） | 增幅（%） | 销售额（百万欧元） | 增幅（%） | 销售额（百万欧元） | 增幅（%） | 销售额（百万欧元） | 增幅（%） |
| 欧洲 | 41 036 | 56 | 41 445 | 57 | 43 335 | 59 | 42 854 | 58 | 38 675 | 55 |
| 北美 | 14 727 | 20 | 14 441 | 20 | 14 573 | 20 | 15 467 | 21 | 15 665 | 22 |
| 亚太 | 13 316 | 18 | 11 694 | 16 | 11 679 | 18 | 11 643 | 16 | 11 712 | 17 |
| 其他地区 | 4 418 | 6 | 4 549 | 6 | 4 386 | 6 | 4 362 | 6 | 4 397 | 6 |
| 总销售额 | 73 497 | 100 | 72 129 | 100 | 73 973 | 100 | 74 326 | 100 | 70 449 | 100 |

资料来源：巴斯夫2011～2015年年报。

2. 价值链整合，在全球范围内实现一体化。巴斯夫将一体化作为其在全球范围扩张的核心发展战略，通过在同一区域内实现一体化，整合上下游资源，降低了产品成本，提高了经济效益。目前，巴斯夫在全球有6个一体化的生产基地和390多个生产点，形成了全球范围内的生产网络。同时巴斯夫在研发、物流、采购等方面也采用一体化的运作方式，实现了生产、销售、研发等产业链环节的一体化。巴斯夫通过一体化，有效地组织各环节的资源配置，提高了其在行业中的竞争力。

3. 拓展业务领域，在全球实现业务多元化。巴斯夫在全球的业务范围十分广泛，主要是以化学品及塑料为核心，涉及从化学品、塑料、农业产品到原油、天然气等多项业务。其在全球39个国家的140多个生产工厂生产8 000余种的产品。巴斯夫生产多种产品的优势在于其一体化的运作模式使其能够以较低的成本生产多种产品，同时经营多种产品还可以降低生产经营的风险。

4. 与竞争对手合作，实现优势互补。巴斯夫在对外扩张时，通过与竞争对手合作进行优势互补，扩大业务范围，实现全球产业链的一体化。例如，巴斯夫与美国Lynx公司合资成立了总部位于海德堡的研发机构，进行生物技术和基因工程研究。将其聚乙烯业务与壳牌公司联合成立合资公司，将欧洲的不饱和烯烃业务与荷兰的 DSM 公司合资，与赫斯特公司成立合资公司，共同经营二者的聚丙烯业务等。

5. 巩固核心业务，放弃非核心业务。巴斯夫通过收购进一步加强核心业务，逐步实现从经营多元化到注重核心业务的战略转移，优化产业结构。例如，巴斯夫收购日本北陆制药公司并成为该公司的主要股东，收购法国的 GNR 医药公司和荷兰的 Sudco 公司，以拓展其医药领域的业务。通过获得 M. Dohinen 公司 49% 的股权，并收购英国伦敦 Zeneca 公司的织物染料业务，拓展其染料和颜料业务，出售非核心业务。1996 年，巴斯夫公司将其在世界范围内的磁记录产品业务出售给韩国高丽公司，并关闭其在印度尼西亚的相关业务，撤出其在 Comparex 信息系统公司的 40% 的股权并出售给南非一家公司（巴斯夫发展模式研究，2010）。

6. 注重研发，保持研发上的领先地位。巴斯夫十分重视研究开发，每年都在研发投入大量的资金，不断创新生产工艺，开发新产品。2015 年，巴斯夫的研发投入增至 19.53 亿欧元（2012 年为 18.84 亿欧元）。巴斯夫的研发能力在行业内也处于领先地位。仅在 2013 年巴斯夫就成功上市了 300 多种新产品，2009～2014 年五年间上市的新产品仅在 2014 年一年的销售额就高达 80 亿欧元。巴斯夫在很多基础原料以及精细化工领域都拥有独家专利技术，2015 年，巴斯夫在"专利资产指数"排名中位居第一，并且连续五年位于"专利资产指数"的榜首。截至 2015 年，巴斯夫在全球共有大约 10 000 名研发人员，大约 3 000 个研发项目，2015 年共提交 1 200 项专利申请。

## 三、巴斯夫区位扩张的主要模式

巴斯夫在全球 80 多个国家和地区共有 329 家全资子公司与合资企业，其中，大中华区有 45 家，德国本土有 60 多家。巴斯夫几乎在欧洲的所有国家都建有分公司，并在亚太地区的 15 个国家设有子公司，主要位于中国、印度、日本、韩国、新加坡、马来西亚等。其对外扩张的方式主要有以下三种。

1. 并购。通过并购可以整合上下游产业的资源，优化资源配置，一体化产业链，实现强强联合。同时也可以弥补公司在某些业务上的空白，使公司的业务多元化，快速进入新的领域市场，降低开拓市场的成本。并且能提高资源的利用效率，节约研发和交易费用，降低企业的成本。2005 年以来巴斯夫进行了多次并购，如 2005 年并购默克集团电子化学品业务部，2006 年完成了对德固赛化学建材业务和美国催化剂制造商安格的并购，2009 年和 2010 年分别并购特种化学品制造商汽巴公司和科宁公司（巴斯夫大中华区年报，2011）。

2. 合资新建。20 世纪 50 年代，巴斯夫通过与国外的企业合资合作，开拓了美国、法国、巴西、阿根廷等市场，从 20 世纪 60 年代中后期开始，巴斯夫通过合资的方式先后进入到欧洲、北美、亚太、非洲等地。20 世纪 80 年代以后，发展中国家成为巴斯夫重点开拓的市场。根据巴斯夫大中华区年报显示，目前巴斯夫在大中华区拥有 9 个合资分公司，主要位于上海和南京，这也是巴斯夫在中国的主要生产基地的所在地，原因主要是为了利用产业集聚的优势，降低成本。

3. 独资新建。独资也是巴斯夫对外扩张的一个重要方式。巴斯夫作为全球最大的化工生产企业，其雄厚的资本，以及其在化工生产上丰富的经验为其采用独资的方式对外扩张提供了资金和技术支持。目前，巴斯夫在全球超过80 个国家和地区都建有独资公司。其中，大中华区是巴斯夫仅次于欧洲和德国本土的第三大市场，其在大中华区有 25 家独资的子公司，2003 年，巴斯夫在中国设立第一家独资公司——巴斯夫化工有限公司。

## 四、巴斯夫价值链的扩张

### （一）生产环节

目前，巴斯夫在全球 71 个国家拥有 6 个一体化基地和 385 个生产基地，其中亚太地区有 130 个生产基地，大中华区占 40 个。6 个一体化的基地，分别位于欧洲的路德维希港、安特卫普，北美的自由港、盖斯马以及亚洲的关丹和南京，基地大多靠近港口，交通便利。巴斯夫的生产基地主要位于欧洲、北美和亚太地区，同时这三大地区也是巴斯夫主要的销售市场。以下是对巴斯夫在全球的主要生产基地的区位优势分析。

1. 德国本土。德国作为巴斯夫的总部，共有 60 多个生产工厂，主要位于维希港、明斯特、汉堡、斯图加特、曼海姆、维尔茨堡、科隆等城市。巴斯夫在德国建立生产基地的优势：（1）德国经济发达，市场容量大，同时作为本土企业，降低了企业开拓市场的成本。（2）德国部分城市靠海，因此交通便利，能够降低运输成本。巴斯夫选择建立生产基地的城市大多靠近港口、交通便利。（3）德国作为欧洲的主要国家，其与欧洲其他国家相似的政治经济环境为巴斯夫在其他欧洲国家建立生产基地提供了经验，降低了海外扩张的风险。

2. 欧洲地区。欧洲是巴斯夫的一个重点市场，其在欧洲的 34 个国家都建有生产基地，几乎覆盖了整个欧洲地区。巴斯夫在欧洲建立生产基地的优势：（1）欧洲发达的经济和先进的科学技术能够为生产提供技术支持，降低生产研发的成本。（2）欧洲地区聚集了大量的化工企业，因此选择在欧洲地区建立生产基地能够充分利用集聚效应，降低成本。

3. 北美地区。北美地区是巴斯夫海外拓展的重点市场，在北美建立生产基地的优势有：（1）北美是世界上经济最发达的大洲，且人口众多，为产品提供销售市场。（2）北美地区化工企业众多，化工行业的产业链完善，能够为上下游产品的生产提供支持。（3）北美地区的大多城市临海，交通便利，这也为产品销售到世界各地提供了有利的条件，降低了企业的生产成本。

4. 亚太地区。亚太地区是巴斯夫开拓的重点市场，其中中国、韩国为其开拓的重点。选择在亚太地区建立生产基地的原因有：（1）与发达国家相比，亚太地区部分国家的劳动力、原材料等资源成本相对较低，能够降低生产成本。（2）亚太地区人口众多，市场容量大，能够为产品提供巨大的销售市场。（3）亚太地区大多数国家对于外国投资都有政策的优惠，这就为巴斯夫在亚太地区建厂提供了政策保障。

## （二）研发环节

巴斯夫除了在德国总部路德维希港设有中央研发部门外，还在全球多个地方都设有研发中心。巴斯夫在全球的研发中心主要集中分布在北美和西欧地区，这些研发中心大多聚集在巴斯夫的五个区域中心（德国路德维希港、中国香港、新加坡、圣保罗、美国新泽西州弗洛勒姆帕克）和 6 个一体化的生产基地附近。原因主要是：（1）这些城市大多经济发达，分布着众多的科研院所和高校，为研究开发提供人才支持。（2）研发中心聚集在生产基地和区域中心附近，能够使研发成果更快地运用到生产实践中，降低研发成果运用的成本。（3）研发中心位于主要的市场附近，能够更好地接收到用户的市场反馈，从而促进研发。

2015 年，巴斯夫在全球建立了三大研发平台：先进材料及系统研究、生物科学研究、工艺研究及化学工程，总部分别位于中国上海的亚太创新园、美国北卡罗来纳州研究三角园区和德国路德维希港，这三大平台构成巴斯夫研发一体化的核心。此外，巴斯夫在各个领域与全球超过600家的一流大学、研究所和企业的科研合作也是巴斯夫研发一体化的重要组成部分。其中，在研发合作项目UNIQUE中，巴斯夫与全球的15家顶尖大学进行科研合作。近些年，巴斯夫逐渐加强欧洲以外地区的研发网络，主要是亚洲、南美和北美地区，并且计划将大约一半的研发活动转移到欧洲以外的地区。巴斯夫在中国、日本、新加坡和韩国都设有研发中心，其中位于上海的亚太创新园是亚太地区最重要的研发中心，也是巴斯夫在德国本土以外最大的研发基地之一。

### （三）销售环节

巴斯夫在全球主要有四大销售市场，分别为德国本土、欧洲、亚太地区和北美地区。欧洲市场和德国为巴斯夫的传统市场，其市场份额基本保持稳定，北美市场因其发达的经济成为其重点开拓的市场。随着一些发展中国家的兴起，亚太地区成为其另一个重要的销售市场。2015年，巴斯夫在亚太地区的销售额占总销售额的22%，成为仅次于欧洲和北美洲的第三大市场（见表4-4）。其中，大中华区的销售额为57亿欧元，占亚太地区销售额的36.8%，成为巴斯夫在亚太地区重要的销售市场。主要原因是近年来大中华区的经济发展迅速，人口众多，且市场需求巨大。

表4-4                      2015年巴斯夫分地区销售额

| 地区 | 销售额（亿欧元） | 销售占比（%） |
| --- | --- | --- |
| 欧洲 | 295.89 | 42 |
| 北美洲 | 190.21 | 27 |
| 亚太地区 | 154.99 | 22 |
| 南美、非洲和中东 | 63.4 | 9 |

资料来源：巴斯夫大中华区年报。

## 五、巴斯夫在中国

### （一）巴斯夫在中国的扩张历程

巴斯夫在中国的扩张可以追溯到半个世纪以前。同其他企业的扩张模式类似，巴斯夫在中国的扩张也是先从贸易开始的。如图4-8所示，早在1885

年，巴斯夫就对中国清朝进行贸易出口，1969 年，巴斯夫进入中国台湾市场，在台湾地区建立了巴斯夫股份分公司。1982 年，巴斯夫在香港地区成立有限公司，具体负责香港地区和中国内地的销售、进口等工作。1996 年，巴斯夫在中国成立了巴斯夫中国有限公司，总部位于北京，2004 年公司总部迁到上海，且在北京、青岛、成都、广州四处设有办事处。目前，巴斯夫在中国香港、北京、上海、南京、广州、吉林等地拥有 23 家全资子公司和 10 家合资分公司，在中国除了在上海、南京、重庆拥有三大主要的生产基地以外，在山东济宁、广州南沙等地也拥有多个生产基地。同时为了适应市场需求，在香港、北京、上海、广州等地设有办事处。巴斯夫在中国的主要子公司如表 4 - 5 所示。

表 4 - 5　　　　　　　　　巴斯夫在中国的主要子公司

| 公司名称 | 年份 | 公司性质 | 所在地 |
| --- | --- | --- | --- |
| 上海高桥巴斯夫分散体有限公司 | 1986 | 合资 | 上海 |
| 巴斯夫聚氨酯（台湾）有限公司 | 1988 | 全资 | 台湾 |
| 扬子巴斯夫苯乙烯系列有限公司 | 1994 | 合资 | 南京 |
| 巴斯夫应用化工有限公司 | 1994 | 全资 | 上海 |
| 巴斯夫上海涂料有限公司 | 1995 | 合资 | 上海 |
| 巴斯夫吉化新戊二醇有限公司 | 1995 | 合资 | 吉林 |
| 巴斯夫维生素有限公司 | 1995 | 全资 | 沈阳 |
| 巴斯夫聚氨酯（中国）有限公司 | 1998 | 全资 | 广州 |
| 扬子石化—巴斯夫有限责任公司 | 2000 | 合资 | 南京 |
| 巴斯夫化工有限公司 | 2002 | 全资 | 上海 |
| 巴斯夫台氰农化股份有限公司 | 2002 | 合资 | 新竹 |
| 上海巴斯夫聚氨酯有限公司 | 2003 | 合资 | 上海 |
| 上海巴斯夫聚氨酯有限公司 | 2003 | 合资 | 上海 |
| 上海联恒异氰酸酯有限公司 | 2004 | 合资 | 上海 |
| 巴斯夫电子材料（上海）有限公司 | 2005 | 全资 | 上海 |
| 台湾巴斯夫电子材料股份有限公司 | 2005 | 全资 | 台湾 |
| 巴斯夫聚氨酯特种产品（中国）有限公司 | 2007 | 全资 | 上海 |
| 上海亨斯迈聚氨酯有限公司 | 2008 | 合资 | 上海 |

资料来源：巴斯夫年报。

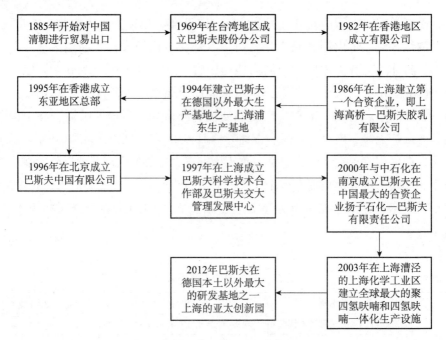

**图4-8 巴斯夫在中国主要的扩张历程**

资料来源：笔者根据网络资料整理绘制。

## （二）巴斯夫在中国的价值链的扩张

1. 生产扩张。巴斯夫在中国的生产基地主要位于上海、南京和重庆（见表4-6）。1986年以前巴斯夫在中国的主要业务活动就是通过建立销售贸易公司负责中国的销售，1986年巴斯夫在中国成立第一个生产性的合资企业上海高桥—巴斯夫胶乳有限公司。1994～1995年，巴斯夫又相继在上海、南京、沈阳、吉林等地建立生产性的合资公司。2000年，巴斯夫与中石化各出资50%在南京建立了一体化石化生产基地，即扬子石化—巴斯夫有限责任公司，这是巴斯夫历史上最大的单笔投资。同年，巴斯夫在上海浦东成立上海浦东基地，这是巴斯夫在德国本土以外最大的综合基地之一，是巴斯夫在大中华区的第一家全资生产基地。除了新建生产基地，巴斯夫还在生产基地内不断新建生产设施。2003年，巴斯夫在上海漕泾的上海化学工业区建立了全球最大的聚四氢呋喃和四氢呋喃一体化生产设施。为了开拓西部市场，2014年巴斯夫在重庆建造了年产40万吨的二苯基甲烷二异氰酸酯（MDI）生产装置，来支持中国西部地区核心产业的发展。MDI的投产使重庆成为巴斯夫在西部地区的主要生产基地。近些年，巴斯夫大规模地在国内投资生产项目，生产活动扩张到广东茂名、新疆库尔勒等地。

表 4 - 6　　　　　　　　　巴斯夫在中国的主要生产基地

| 建立年份 | 工厂名称 | 选址分布 |
| --- | --- | --- |
| 1994 | 巴斯夫漕泾基地 | 江苏南京 |
| 2000 | 巴斯夫浦东基地 | 上海浦东 |
| 2000 | 巴斯夫南京一体化基地 | 江苏南京 |
| 2010 | 巴斯夫南京基地 | 江苏南京 |
| 2011 | 巴斯夫重庆基地 | 重庆 |

资料来源：巴斯夫官网。

2. 研发扩张。巴斯夫在中国建立了广泛的研发网络，为当地客户提供解决方案。巴斯夫在中国的研发中心主要位于上海。2007 年，巴斯夫在上海成立多个研发实验室，其中包括 PVC 增塑剂实验室、聚氨酯研发中心和个人护理化学品、医药和饮料的创新开发中心。2012 年，巴斯夫在上海建立亚太创新园，2015 年巴斯夫投资 9 000 万欧元扩建亚太创新园，目前，园区共有 20 个研发团队从事各类研发创新项目。2016 年巴斯夫将巴斯夫全球研究平台之一的先进材料及材料系统研究总部设在上海亚太创新园，使上海亚太创新园成为巴斯夫在亚太地区的研发枢纽。

（三）巴斯夫在中国扩张区位分析

1. 巴斯夫作为世界上最大的化工企业之一，其雄厚的资金实力，及其在化工生产上的丰富经验，为其在中国的迅速扩张提供了资金、技术上的支持。

2. 巴斯夫具有完整的产业链，且业务涉及石油天然气、工程塑料、功能化学品等方面，能够满足不同的消费需求。

3. 中国作为一个快速增长的发展中国家，其对化工产品巨大的需求量也为巴斯夫在中国的扩张提供了巨大的市场。

4. 中国"引进来，走出去"的战略以及对外国企业进入中国的优惠政策都为巴斯夫进入中国提供了政策支持。

## 六、结论与启示

巴斯夫作为目前化工行业最大的化工企业，其在全球范围内已经形成了从生产、研发到销售服务比较完整的产业链体系，能够充分利用全球的资源实现其业务的多元化。目前，巴斯夫已经基本实现了在亚洲、北美洲、欧洲等主要地区的战略布局，并将亚太地区作为其下一步的战略重点。巴斯夫的海外扩张历程对于那些意欲布局海外市场的企业来说有很好的借鉴作用。

1. 不断调整发展战略。巴斯夫在扩张的过程中根据宏观和微观的条件，不断调整其扩张战略，顺利实现扩张。20 世纪 50 年代，巴斯夫战后重建，采取以技术促合作进而实现扩张的发展战略。巴斯夫凭借对各种染料的研发技术与英美企业合资合作，开拓了美国、法国、巴西等地的市场。1965 年，巴斯夫经过战后的恢复和发展，销售额有了很大的提高，开始采取业务多元化的发展战略。20 世纪 70 年代，受石油和经济危机的影响，巴斯夫再次调整战略，采用一体化的发展战略，并将一体化思想运用到其在全球的生产、研发、采购、物流等环节。

2. 根据业务需要不断调整总部。地区总部作为一个企业在当地的经营管理的核心，是集研究开发、采购配送、财务管理、人才培训等功能为一体的管理中心。地区总部能够有效地协调企业在本地区的业务活动，实现资源的优化配置，同时为整个地区的发展制定整体发展战略，确保整个地区业务活动的顺利开展。因此总部的区位选择就特别重要。一般总部都选在交通便利、经济发达且能够对整个地区起到辐射作用的城市。例如，巴斯夫在亚太地区的扩张，开始是将总部设在日本和新加坡，主要是由于这两个国家发达的经济和市场潜力，1995 年巴斯夫在中国香港成立东亚地区总部，负责韩国和中国业务。随着中国经济的快速发展，大中华区越来越成为巴斯夫在亚太地区的重要市场。2001 年，巴斯夫在北京成立巴斯夫（中国）有限公司，并将香港地区作为其在大中华区的总部，2004 年巴斯夫将大中华区的总部迁到上海。

3. 发展具有包容性。巴斯夫在海外扩张时，并不是一味地与竞争对手争夺市场份额，而是选择与竞争对手合作，不仅与本国的竞争对手，而且与国外的竞争对手合作。通过合作，促进了彼此的发展，获得了更大的发展空间。同时通过与外国竞争对手的合作，以较低的成本和风险进入外国市场，实现其在海外的扩张。

# 第四节 陶氏区位战略研究

## 一、公司概况

### （一）公司简介

美国陶氏化学公司成立于 1879 年，总部位于美国密歇根州米兰特，是一家以科技为主的跨国性公司，产品多达 6 000 多种，主要研制及生产系列化工产品、塑料及农化产品，其产品广泛应用于建筑、水净化、造纸、药品、交通、食品及食品包装、家居用品和个人护理等领域。截至 2015 年，陶氏在全球 30 多个国家和地区建有工厂，公司业务涉及 180 多个国家和地区，全球员工大约 49 500 人。2004 年，陶氏在《财富》全球 500 强排名中位居第 105 位，《财富》全美 500 强中排名第 34 位。2013 年，陶氏成功开发了 EVOQUETM 预复合聚合物技术，获得了 2013 美国总统绿色化学挑战奖。2015 年，陶氏与杜邦合并成立全球仅次于巴斯夫的第二大化工企业。

作为一家全球领先的多元化的化学公司，多年来，陶氏一直将可持续发展战略贯穿于化学与创新，致力于解决当今世界的诸多挑战，如满足清洁水的需求、提高能源效率、实现可再生能源的生产、提高农作物产量等。2001 年，在全球最具权威的道琼斯全球可持续发展指数综合评定中，陶氏获全球化工界"2001 年可持续发展领导者"称号，2002 年又在全球最大的 2 500 家化工企业中脱颖而出，获选全球领先的化工公司。陶氏以其领先的特种化学、高新材料、农业科学和塑料等业务，为全球 180 多个国家和地区的客户提供种类繁多的产品及服务，应用于电子产品、水处理、能源、涂料和农业等高速发展的市场。

### （二）市场表现

1. 盈利能力。除 2012 年和 2015 年，陶氏的净销售额基本保持稳定增长。受全球经济低迷导致的需求下降以及产品价格的下降，加之公司内部调整及汇率大幅波动等因素的影响，2012 年陶氏的净销售额出现小幅下降，净收益大幅下降，净销售额由 2011 年的 599.85 亿美元下降到 2012 年的 567.86 亿美

元，下降幅度为 5.3%，净收益由 2011 年的 27.84 亿美元下降到 2012 年的 11
亿美元，下降幅度为 60.5%，受原油价格的下降以及汇率波动的影响，2015
年陶氏的净销售额为 487.78 亿美元，与 2014 年的 581.67 亿美元相比，下降
了 16%。2013 年净收益出现大幅增长，由 2012 年的 11 亿美元增加到 2013 年
的 48.16 美元，增长幅度为 337.5%，这主要得益于新兴市场的快速增长。
2015 年净收入也出现大幅增长，由 2014 年的 38.39 亿美元增加到 2015 年的
77.83 亿美元，增长幅度为 102.7%，主要是受能源价格下降以及汇率波动的
影响（见图 4 - 9）。

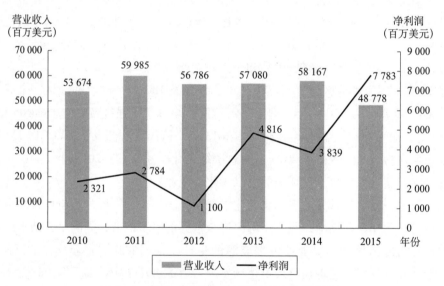

**图 4 - 9　2010 ~ 2015 年陶氏营业收入和净利润**

资料来源：笔者根据陶氏年报绘制。

2. 主营业务。陶氏专注于基础化学品和精细化工，在全球主要有五个经
营部门：农业科学、消费者解决方案、基础设施解决方案、性能材料及化学产
品和性能塑料。其中，农业科学在全球 130 多个国家销售，在全球各个地区都
建有研发和生产基地。基础设施解决方案在全球将近 150 个国家销售并且在南
美、亚太等主要地区都设有研发和生产基地。性能材料及化学产品在全球将近
140 个国家销售，几乎在全球各个地区都建有生产基地。性能塑料在全球 115
个国家销售，在全球都建有生产基地。2015 年陶氏与杜邦合并成立"陶氏杜邦
公司"，其业务范围扩大，特别是在种业和农作物化学品行业（见表 4 - 7）。

表 4 - 7 　　　　　　　 **2015 年陶氏主要业务部门的销售额** 　　　单位：百万美元

| 主要业务部门 | 细分部门 | 营业收入 |
|---|---|---|
| 农业科学 | 杀虫剂、杀菌剂、除草剂、种子 | 6 381 |
| 消费者解决方案 | 消费者保健、汽车系统、电子材料 | 4 379 |
| 基础设施解决方案 | 建筑、涂层材料、能源与水解决方案、功能性单体 | 7 394 |
| 性能材料及化学产品 | 氯碱和乙烯基、工业解决方案、聚氨酯 | 11 973 |
| 性能塑料 | 弹性体、电气和电信、包装和特种塑料、碳氢化合物 | 18 357 |

资料来源：陶氏年报。

3. 行业排名。2015 年陶氏的销售额为 582 亿美元，排名第 2 位（见表 4 - 8），与 2014 年的 571 亿美元相比，增长幅度为 2%，排名与 2014 年的第 5 位相比上升了三位。但是与排名第 1 位的巴斯夫相比，陶氏还是存在着一定的差距。2015 年陶氏宣布与杜邦合并成立新公司，这两大化工巨头的合并将对整个美洲地区的农用化学品产生重要的影响。

表 4 - 8 　　　　　　　　 **2015 年全球十大化工企业** 　　　　单位：亿美元

| 企业名称 | 国家/地区 | 总部 | 营业收入 |
|---|---|---|---|
| 巴斯夫 | 德国 | 路德维希港 | 787 |
| 陶氏化学 | 美国 | 密歇根州米特兰 | 582 |
| 中石化 | 中国 | 北京 | 580 |
| 沙特基础工业公司 | 沙特阿拉伯 | 利雅得 | 433 |
| 埃克森美孚 | 美国 | 得克萨斯州爱文市 | 382 |
| 台塑 | 中国台湾 | 台北 | 371 |
| 利安德巴塞尔工业 | 荷兰 | 霍夫多普 | 348 |
| 杜邦 | 美国 | 特拉华州威尔明顿 | 299 |
| 英力士 | 瑞士 | 罗勒 | 297 |
| 拜耳 | 德国 | 勒沃库森 | 281 |

资料来源：笔者根据资料编制。

## 二、陶氏区位扩张的历程及特征

### （一）陶氏扩张历程

根据陶氏不同时期的业务重点的不同，陶氏的扩张历程主要可以分为三个阶段。

1. 第一个阶段：贸易扩张时期（19 世纪 90 年代末～20 世纪 30 年代）。陶氏成立初期由于资金有限，管理经验不足，技术水平较低等多方面因素的限制，因此选择以贸易出口的方式来进行海外扩张。到 20 世纪 30 年代，陶氏已经向加拿大、英国、巴西等多个国家进行贸易出口。

2. 第二个阶段：快速发展时期（20 世纪 40 年代初期至 20 世纪 70 年代）。经过三十多年的发展，陶氏已经在多个领域处于领先地位，到 20 世纪 30 年代末，陶氏已经成为全美国第五大化学公司。20 世纪 40 年代初期，陶氏开始加速海外扩张，扩张方式由原来的贸易出口的方式转变为投资新建的方式。1942年，陶氏在加拿大成立化学公司。1952 年，陶氏在瑞士成立陶氏化学欧洲公司，同年，在日本东京成立陶氏朝日公司，1957 年陶氏在墨西哥、斯德哥尔摩和鹿特丹设立办事处，并且在荷兰、瑞典、墨西哥、巴西、中国香港等地都建有生产基地或销售点。20 世纪 70 年代，陶氏进入新的业务领域，并且在加拿大、巴西、韩国、欧洲等国家和地区建立了分公司。1957 年陶氏在美国总部以外地区的销售额大约占总销售额的 8%，到 1966 年这个比例为 25%，1974 年高达 47%。

3. 第三个阶段：重点扩张时期（20 世纪 80 年代至今）。经过 30 多年的大规模的海外扩张，到 20 世纪 80 年代初，陶氏开始进入平稳上升阶段。这个阶段陶氏海外扩张的重点主要为亚太、拉美、东欧等新兴市场。2007 年，陶氏在除美国以外的其他地区的销售额大约占总销售额的 70%，其中，除了欧洲等传统市场保持持续的增长外，亚太、拉美等新兴市场的增长最快。2003 年亚太市场的销售额是 39 亿美元，到 2007 年是 62 亿美元，2003 年拉美市场的销售额是 31 亿美元，到 2007 年是 57 亿美元。

## （二）陶氏扩张的特征

1. 对外扩张以业务重组的方式为主。20 世纪 90 年代以来，陶氏就通过一系列大规模的兼并、联合、收购和业务剥离的活动，进行业务重组和组织调整，发展高附加值的产品业务。例如，相继退出医药和金属镁业务，进入 PET/PTA 业务，扩大和加强农用化学品、专业化学品和功能化学品业务（陶氏化学公司发展模研究，2013）。

2. 低成本、可持续的扩张战略。陶氏在全球扩张时始终坚持低成本、可持续的发展战略。陶氏在全球建立了 170 多个不同的产品生产基地，同时，在主要地区建有区域性的研发中心,通过本地生产和本地研发,在全球范围内进行资源的优化配置,实现生产和研发的全球一体化。同时,陶氏将可持续发展的原则贯彻于其在全球的各个业务领域,根据不同市场的特点,制定出以市场为导向的可持续的发展战略,从而更好地为各个市场的客户服务,塑造了其在全球的负责任运营的大企业的良好形象。陶氏在寻求发展的同时,不断努力地减少碳足迹。例如,在上海陶氏中心,在洗手间和户外喷淋配置的节水系统、储冰系统以及热回收系统减少了用水量,降低了耗电量。在陶氏密歇根的总部大楼的绿色屋顶,起到了过滤污染、控制雨水径流的作用。在陶氏位于得克萨斯州的休斯敦工厂中所用的建筑材料,其原料的90%都源于回收材料。

3. 始终致力于研发创新。陶氏致力于基础研发,不断开发新的产品和工艺并且完善现有的产品和工艺。陶氏每年都在研发上投入大量的支出,2015年研发支出为15.98亿美元,2014年的研发支出为16.47亿美元,2013年的研发支出为17.47亿美元。截至2015年,陶氏在全球从事研发活动的人数大约有6 800人,拥有4 651个美国专利和19 541个外国专利(见表4-9)。

表4-9 陶氏专利数量一览

| 经营部门 | 美国 | 美国国外 |
|---|---|---|
| 农业科学 | 940 | 3 886 |
| 消费者解决方案 | 1 187 | 3 686 |
| 基础设施解决方案 | 950 | 5 185 |
| 性能材料及化学产品 | 363 | 1 994 |
| 性能塑料 | 1 102 | 4 559 |
| 公司 | 109 | 231 |
| 总计 | 4 651 | 19 541 |

资料来源:陶氏公司年报。

## 三、陶氏区位扩张的主要模式

陶氏几乎在全球各个国家都拥有全资子公司和合资公司,其子公司主要分布在欧洲、北美、拉丁美洲以及亚太地区,其中陶氏几乎在亚太地区的各个国家都拥有分公司。陶氏对外扩张的方式主要有并购、合资新建和业务剥离。

1. 并购。并购是陶氏扩张的主要方式。陶氏充分考虑到该行业其他公司的优势，与其他公司的优势业务进行合并，增加其竞争力，并购一般都成立合资公司。通过并购，陶氏不断进行业务和公司组织调整，扩大业务范围，进入新的业务领域和地区。从 20 世纪 90 年代中期开始，陶氏就开始进行了一系列大规模的并购。1995 年收购 Dow Elanco 公司，并将其改名为陶氏农业科学公司。2001 年，陶氏收购联碳成为其全资子公司，同年又收购埃尼化学的聚氨酯业务和罗门哈斯的农用化学品业务。2003 年陶氏通过收购塞拉尼斯丙烯业务，从而拥有完整的丙烯酸业务。2008 年公司收购竞争对手特种化学品的生产企业美国罗门哈斯公司，进一步丰富了其产品种类，进军油漆、电子材料等高利润业务领域。

2. 合资。合资也是陶氏对外扩张的一个重要方式。通过合资，能够实现业务领域的优势互补，扩大业务范围，实现资金的有效利用，同时也能降低生产经营的风险，降低进入新的市场和业务领域的成本。1996 年，陶氏与杜邦合资进入 PET/PTA 的生产和技术开发以及聚丙烯领域。2011 年陶氏的全资子公司陶氏欧洲公司与 ASKA 公司合资成立合资公司，致力于碳纤维及其衍生物的生产和研发。2012 年陶氏与土耳其丙烯酸纤维公司阿克萨合资成立陶氏阿克萨高等复合材料公司，主要生产碳纤维及其衍生物。2016 年沙特阿拉伯国家石油公司与陶氏合资建立世界级的塑料和化工联合公司。

3. 业务剥离。陶氏以坚持发展高增长业务为核心思想。通过剥离非核心业务以及亏损业务，能够降低成本，更好地发展核心业务和盈利业务。1995 年，陶氏将 Marion Merrell Dow 公司以 51 亿美元的价格出售，退出医药业务。1998 年退出镁金属业务（陶氏化学公司发展模式研究，2013）。2009 年以来，陶氏已经剥离了收入约 80 亿美元的非核心业务。2015 年陶氏剥离其氯业务中的大部分业务。

## 四、陶氏价值链的扩张

### （一）生产环节

目前，陶氏在全球 35 个国家拥有 179 个生产基地，主要分布在美国、拉丁美洲和亚太地区，其中美国总部有 55 家生产基地。以下是对陶氏在全球主要地区的生产基地的区位分析（见表 4－10 和表 4－11）。

表 4 – 10 陶氏主要生产基地及其生产产品

| 国家 | 城市 | 主要生产的产品 |
|---|---|---|
| 阿根廷 | 布兰卡 | 性能塑料 |
| 巴西 | 简迪亚斯 | 性能材料及化学产品 |
| 加拿大 | 阿尔伯塔萨斯喀彻温堡 | 性能塑料 |
| | 阿尔伯塔乔费尔 | 性能塑料 |
| 德国 | 伯赫伦 | 基础设施解决方案、性能材料及化学产品、性能塑料 |
| | 洛伊纳 | 性能塑料 |
| | 施科保 | 消费者解决方案、基础设施解决方案、性能材料及化学产品、性能塑料 |
| | 施塔德 | 农业科学、消费者解决方案、基础设施解决方案、性能材料及化学产品、性能塑料 |
| 荷兰 | 泰尔讷曾 | 消费者解决方案、基础设施解决方案、性能材料及化学产品、性能塑料 |
| 西班牙 | 塔拉戈纳 | 基础设施解决方案、性能材料及化学产品、性能塑料 |
| 泰国 | 麦普塔普特 | 基础设施解决方案、性能材料及化学产品、性能塑料 |
| 美国 | 肯塔基路易斯维尔 | 基础设施解决方案 |
| | 路易斯安那哈恩维尔（圣查尔斯） | 基础设施解决方案 |
| | 路易斯安那普拉克明 | 消费者解决方案、基础设施解决方案、性能材料及化学产品、性能塑料 |
| | 密歇根米德兰 | 农业科学、消费者解决方案、基础设施解决方案、性能材料及化学产品、性能塑料 |
| | 得克萨斯迪尔帕克 | 基础设施解决方案、性能材料及化学产品 |
| | 得克萨斯自由港 | 农业科学、基础设施解决方案、性能材料及化学产品、性能塑料 |
| | 得克萨斯锡德里夫特 | 消费者解决方案、基础设施解决方案、性能材料及化学产品、性能塑料 |
| | 得克萨斯德克萨斯市 | 基础设施解决方案、性能材料及化学产品 |

资料来源：陶氏年报。

表 4 – 11 陶氏全球主要生产基地数量一览

| 亚太地区 | 在 11 个国家有 39 个生产基地 |
|---|---|
| 加拿大 | 在 3 个省有 6 个生产基地 |
| 欧洲、中东、非洲和印度 | 在 18 个国家有 51 个生产基地 |
| 拉丁美洲 | 在 4 个国家有 28 个生产基地 |
| 美国 | 在 22 个州有 55 个生产基地 |

资料来源：2015 年陶氏年报。

1. 北美地区。陶氏在北美地区的生产基地主要位于加拿大和美国总部，其中在加拿大的生产基地主要位于加拿大阿尔伯塔省的萨斯喀彻温堡和乔费尔，在美国的生产基地主要位于肯塔基州的路易斯维尔、路易斯安那州的哈恩维尔（圣查尔斯）和普拉克明、密歇根州的米德兰以及得克萨斯州的迪尔帕克和自由港。陶氏在北美地区建立生产基地的原因主要有以下几个方面：（1）陶氏选择建立生产基地的地方大多交通便利，沿海靠近港口，方便产品的运输，降低成本。例如，肯塔基州的路易斯维尔就是一个独立的航运港口以及得克萨斯州的迪尔帕克和自由港和路易斯安那州的普拉克明。（2）化工企业及其上下游企业的集聚，具有明显的集聚优势。例如，在加拿大阿尔伯塔省的萨斯喀彻温堡有多家著名的化工企业如谢里特国际和加拿大壳牌公司等，化工设施完善，研发创新能力强，因此选择在这里建立生产基地能够充分利用集聚带来的优势，降低成本。（3）陶氏在美国的生产基地大多位于美国的南部地区，原因主要是美国南部地区气温适宜，且三面临海，沿海多优良海港，海上航运便利，同时美国南部的平原面积辽阔，与化工有关的煤、石油、天然气等自然资源丰富。例如肯塔基州的路易斯维尔就在美国的南部，得克萨斯州是美国南部最大的州，选择在这里建立生产基地能够辐射整个南部市场。（4）由于化工生产带有一定的污染性，因此陶氏选择将生产基地建立在人口较少的平原地区。例如肯塔基州的路易斯维尔的大部分地区都位于平原上，四面环山，大部分地区是沼泽地。

2. 南美地区。陶氏在南美地区的生产基地主要位于阿根廷和巴西。陶氏在南美洲建立生产基地的原因：（1）南美洲交通便利，东邻大西洋，西邻太平洋，航运方便。（2）南美地区矿产资源、森林资源、水力资源等自然资源丰富。例如，巴西作为南美洲最大的国家，拥有铅、铝矾土、锰等丰富的矿产资源。（3）工业基础较强，拥有比较完善的工业体系。例如，巴西和阿根廷都拥有完整的工业基础。（4）选择建立生产基地的国家大多经济发达，人口众多，有利于产品的销售。例如，巴西的国内生产总值居南美洲第一，为世界第七大经济体，是全球发展最快的国家之一，也是最重要的发展中国家之一，同时，巴西有来自欧洲、非洲、亚洲等多个地区的移民，人口众多。

3. 欧洲地区。陶氏在欧洲地区建立生产基地的原因有：（1）欧洲化工企业众多，工业基础完整，化工及其配套产业完善，集聚优势明显。欧洲有四大化工园区：德国路德维希巴斯夫化工园区、德国勒沃库森拜耳、朗盛化工园区、比利时安特卫普港化工园区和荷兰鹿特丹港化工园区，其中有两家工业园区位于德国。选择在欧洲建立生产基地能够充分利用企业在生产、研发等方面的集聚优势，降低成本。（2）欧洲经济发达，市场容量大，有利于产品的销售。

4. 拉丁美洲。陶氏在拉丁美洲地区建立生产基地的原因有：（1）拉丁美洲地区地理位置优越，东临大西洋，西靠太平洋，自然资源丰富且气候适宜。（2）拉美地区作为新兴的经济体，经济不断发展，工业体系不断完善，因此选择在这里建立生产基地有利于市场的开拓。（3）拉美地区与其他地区相比工业基础仍然比较薄弱，经济发展水平仍然相对落后，因此劳动力、原料等资源的成本相对较低。

5. 亚太地区。陶氏选择在亚太地区建立生产基地的原因有：（1）亚太地区的经济发展迅速，市场容量大，完整的工业基础以及其经济发展的潜力吸引外资的进入。其中，中国作为亚太地区最大的发展中国家，也是陶氏在亚太地区的核心。（2）亚太地区的很多国家都是新兴的发展中国家，与发达国家相比，经济发展水平仍然相对较低，因此，劳动力、原料等成本也相对较低。（3）亚太地区的很多发展中国家对外资的优惠政策有利于吸引外资。

## （二）研发环节

陶氏在全球拥有强大的研发创新网络。陶氏在全球共有 41 个研发基地，亚太地区的主要是位于上海的陶氏中心、印度金奈的 tamarai 高科技园区的印度工程中心和位于韩国华城的陶氏首尔技术中心。欧洲地区的主要是位于瓦尔博纳的法国索菲亚科技园实验室、位于英国的贝尔法斯特的北爱尔兰科技园的研发中心和位于希腊塞萨洛尼基的野外研究站。北美地区主要是位于美国的加利福尼亚州戴维斯的 AgroFresh 研发中心、位于美国的俄亥俄州北方科技园区的研发中心、位于美国的宾夕法尼亚州的科利奇维尔的北方研发中心、位于美国宾夕法尼亚州的 Spring House 研发中心和位于美国西弗吉尼亚州查尔斯顿南科技园区的研发中心。陶氏在上海建立了美国本土以外最大的研发中心，负责核心产品的研发及分析科学等工作。在亚太区，陶氏还在日本横滨、韩国丽水、印度孟买、泰国马塔府等地建立了技术服务中心和研发实验室。

陶氏益农公司是陶氏的全资子公司，总部位于美国的印第安纳州印第安纳波里斯市。陶氏益农公司是陶氏在农业领域的核心研发公司，一直致力于农用产品的研发创新。其在南非、亚太地区、拉美地区都建立有分公司，在全球范围内优化资源配置，实现研发的一体化。

2012 年，陶氏在美国东北部地区的技术中心从宾夕法尼亚州的 Spring House 搬迁到科利吉维。陶氏的 Spring House 研发中心是 2009 年通过陶氏对罗门哈斯收购获得的。2012 年，陶氏在韩国首尔建立电子材料全球研发中心。2014 年陶氏在美国得州杰克逊湖新建现代化实验室及办公设备的全球研发中心，未来五年海湾地区的生产将大幅增加，得州创新中心的建立将促进海湾地区的长期发展。

## 五、陶氏在中国

### （一）陶氏在中国的发展历程

20 世纪 30 年代，陶氏就通过代理商在中国大陆销售产品。1957 年和 1968 年分别在中国香港和中国台湾成立办事处。随着中国的改革开放和经济的迅速发展，陶氏开始在中国大规模地扩张。1979 年，陶氏在广州成立了中国大陆第一个业务办事处。之后，又相继在北京、上海、天津等地设立业务办事处。1998 年，陶氏化学（中国）投资有限公司成立，负责管理陶氏在华的所有投资项目。2004 年上海成为陶氏在大中华区的总部。2010 年上海世博会，陶氏成为美国国家馆化工和材料科学类别的独家赞助商。2011 年，陶氏在天津建立业务流程服务中心。陶氏在大中华区设立有 8 个业务中心和 17 个生产基地，总共有大约 3 500 名员工。其中有 6 个业务中心在中国大陆，分为位于北京、哈尔滨、成都、武汉、广州和上海，13 个生产基地位于中国大陆。

陶氏在中国的业务市场是从传统的华东和华南地区逐渐向内陆地区拓展的。陶氏在中国的扩张主要受政府政策及当地优势条件的影响。1978 年，随着改革开放，广州作为改革开放的前沿城市，经济发展迅速，政策优惠，资金人才充分流动等有利条件促使陶氏在广州建立了中国大陆第一个办事处。之后相继在上海、广州、北京等经济发达城市建立业务办事处、生产基地和分公司。而从东部沿海到西部内陆的扩张顺序也符合中国先开放沿海地区再开放内陆地区的政策。为了充分利用"西部大开发"战略优势，以及出于战略性业务布局的考虑，2012 年陶氏在成都设业务办事处。成都作为西部地区的核心城市，具有重要的战略地位，且成都高校和科研院所众多，人才优势明显。目前，中国西部地区成为陶氏在中国的新的战略区域。2013 年，陶氏在哈尔滨成立业务办事处，开始逐步拓展北方市场。

（二）陶氏在中国的产业链的扩张

1. 生产环节。目前，陶氏在大中华区共有 17 个生产基地，其中 12 个在中国大陆，分别位于天津、武汉、南通、苏州、湖州、宁波、张家港、三水、中山、东莞等地，1 个位于香港地区青衣，其他的 4 个位于台北的桃园、新竹、南岗和民雄。其中张家港是陶氏在中国的核心生产基地，陶氏在张家港市建有世界级规模的乳胶、环氧产品和聚苯乙烯生产工厂。同时，陶氏通过提供生产工艺与中石化等大型企业合作生产。2007 年陶氏与上海化学工业园区签署土地协议，建设两个世界级规模的生产工厂。2006 年，中国大唐集团分公司使用陶氏转让的工艺技术在内蒙古建立生产基地。同年，中石化购买陶氏 METEOR™ EO/EG 的工艺技术用于建设中石化天津分公司和中石化镇海炼化公司的 EO/EG 工厂。2007 年，中国石化包头煤化工公司利用陶氏的 UNIPOL™ 聚丙烯技术在内蒙古建立聚丙烯生产工厂。2007 年中石油选择陶氏的 LP Oxosm SELECTORSM™ 技术用于公司在成都建立的新装置。陶氏从沿海城市逐渐向内陆地区扩张，建立生产基地，原因主要是：（1）沿海地区经济发达，人才优势明显，交通便利。（2）出于开拓市场以及战略性市场布局的考虑，陶氏逐渐将业务重点转移到内陆地区。（3）中国的改革开放以及西部大开发等有利的战略为陶氏在中国的扩张提供了政策保障。

2. 研发环节。陶氏除了在中国建立生产基地进行本地生产以外，还在中国建立研发中心，实现本地研发。陶氏在中国的研发中心位于上海。2008 年陶氏在上海张江高科技园区成立陶氏中心，其中包括一个研发中心和全球信息技术中心。陶氏中心是陶氏第一个商务和研发一体化中心，中心大约可容纳 1 800 名员工，并且拥有 500 多名顶尖的科学家和工程师以及 80 多间综合实验室，成为陶氏亚太地区重要的业务和创新中心。陶氏还在广州等地建立了技术服务中心和研发实验室，并且积极与企业客户合作成立联合创新实验室。例如，2011 年陶氏与海尔集团合作成立"海尔—陶氏中国全球联合创新实验室"，该实验室设在位于青岛的海尔集团技术研发中心。

## 六、结论与启示

陶氏作为世界领先的化工企业，其在全球建有从生产、研发到销售完整的产业链体系。其生产基地主要位于北美洲、欧洲和亚太地区，其在全球多个国家都设有研发中心，其中在中国拥有其除美国本土以外最大的研发中心。作为陶氏在亚太地区的重要市场，陶氏在中国也建有一体化的产业体系，目前，陶氏已经在中国东、中、西部的主要城市实现了战略布局。陶氏在全球扩张的成功经验对国内化工企业的扩张具有一定的借鉴作用。

1. 根据新的市场环境调整市场布局重点。20 世纪 90 年代中期以后，国际油价走高以及激烈的市场竞争，导致陶氏化学的整体盈利水平开始出现下降。2000 年以后，陶氏的市场地位受到了重大挑战，北美和欧洲地区的业务出现萎缩。新的市场环境推动陶氏在产品、市场布局、管理经营等方面进行转型，从而形成新的竞争力。其中市场布局转型方面，陶氏将重心从欧美市场转移到亚太市场和新兴市场，大幅度增加了在亚太地区的投资。

2. 通过与本土大企业合作实现其在本土的扩张。陶氏与中国大企业的合作生产构成其在中国生产体系的重要组成部分。陶氏通过与中石化、中国大唐集团、海尔等中国本土大企业的技术合作，实现其在中国的布局，同时也使陶氏从单纯的产品销售向技术销售的方向转变。

3. 扩张稳扎稳打，循序渐进。陶氏在中国的扩张是从沿海向内陆地区转移的，在基本实现了其在沿海地区的产业链布局之后，陶氏开始将扩张重点转移到内陆地区，以沿海地区为中心，辐射其他地区，从而实现在中国的战略布局。

2015 年，陶氏宣布与全球另一化工巨头杜邦合作成立新的化学公司，这将对整个化工行业产生重大的影响。同时，近些年美国经济增长动力不足，陶氏和杜邦的业绩也出现下滑。因此，强强联合会为陶氏的持续发展带来新的增长点，也会促进全球化工行业的发展。

**参考文献**

［1］百度百科. 巴斯夫［EB/OL］. http：//baike. baidu. com/link？url = WUb69h3HLbp2gIVygMtaer3qhNLZq.

［2］巴斯夫. 巴斯夫公司 2009～2015 年年度报告［R］. 2016.

［3］百度文库. 巴斯夫发展模式研究［EB/OL］. http：//wenku. baidu. com/link？url = Mg5RIsj9S0qHN39iGXhvR-UsGwW8Kty2SER3aITZbo5kttGha57aQeeY9QbmtyFg7 - Erk_buFdysW9Ae7eR_zyI5H85TI-n8WPrjNhtpkoy.

［4］项俊豪. 巴斯夫企业哲学：Verbund 理念［EB/OL］. http：//www. ugubl. net/rdjj/news_7236. html. 2013－04－19.

［5］中塑资讯．巴斯夫再度引领研发与创新［EB/OL］．http：//in-fo. 21cp. com/industry/News/201406/863010. htm. 2014.

［6］巴斯夫公司．大中华区年度报告［R］．2011、2015.

［7］巴斯夫．巴斯夫官网［EB/OL］．https：//www. basf. com/en. html.

［8］中新网．巴斯夫中国董事长：不会在中国实行双重排放标准［EB/OL］．http：//news. cntv. cn/20101215/114722. shtml.

［9］中国经济网．巴斯夫扩建上海亚太创新园［EB/OL］．http：//in-tl. ce. cn/specials/zxgjzh/201408/04/t20140804_3282060. shtml. 2014.

［10］李雅晖，陈国权，王云珍．国外石化公司发展策略探研［J］．金山企业管理，1998（03）.

［11］田丽君．巴斯夫：百年中国路途越走越宽［N］．中国化工报，2012，9.

［12］百度百科．杜邦公司［EB/OL］．http：//baike. baidu. com/view/319550. htm，2016 − 05 − 24.

［13］杜邦公司．杜邦公司2010～2015年年度报告［R］．美国：杜邦公司，2016.

［14］李存茂，李九江．战神鹰犬：化工业巨头杜邦公司解读［M］．北京：中国方正出版社，2005.

［15］戴颖，李延莉．杜邦财务分析体系的不足及改进［J］．中国管理信息化，2009（12）：48 − 50.

［16］张卫宁．美国杜邦公司百年扩张历程得与失［J］．企业管理，2013（2）：9 − 10.

［17］金焕东．壳牌并购BG、杜邦合并陶氏化学低油价引发行业兼并潮？［J］．国际石油经济，2016（11）：12 − 13.

［18］万晓晓．百年杜邦在中国的扩张方略［J］．北京农业，2013（10）：9 − 11.

［19］杜邦中国．公司简介［EB/OL］．http：//www. dupont. cn/corporate-functions/our-company. html.

［20］百度百科．陶氏化学［EB/OL］．http：//baike. baidu. com/link？url = PiD4ycNh0BM4WHJ8o0O3u6PGsqzdEWC5rWyhVyvuaWS1Bk ＿ MrkXPmzVXJ6ifFRzdmkvWgaVY75TJ4mD73LECLq.

［21］陶氏化学．陶氏化学公司2010～2015年年度报告［R］．2016.

［22］百度文库．陶氏化学公司发展模式研究［EB/OL］．http：//doc. mbalib. com/view/9d40d052928e36e9bebc883a685b657d. html.

［23］中国纱线网．陶氏同 AKSA 合资 10 亿美元研发碳纤维［EB/OL］．http：//www. chinayarn. com/xianwei/aboutnews. asp? ID = 977. 2011.

［24］中国玻璃钢综合信息网．陶氏和土耳其阿克萨宣布成立碳纤维及衍生物合资企业［EB/OL］．http：//www. cnfrp. net/news/echo. php? id = 49765. 2012.

［25］中国百科网．沙特阿美和陶氏化学合资世界级塑料和化工联合公司［EB/OL］．http：//www. chinabaike. com/t/9541/2016/0325/4523302. html. 2016.

［26］中国经济网．陶氏化学加快剥离非核心业务［EB/OL］．http：//news. xhby. net/system/2013/04/07/016812567. shtml. 2013.

［27］中国材料网．陶氏化学将剥离其氯业务中的大部分业务［EB/OL］．http：//www. cailiao. com/info/detail/49 – 47673. html. 2015.

［28］陶氏化学．陶氏化学公司官网［EB/OL］．http：//www. dow. com/.

［29］陶氏益农公司官网［EB/OL］．http：//www. dowagro. com/en-US.

［30］中国行业研究网．陶氏美国东北部技术研发中心搬迁［EB/OL］．http：//www. chinairn. com/news/20121127/468380. html. 2012.

［31］PCB 制造网．陶氏化学电子材料全球研发中心落户亚洲［EB/OL］．http：//www. chinaceca. com/Article/hyjj/201203/20120326101648 _ 303566. html. 2012.

［32］中国化工制造网．陶氏化学将在美国得州新建研发中心［EB/OL］．http：//www. chemmade. com/news/detail – 01 – 48315. html. 2014.

［33］陶氏化学．陶氏化学公司大中华区 2010～2015 年度报告［R］. 2016.

［34］陶氏化学大中华区官网［EB/OL］．http：//www. dow. com/greaterchina/ch/about/index. html.

［35］宋向东．企业发展与变革——实施扁平化组织的探讨［J］．经营管理者，2013（10）.

［36］王鑫．并购协同效应理论研究及案例分析［D］．上海社会科学院，2009.

［37］沈柱．解决方案首选陶氏——访陶氏亚太区塑料市务经理林瑞盛先生［J］．塑料制造，2011.

# 第五章　纺织服装产业案例[①]

## 第一节　纺织服装产业的价值链结构

纺织服装行业产业链的构成主要有上游的棉花种植、化纤生产、纺织印染以及辅料的生产等，中游将产品供应到服装制造企业，其下游产业主要为消费者消费。图5－1为纺织服装产业的主要产业链条示意图。其中，下游服装需求增速放缓，上游原料价格下跌是当前服装行业产业链呈现出的最大特点。

**图5－1　服装行业产业链简图**

资料来源：根据国家统计局产业行业分类标准整理。

化纤行业的产品是涤纶、氨纶、粘胶等。纺织行业的原材料是化纤、羊毛、棉花等，产品是各种布料。服装制造业原材料是布料，产品是服装等。化纤、纺织、服装业依次是上下游关系。从生产原料的供给角度来看，纺织产品是服装产品的主要上游产品，因此，服装生产行业主要应该建立在纺织产业发达的地区。而从服装产品的需求角度来看，服装作为直接进入消费市场的重要产品，区域经济实力和地区消费能力直接决定着纺织服装行业的市场需求和利润水平，进而影响纺织行业的发展，所以服装销售行业应建立在经济较发达的

①　本章由暨南大学产业经济研究院田甜、陶锋执笔。

区域。

图 5 - 2 为服装行业价值链简图。在服装行业价值链中，附加值最大的是服装企业将产品生产出来后的贴牌环节。

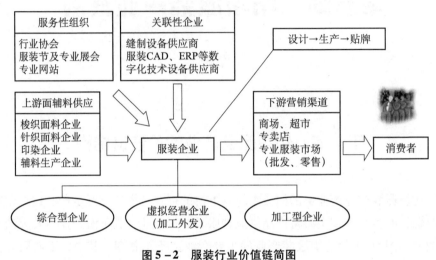

**图 5 - 2 服装行业价值链简图**

资料来源：新浪网财经专栏。

# 第二节 宝成区位战略研究

## 一、公司概况

### （一）公司简介

宝成工业股份有限公司创立于 1969 年 9 月，公司成立初期主要从事塑胶鞋的生产制造及出口，后来开始专注于运动鞋及休闲鞋的研发制造，并于近些年积极发展运动用品通路业务。宝成工业现已转型为产业控股公司的方式运作，即由旗下转投资公司致力于"制鞋"（鞋类及成衣制造业务的简称）及"通路"（运动用品零售及品牌代理的简称）两大核心业务的经营。截至 2015 年底，宝成工业员工人数达 415 296 人，为了分散单一生产基地的营运风险以及进一步利用海外地区的生产优势，不断开拓海外市场，营运涵盖的地区覆盖到中国台湾、中国香港、中国澳门、中国大陆、越南、印度尼西亚、美国、墨西哥、柬埔寨、孟加拉国及缅甸。如今，宝成工业已成为全球最具规模的运动鞋及休闲鞋制造商，鞋类年产量超过 3 亿双，约占全球运动鞋及休闲鞋市场（以批发价格计算）的 20%。通路业务方面，自 1992 年起由品牌代理业务开端，逐步发展到运动用品零售业务，在大中华区已建立起一定规模的销售网络，是中国领先的运动用品零售商及代理商之一。

（二）公司市场表现

1. 业务多元化。宝成工业形成了以制鞋和通路为主要业务，其他业务快速发展的多元化结构。宝成工业业务架构如图 5 - 3 所示。

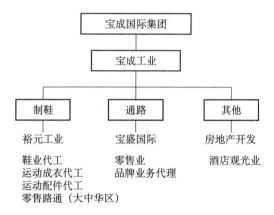

**图 5 - 3　宝成工业业务架构**

注：宝成国际集团不是一个正式设立登记的公司主体。
宝成工业是通过转投资的裕元工业间接投资宝胜国际从事零售通路业务的。
资料来源：宝成国际集团官网。

（1）鞋类及成衣制造业务。宝成工业是运动鞋、休闲鞋及户外鞋的专业制造厂商，为 Nike、adidas、Reebok、Asics、Under Armour、New Balance、Puma、Converse、Salomon 及 Timberland 等国际品牌代工制造及代工设计制造（OEM/ODM），以运动鞋为主，同时也从事运动成衣的制造和销售业务。其中，鞋类制造业务主要由宝成工业的子公司裕元工业负责。

（2）通路业务。目前宝成工业主要通过裕元工业的子公司宝胜国际（控股）有限公司专注经营运动用品通路业务。经过多年的发展扩张，除零售业务外,集团还经营品牌代理业务(Hush Puppies 在台湾地区,Pony 在中国大陆及台湾地区),并且在大中华区已建立起一定规模的零售网络。

(3)其他业务。宝成工业除专注经营核心业务外,公司为了合理利用现有资源,提供高附加价值的产品及服务,以创造更大公司价值,也从事房产开发及观光旅馆经营等业务。

2. 生产量值。表5-1中的数据表明,宝成集团2012~2015年主要业务的产量和产值呈现出相同的变化趋势,这一变化过程可以划分为两个阶段。第一阶段,2012~2013年,下滑阶段。两大业务的产值都呈现出接近15%的下滑,鞋类及成衣制造业务的产量降低20.3%。第二阶段,2013~2015年,上升阶段。两大业务的产值经历了短暂的下降,从2013年之后开始上升,运动用品零售及品牌代理业务上升幅度较大,到2015年年底时,已经超过了2012年下降前的产值,鞋类及成衣制造业务的上升则比较缓慢,2013~2014年的产量还有轻微的下降。总体而言,鞋类及成衣制造业务的产值是运动用品零售及品牌代理业务的产值的三倍多,这一差距在不断缩小。图5-4更加直观地描述了以上变动趋势。

表5-1 宝成工业 2012~2015 年生产量值

| 生产量值 | | 鞋类及成衣制造业务 | 运动用品零售及品牌代理业务 |
|---|---|---|---|
| 2012 年 | 产量(万双) | 3 933.43 | — |
| | 产值(新台币亿元) | 1 676.45 | 421.56 |
| 2013 年 | 产量(万双) | 3 134.46 | — |
| | 产值(新台币亿元) | 1 401.58 | 360.71 |
| 2014 年 | 产量(万双) | 3 070.85 | — |
| | 产值(新台币亿元) | 1 533.57 | 441.34 |
| 2015 年 | 产量(万双) | 3 175.26 | — |
| | 产值(新台币亿元) | 1 617.79 | 503.57 |

资料来源:宝成工业 2012~2015 年年度报告。

3. 营运绩效。宝成工业 2015 年度合并营收达 2 690.81 亿元,较 2014 年度增长 10.3%,主要是因为制鞋业务稳健增长与通路业务经营效益提升及销售规模扩大所致。随着合并营收持续成长,2015 年度合并营业毛利及合并营业净利分别为 64 505 百万元及 12 353 百万元,较 2014 年度成长 16.7% 及56%,加上投资收益等营业外净收入,宝成工业 2015 年度税后净利为 9 531

百万元，较 2014 年度的 8 616 百万元增加 10.6%，每股盈余为 3.24 元（见图5-5）。

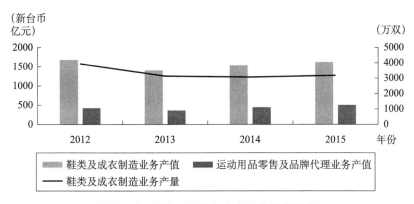

**图 5 - 4 2012 ~ 2015 年宝成工业生产量值**

资料来源：宝成工业 2012 ~ 2015 年年度报告。

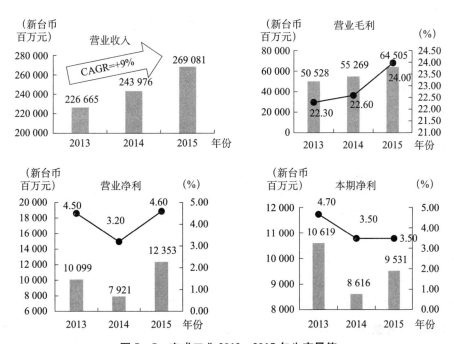

**图 5 - 5 宝成工业 2012 ~ 2015 年生产量值**

资料来源：宝成工业 2015 年度企业社会责任报告书。

## 二、宝成工业区位扩张历程

由于宝成工业的主营业务主要由裕元工业与宝胜国际两个公司经营，而裕元工业的子公司宝胜国际的业务开展对象主要是针对中国境内，不作为扩张历程分析的重点。因此，在分析宝成国际集团区位扩张历程时，同时考察裕元工业的扩张情况。

### （一）宝成工业扩张历程

从创立之初的 40 多年时间，宝成工业大致的发展顺序可以简洁地用图 5－6 表示。

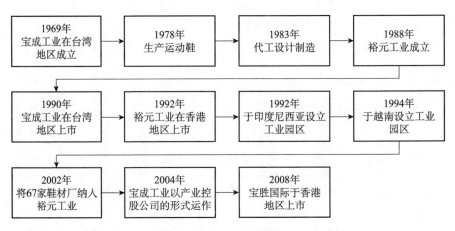

**图 5－6　宝成工业扩张历程**

资料来源：笔者根据宝成国际集团官网绘制。

1969 年，宝成工业在中国台湾成立，初期的工作很基础，仅仅是生产编织鞋、凉鞋及拖鞋。1978 年，公司开始投入运动鞋的生产。随着产品质量的精进、生产制程的整合以及研发设计能力的增强，1983 年，宝成工业由经营初期的纯代工制造（OEM），转型为代工设计制造（ODM），代工的主要国际品牌包括 Nike、adidas、Reebok、Asics、Under Armour、New Balance、Puma、Converse、Salomon 及 Timberland 等（郑志坚，2012）。

随着产品种类不断丰富，集团规模也在不断壮大。1988 年，子公司裕元工业成立，在中国设立第一条生产线。1990 年，宝成工业股票于中国台湾证券交易所挂牌上市。1992 年，裕元工业股票在香港证券交易所挂牌上市。为分散生产基地及利用海外地区较低廉的生产环境，宝成工业通过转投资的裕元工业在 20 世纪 80 年代后期陆续前往中国大陆、印度尼西亚及越南等地设厂，而为进一步提高制鞋本业的效率，以及显现垂直整合的效益，宝成工业于 2002 年 11 月将旗下 67 家鞋材厂转售给裕元工业，使制鞋业务得统筹由裕元工业负责营运（郑志坚，2012）。2003 年，裕元工业跻身为摩根士丹利资本国际指数（MSCI），以及香港恒生指数成份股，成为第一家晋身香港地区蓝筹股的台资企业。2004 年，宝成工业转型以产业控股公司的形式运作。2008 年，宝胜国际股票于香港地区证券交易所挂牌上市。

### （二）裕元工业扩张历程

从裕元工业公司成立至今已经有 40 多年时间，其扩张过程以及扩张特征可以简洁地用图 5 - 7 来表示，其扩张发展可以分为三个阶段（唐东方，2012）。

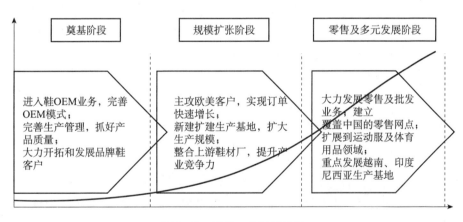

**图 5 - 7 裕元工业发展阶段**

资料来源：笔者根据裕元工业官网绘制。

1. 奠基阶段（1969 ~ 1988 年）。1969 年，蔡氏家族在台湾地区开始进入鞋类制造阶段，主要产品为帆布鞋、塑胶鞋。1970 年，接到世界运动品牌运动鞋 adidas 的订单，开始代理生产运动鞋。而后的整个 20 世纪 70 年代，为多个鞋类品牌提供纯代工制造（OEM）。1983 年，改进代工模式，开始采用代工设计制造（ODM）代替纯代工制造（OEM）。1988 年，蔡氏家族在香港地区成立裕元工业公司，专门制造品牌运动鞋及便服鞋。

2. 规模扩张阶段（1988～2003 年）。1988 年，裕元工业在珠海成立首个生产基地吉大裕元鞋厂。1989 年，在东莞建立多个生产基地裕元鞋业厂。1991 年，在中山再次建立生产基地。1992 年，公司在香港地区联合交易所挂牌上市。同年，与实成工业成立宝元工业公司生产便服鞋。为扩展海外生产基地，分别在印度尼西亚和越南投资建厂。1996 年，收购宝成工业旗下的宝元工业股份，全面进入鞋原料制造。2002 年，收购宝成 67 间鞋类上游制造厂，包括原材料、工模及鞋材。

3. 零售及多元发展阶段（2003 年至今）。2003 年初，裕元集团加大了零售及批发业务的力度，扩充了中国的连锁零售店及批发网络。2003 年 4 月，公司收购 Pro Kingtex，进入了休闲服装制造领域。2004 年 4 月，裕元工业收购鹰美（国际）控股有限公司 31% 股权（2005 年增持至 45%），进一步加强了运动服装制造业务。2004 年 5 月，裕元收购其利工业集团 30% 股权，其为运动袋、背包及旅行配件的原设计、原设备制造商。2004 年 7 月，裕元和聊泰成立元泰工业，发展运动服装业务。2005 年 7 月，裕元与欣锠集团成立合营公司，以制造安全及便服鞋。2008 年 5 月，将零售业务宝胜集团分拆，于香港联合交易所上市。到 2010 年，形成了覆盖中国市场的零售批发网络，形成零售店 8 174 家。

## 三、宝成工业区位扩张模式及其影响因素

### （一）区位扩张模式

通过宝成工业扩张及裕元工业扩张历程分析，可以把其扩张模式概括为以下三种。

1. 新建。宝成工业在成立之初，为了寻找更加廉价的劳动力，把目标瞄准了中国大陆和东南亚地区。因此，其早期的区位扩张是为了生产。以宝成工业的子公司裕元工业为例，1988 年裕元工业在珠海成立了首个生产基地，其后在东莞及中山成立多个生产基地，1992 年和 1996 年又分别在印度尼西亚以及越南设立生产基地，由此可知采取新建的扩张方式在集团发展之初是极为普遍的。

2. 收购。以收购方式进行区位扩张在裕元工业体现得十分明显，这种方

式可以通过转变对其他公司投资控股来实现自身企业的发展。2004 年 4 月，裕元工业收购了专门制造运动服装的鹰美（国际）控股有限公司 31% 股权，并在 2005 年增持至 45%。2004 年 5 月，裕元工业收购了运动袋、背包及旅行配件的原设计、原设备制造商其利工业集团 30% 的股权。通过不断对其他公司的收购，可以达到不断整合上下游产业的目的。因此，收购公司股权也成为集团扩张的主要方式。

3. 合营。一直以来，宝成工业都是以鞋类业务为主，为了进一步向服装业发展，2004 年 7 月，宝成工业的子公司裕元工业和聊泰公司合作成立元泰工业，共同发展运动服装业务。2005 年 7 月，裕元与欣锠集团成立合营公司，以制造安全及便服鞋。由此可见，合营也是集团用于自身区位扩张的又一种方式。

## （二）区位扩张的影响因素

宝成工业的扩张沿着大陆地区再到东南亚地区的路线，如今，已经形成了以大陆为主、东南亚为辅的格局，下面将宝成国际集团进行区位扩张的影响因素从以下三个方面进行讨论。

1. 在大陆投资的影响因素。

（1）政策因素。1978 年以来，中国的改革步伐不断加快，尤其是在 1980 年深圳、珠海和汕头被设立为经济特区，随后 1992 年中国实行改革开放，以宝成工业为代表的一些企业在这个时候得到了很多政策上的扶持。1994 年 3 月 5 日的八届人大会议上通过了《中华人民共和国台湾同胞投资保护法》。其主要内容涉及保护台资企业的产权，给予台资企业独立的经营管理权，保护投资人的收益等。这从根本上落实保障了台资企业的利益，彻底消除了台资企业在中国大陆投资的后顾之忧。宝成工业作为一家台资企业，其权益得到了该法案的极大保护。

（2）成本因素。宝成工业进入中国大陆之际，正是台湾地区经历着产业转型的时候。科学技术水平不断进步，导致了台湾地区劳动密集型产业的工人逐渐减少，用工成本大幅度增加。而正面临着改革开放的中国大陆，很大一批人响应国家号召来沿海发达地区寻求机会，人员密集程度高，劳动成本低。此时的宝成工业瞄准了中国大陆廉价的劳动力成本，成为其扩张至中国大陆的又一因素。

（3）市场因素。在宝成工业进入中国大陆之际，中国大陆正面临着改革开放，人们的消费意识正逐渐被唤醒。集团考虑到台湾地区市场有限，中国大陆市场更为广阔，因而成为宝成工业进入中国大陆的又一原因。

2. 在东南亚投资的影响因素。

（1）成本因素。由于大陆最低工资标准的限制，以及人民生活水平的不断提高，当中国大陆的生产力变得不那么廉价时，企业又开始思考新一轮的转移。于是以宝成工业为代表的一批企业便开始向越南、印度尼西亚这样的劳动力更为廉价的地区转移。

（2）分散风险。"鸡蛋不能放在同一个篮子里"，做企业也是同样的道理。企业面临着来自市场、政策、财务等多方面的影响，不能在同一个地方有太多的订单，客户也不会放心把订单交给这样充满着风险问题的企业。所以新一轮的扩张的又一影响因素是为了风险的转移。

3. 扩张的限制因素。

宝成工业在经历了几十年的发展之后，已将其制造工厂遍及世界各地，但仍有许多因素制约着其扩张发展，例如来自国外市场未知的风险以及国内已就位的投资。生产不会完全转移出去，一方面是由于内外的政治环境有很大不同，很多风险都是未可知的；另一方面是由于完全转移需要投入的成本太大，费时费力，一些部门很好转移，但是像核心技术研发岗、供应链条已经形成，固定成本已经投入，没有办法整体迁移。

## 四、宝成工业价值链扩张

伴随着区位布局的不断扩张，宝成工业陆续设立了 16 家从属公司（见表 5－2）以分管不同的业务。根据宝成工业 2015 年年报显示大部分公司的注册地在中国台湾，其中有直接控股型，也有综合控股型。业务性质涵盖投资业务、鞋类设计、制造、销售、品牌代理等多种形式。

表 5－2　　　　　　　　　宝成工业各从属公司明细

| 企业名称 | 注册地 | 与控制公司关系 | 业务性质 |
| --- | --- | --- | --- |
| 宝兴投资股份有限公司 | 英属维京群岛 | 直接持股 100.00% | 从事鞋类及电子相关行业的转投资业务 |
| 宝富投资有限公司 | 英属维京群岛 | 直接持股 100.00% | 一般投资事业 |
| 裕元花园酒店股份有限公司 | 中国台湾 | 直接持股 100.00% | 观光旅馆经营等业务 |

续表

| 企业名称 | 注册地 | 与控制公司关系 | 业务性质 |
|---|---|---|---|
| 宝祥投资股份有限公司 | 中国台湾 | 直接持股100.00% | 一般投资事业 |
| 保裕保险代理人有限公司 | 中国台湾 | 直接持股100.00% | 从事财产保险的代理业务 |
| 光威国际宝业股份有限公司 | 中国台湾 | 直接持股100.00% | 从事鞋类产品制造设计等业务 |
| 宝元科技股份有限公司 | 中国台湾 | 综合持股99.81% | 从事资讯软体服务及模具制造软体服务等业务 |
| VANTAGE CAPITAL INVESTMENT LTD. | 约翰内斯堡（南非） | 综合持股99.81% | 投资控股 |
| 倍利开发股份有限公司 | 中国台湾 | 综合持股99.62% | 从事鞋材贸易及转投资等业务 |
| 松明投资股份有限公司 | 中国台湾 | 综合持股99.62% | 一般投资事业 |
| 宝庆开发股份有限公司 | 中国台湾 | 综合持股99.62% | 从事土地重划代办业务 |
| 裕弘建设开发股份有限公司 | 中国台湾 | 综合持股99.62% | 从事不动产开发等业务 |
| 王矣营造股份有限公司 | 中国台湾 | 综合持股97.22% | 从事工程营造业务 |
| 宝乙建设股份有限公司 | 中国台湾 | 综合持股89.71% | 不动产租赁等业务 |
| 裕元工业（集团）有限公司 | 中国香港 | 综合持股49.98% | 鞋类及运动用品制造及销售 |
| 宝胜国际（控股）有限公司 | 中国香港 | 综合持股30.62% | 运动用品零售及品牌代理业务 |

资料来源：宝成工业2015年年度报告。

## （一）生产区位

宝成工业的主营业务之一制鞋业的发展受到劳动力成本、土地资源、原材料供应及销售市场等多方面因素的影响。随着经营环境的变化，全球鞋业的生产重心由30年前的欧洲逐渐转移到成本相对低廉的亚洲，根据World Footwear Book资料统计，全球鞋类2014年度总产量达243亿双，88%集中于亚洲制造，中国即占了约65%。

根据宝成工业在全球的扩张历程，可以总结出宝成工业在全球的生产基地的扩张主要经过了从台湾地区到中国大陆，再到印度尼西亚和越南这样的发展中国家，其中一部分生产扩张到美国、墨西哥、孟加拉国、柬埔寨及缅甸。因此，宝成工业的生产基地布局适应了全球生产基地变迁的潮流。在不同地点设立的生产基地，其各自有着不同的职能（见表5－3）。

表5－3　　　　　　　　　　宝成工业各生产基地概况

| 地区 | 职能 |
|---|---|
| 中国台湾 | 宝成工业于1969年9月设立于台湾地区，1975年购入彰化福兴工业区17公顷的土地，为集团奠定发展根基；2006年集团总部大楼于台中市落成，作为企业的研究发展、经营策略、财务管理、后勤支持等管理中心 |

续表

| 地区 | 职能 |
|------|------|
| 中国大陆 | 1988 年于广东省珠海市设立鞋厂，目前集团位于中国大陆的制鞋生产基地主要分布于广东省、江西省及湖北省等地。1992 年开始在中国经营品牌代理业务，尔后逐步发展零售业务，销售网络遍及中国 |
| 印度尼西亚 | 1992 年于西爪哇省西冷县（Serang）成立制鞋工业区，目前集团位于印度尼西亚的制鞋生产基地主要分布在西爪哇省，包括西冷县（Serang）、苏加武眉县（Sukabumi）及展玉县（Cianjur）等地 |
| 越南 | 1994 年于同奈省设立鞋厂，目前集团位于越南的制鞋生产基地主要分布在胡志明市、同奈省、西宁省及前江省等地 |
| 其他 | 集团制鞋生产基地也涵盖美国、墨西哥、孟加拉国、柬埔寨及缅甸 |

资料来源：宝成国际集团官网。

## （二）市场区位

宝成工业是全球最具规模的品牌运动鞋及休闲鞋的专业制造商，鞋类年产能超过 3 亿双，约占全球运动鞋及休闲鞋市场以批发价格计算的 20%。此外，截至 2015 年 12 月 31 日，宝成工业在大中华区共经营 7836 间销售据点，包括 4943 间零售直营店及 2893 间零售加盟店，是中国领先的运动用品零售商及代理商之一。

公司主要商品或服务的销售、提供情况（见表 5 - 4）表明，亚洲始终是其最大的市场，2015 年年底，亚洲的销售额占总销售额的 48.31%，这一比率呈上升趋势；美洲是宝成工业的第二大销售市场，虽然其销售份额在 2015 年略有下滑，但依然达到了 30%；欧洲市场也表现良好，2015 年销售比率环比略有增长，销售额达到 62.3 亿新台币；其他地区基本保持着 2.3% 的销售比率。

表 5 - 4　　　　　　主要商品（服务）的销售（提供）地区

| 销售区域 | 2014 年 | | 2015 年 | |
|------|------|------|------|------|
| | 金额（新台币亿元） | 占比（%） | 金额（新台币亿元） | 占比（%） |
| 亚洲 | 1 114.73 | 45.69 | 1 299.88 | 48.31 |
| 美洲 | 814.99 | 33.40 | 807.52 | 30.01 |
| 欧洲 | 454.00 | 18.61 | 521.11 | 19.37 |
| 其他 | 56.04 | 2.30 | 62.30 | 2.31 |
| 合计 | 2 439.76 | 100.00 | 2 690.81 | 100.00 |

资料来源：宝成工业 2015 年年度报告。

## 五、结论与启发

通过以上对宝成工业的区位扩张的分析，可以看出其区位布局以台湾地区为中心逐步向四周发散。生产区位主要选择用工成本较低的东南亚以及中国大陆，市场分布十分广泛，遍布亚洲、美洲、欧洲以及其他地区。作为一家成功的代工性质的企业，在它的区位扩张过程中，有很多地方值得借鉴。

1. 对产业链的纵向整合。以制鞋业务为例，由于原材料约占制鞋成本的60%，故宝成工业很早就致力于在全球范围内寻找原材料，对上游鞋材进行垂直整合，不仅能供应公司自有鞋厂，还可以销售给其他鞋厂使用。如此一来，大幅度降低了集团的生产成本。为了更好地为下游的品牌商服务，宝成集团的裕元工业又与香港地区物流资讯网络公司 LINE 组成合资公司，实现物流环节的优化。因此，快速高效的供货渠道、全球范围内寻求低的生产成本，才是代工企业的制胜之道。

2. 多品牌经营。作为 OEM 的代工厂，宝成工业并不局限于为一个品牌代工，而是采取多品牌的经营策略。公司在不同地区设有不同品牌的专门厂，例如，在东莞有 Nike 和 Adidas 的专门厂，中山地区设有 Reebok 和 Timberland 的专门厂等，负责不同品牌的各事业部都是一个利润中心，所以品牌的设计、研发、生产计划、制造过程能确保完全的隐秘性，不论现在的消费市场偏好哪一个品牌，宝成集团总可以成为赢家。

以往对代工企业的认知停留在为品牌商进行简单的加工原材料制造产品，处于价值链环节的低端，一旦品牌商找到了更便宜的生产线，OEM 厂商便会被抛弃。而宝成工业坚持的是"做全球品牌的制造商"，其纵向整合能力、工艺改进能力以及多个品牌的管理能力形成了自己的核心竞争力，走出了自己的特色，对其他代工企业形成了很好的榜样作用。

# 第三节　Gap 区位战略研究

## 一、公司概况

### （一）公司简介

盖璞集团（Gap Inc.）最初创立于 1969 年 7 月，创始人为唐纳德·费希尔（Donald Fisher）。1983 年，被誉为"传奇经理人"的米拉德·德雷克斯勒（Millard Drexler）加盟 Gap 公司，对 Gap 公司的品牌定位、终端运营以及市场推广等方面进行大幅度的调整，在他的领导下，Gap 快速崛起，现已成为全球领先的零售型集团。Gap 总部位于美国加州的旧金山市，全球门店总数达4 250 家，员工总数达 14 万人左右。Gap 坚持多元化战略，拥有三个自主品牌：Gap，Banana Republic 和 Old Navy。除牛仔外，其产品还扩展到女装、男装、配饰、童装、孕妇装、宝宝装。作为一个跨国公司，Gap 集团在美国、加拿大、英国、法国、爱尔兰、日本、意大利、中国大陆、中国香港以及中国台湾均设有直营店，特许经营店涵盖亚洲、澳洲、欧洲、拉丁美洲、中东和非洲，并在全球 90 多个国家线上销售。

## （二）公司市场表现

1. 品牌多元化。Gap 公司形成了以 Gap、Banana Republic、Old Navy 为核心品牌，Athleta 和 Intermix 为快速发展品牌的多元化结构（见图 5 - 8）。

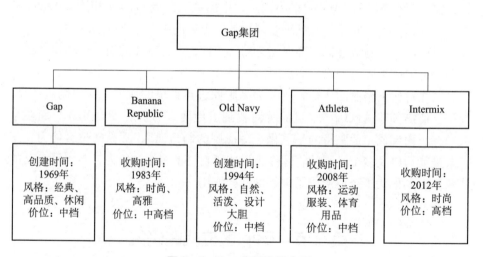

**图 5 - 8　Gap 集团品牌介绍**

资料来源：笔者根据 Gap 集团官网、2015 年年报整理。

Gap 品牌体现了美国休闲装的风格，是世界范围内最具有代表性的服装和配件品牌之一。Gap 一直以来持续发展其原创经典——牛仔系列、传统白衬衫、卡其裤，并不断融合进潮流元素。Banana Republic 品牌于 1983 年被 Gap

集团收购，目前已成为美国服饰大厂 Gap 旗下的高单价品牌之一。早期的品牌定位是专门设计给探险家以及旅游爱好者的服饰。1992 年，Banana Republic 进行品牌形象改造，蜕变成美国都市简约风格的代表品牌。Old Navy 品牌创立于 1994 年，将美国人喜爱的大自然与运动休闲轻松风格融入设计理念。其色调活泼，设计大胆，以超值的价格、易搭配款式与优质面料风靡全球。Athleta 品牌在 2008 年 9 月被 Gap 集团收购，是集团旗下的一个主要针对女士运动的服装、配件品牌。Intermix 品牌于 2012 年 12 月被 Gap 集团收购，专注于女性时尚精品，为公司开拓了一个非常重要的女性消费奢侈品市场。

2. 产品销售额。表 5 - 5 中的数据表明，Gap 在 2011～2014 年间销售总额持续上升，但是，随着全球化竞争日益激烈，2015 年 Gap 集团的销售额较 2014 年有了较大幅度的下降。Old Navy 逐步超越 Gap 品牌，占据销售额第一位。Banana Republic 品牌的销售情况近些年没有太大变动，其他品牌在 2013 年经历销售额大幅增长之后，基本稳定在 700 百万美元左右的销售情况。

表 5 - 5　　　　　　Gap 集团 2011～2015 年主要产品销售情况　　　　单位：百万美元

| 品牌 | 2015 年 | 2014 年 | 2013 年 | 2012 年 | 2011 年 |
|---|---|---|---|---|---|
| Gap | 5 751 | 6 165 | 6 351 | 6 254 | 5 912 |
| Old Navy | 6 675 | 6 619 | 6 257 | 6 112 | 5 674 |
| Banana Republic | 2 656 | 2 922 | 2 868 | 2 890 | 2 662 |
| 其他 | 715 | 729 | 672 | 395 | 301 |
| 总计 | 15 797 | 16 435 | 16 148 | 15 651 | 14 549 |

注：其他包括 Piperlime（2015 年停止经营）和 Athleta，2013 年之后又加入 Intermix。
资料来源：Gap 集团 2015 年年报。

2015 年 Gap 集团利润结构如图 5 - 9 所示，其中 Old Navy 的销售额最高，占总销售额的 42%，其次是 Gap 品牌，占据了 36%，Banana Republic 占 17%，其他品牌的销售额很低，只占到了 5%。Old Navy 超过 Gap 品牌，领跑集团的销售收入。

3. 行业对比。2015 年快时尚品牌的销售额（见图 5 - 10），H&M 占据最高的市场份额，达到 24 465 百万美元。其次是 ZARA，销售额达 23 080 百万美元。Gap 和 UNIQLO 两个品牌销售额基本处于同一水平。其中，UNIQLO 销售水平相对较高，达到 16 703 百万美元，Gap 集团 2015 年的销售额为 15 797 百万美元。

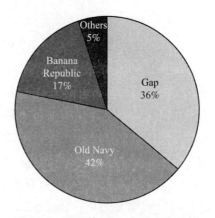

**图 5 – 9　2015 年 Gap 集团利润结构**

资料来源：Gap 集团 2015 年年报。

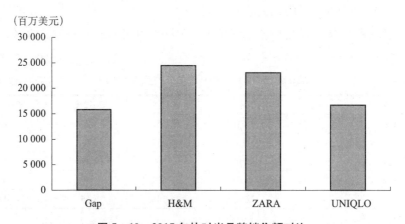

**图 5 – 10　2015 年快时尚品牌销售额对比**

资料来源：Gap、INDITEX、H&M、UNIQLO 公司 2015 年年报。

　　各品牌在款式、价格这两个标准下的相对位置如图 5 – 11 所示，从中可以总结出与竞争对手相比 Gap 自身的特点。Gap 品牌的产品在评价体系中基本处于中间位置，款式偏基本，价位略微偏贵。ZARA 与之相比，款式新颖、时尚且定价基本无异。优衣库（UNIQLO）主打的也是基本款，但是价格比 Gap 更有竞争优势。因此，要想在众多快时尚品牌中脱颖而出，Gap 自身的定位存在一定困难。

　　4. 财务指标。一个集团的发展经营现状以及市场开拓后力可以根据财务报告反映出来，因此，本书根据 Gap 集团 2015 年年报的财务数据来分析近几

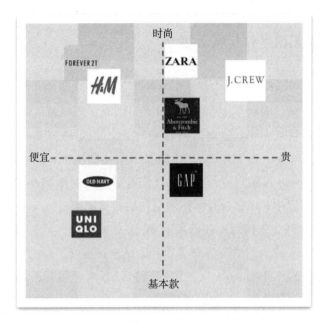

**图5-11　"快时尚"品牌间的对比**

资料来源：摩根大通分析。

年的总体发展情况。表5-6表明2011年净收入呈现了-30.8%的大幅下降，主要原因是成本开支的迅猛增加，销售收入不增反降。2012年净收入比2011年增长36.3%，主要表现在成本开支的压缩，以及销售额较2011年增长7.6%。2013年净收入水平依旧保持着良好的增长势头，这一情况从2014年发生变化，随着净销售额下降速度快于成本开支的下降速度，2015年净收入增长率为负，低至-27.1%。在快时尚品牌竞争日益激烈的国际环境下，Gap集团的收益水平有不断下降的趋势。

表5-6　　　　　　　　　　Gap集团2010~2015年主要财务数据

| 指标 | 2015年 | 2014年 | 2013年 | 2012年 | 2011年 |
|---|---|---|---|---|---|
| 净销售额（百万美元） | 15 797 | 16 435 | 16 148 | 15 651 | 14 549 |
| 净销售额增长（%） | -3.9 | 1.8 | 3.2 | 7.6 | -0.8 |
| 成本开支（百万美元） | 10 077 | 10 146 | 9 855 | 9 480 | 9 275 |
| 成本开支增长（%） | -0.7 | 3.0 | 4.0 | 2.2 | 5.7 |
| 净收入（百万美元） | 920 | 1 262 | 1 280 | 1 135 | 833 |
| 净收入增长（%） | -27.1 | -1.4 | 12.8 | 36.3 | -30.8 |

资料来源：Gap集团2011~2015年年报。

## 二、Gap 集团区位扩张历程

Donald 和 Doris Fisher 致力于让顾客更容易找到满意的牛仔裤以及创造易于选购产品的店铺体验，于 1969 年在旧金山创立了第一家 Gap 店铺。作为一家公认的专业零售店，Gap 公司目前已拥有五个品牌——Gap、Old Navy、Banana Republic、Athleta 和 Intermix，并确立了重要的线上、大卖场和特许经营渠道。多年来，Gap 集团对流行文化和人们着装方式的影响有目共睹。在不断发展和成功的历程中，Gap 一直保持着最初的指导原则。

从 Gap 品牌创立之初到现在已经有 40 多年的时间，其扩张过程见图 5 - 12。1976 年，Gap 成为纽约证券交易所和太平洋证券交易所的上市公司。1983 年，Gap 收购 Banana Repubulic（一个在当时只有两个店铺，经营邮购野外旅行服饰的品牌）。1987 年，Gap 海外的第一家店在伦敦开业，自此开启了海外市场。1989 年，Gap 进入加拿大，首家店铺在温哥华开业。1993 年，Gap 进入法国，在巴黎老佛爷百货出售。1994 年，第一家 Old Navy 和 Gap Outlet 店开业。隔年 1995 年，Gap 和 Gapkids 童装店在日本开业。1997 年，Gap 拓展电子渠道销售，设立网上购物商店。随后，为了进一步扩展亚洲业务，2006 年，Gap 在中东、东南亚地区创立首批 Gap 特许专营店。2006 年，Gap 公司推出其

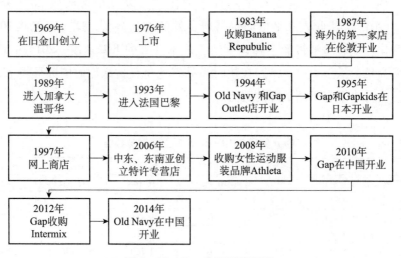

**图 5 - 12 Gap 集团扩张历程**

资料来源：笔者根据 Gap 集团官网整理。

第一个网店专营品牌 Piperlime 来扩展自己的品牌系列。2008 年，收购女性运动服装品牌 Athleta。2010 年，Gap 集团叩响中国的大门，在中国北京和上海开立了四家店面。2012 年，Gap 收购 Intermix 品牌，进一步扩展了自己的产品线。2014 年，Old Navy 实体店进入中国。

## 三、Gap 集团区位扩张模式及其影响因素

### （一）区位扩张模式

通过 Gap 集团扩张历程分析，可以把其扩张模式概括为以下三种。

1. 新建。新建全资子公司是跨国企业进行扩张的最主要手段。在集团的初创时期，企业会面临很多问题，诸如：内部机制尚不健全，对市场的敏感度不高，且自身的规模不大，没有足够的财力和物力来支撑兼并与收购。这样，考虑到各地区人力成本的差异，以及初步挖掘各地区市场潜力的便利程度，直接新建成为扩张的非常好的办法，不仅可以使公司规模迅速扩大，快速扩张版图，还能够为之后的发展奠定坚实的基础。

2. 收购。收购现有企业是集团做大做强、开创新商品线的最快速方法。一直以来，Gap 都在不断地挖掘和拓展新的领域。2008 年，Gap 集团收购体育品牌 Athleta 作为旗下一个专注细分市场的品牌，针对轻运动时尚领域，其产品定价适中、质量可靠使之在和其他快时尚品牌的竞争中分到一杯羹。2012年 12 月，Gap 斥资 1.3 亿美元收购高端女装零售商 Intermix，这一交易为以休闲系服装为主的 Gap 打开了通往至关重要的奢侈品市场的大门。

3. 战略合作。一直以来，Gap 集团无论是从产品设计还是从终端营销上都十分注重战略合作。2007 年，Gap 集团与美国时装设计师协会合作来增添自己产品的时尚感，紧跟潮流。2014 年 11 月 24 日，Gap 集团与欧洲最大的在线时尚零售商德国 Zalando 公司签署协议，从 2015 年 5 月开始在 Zalando 公司的网站上销售其核心品牌的产品，进一步拓宽了自身产品的销售渠道。

### （二）区位扩张的影响因素

根据以上分析，本书将 Gap 集团进行区位扩张的影响因素概括为以下三个方面。

1. 生产需要。为了节省生产成本，Gap 集团采取生产上的外包制，在世

界范围内寻找原材料、建造工厂。公司在世界各地拥有几百家供应商，工厂遍布全球近 60 个国家。依赖于完善的运营管理，Gap 集团没有一间拥有自主产权的工厂，也没有一间比较完善的物流中心，但是依旧可以每年提供近 3 万款新衣，能够将近 10 亿件的衣服在全球范围内及时调配。

2. 竞争因素。Gap 集团拥有的竞争优势以及竞争劣势都对其区位分布的格局产生着重要的影响。首先，Gap 在美国本土已经发展得非常成型，树立了较高的知名度，便于在海外市场迅速扩张。其次，Gap 集团在大多数国家以成立直营店的方式扩展市场，直营店相较特许经营店的好处在于便于集团统一管理，有助于维护品牌形象，这也成为该集团的一大竞争优势。另外，Gap 集团强调美式时尚，以此来与竞争对手有所区别，有利于打开国外市场。但是，作为"快时尚"中的一员，Gap 集团并没有拥有与之相匹配的极速供应链，从生产到完成配送这样的流程，Gap 需要 90 天，而 Zara 仅需要 15 天。业务链与供应流程上的低效成为限制其在海外进一步扩张的因素。

3. 市场因素。经济情况良好的市场必然是吸引海外公司的重要因素，Gap 集团在衡量一个地区是否值得开发时所考查的内容更为丰富。在它的考查体系中，既包括已经存在和潜在进入市场的同类竞争者，同时还会分析诸如该地区对 Gap 品牌的认识度、地区人流量、交通便利程度、消费者类型等因素。因此，市场因素也影响着 Gap 集团的区位分布情况。

## 四、Gap 集团区位分析

1986 年，在公司的年度报告中，Gap 集团定义了其创立的"SPA"新型的经营体制（自有品牌专业零售商经营模式）——注重品牌的塑造和终端运营，生产环节实行外包制。这是一种从商品策划、制造到零售都整合起来的垂直整合型销售形式。SPA 模式能有效地将顾客和供应商联系起来，以满足消费者需求为首要目标，通过革新借贷方法和供应链流程，实现对市场的快速反应。

20 世纪 90 年代，随着全球服装业快速发展，服装业产业链转移的浪潮不断推进，Gap 开始逐渐将生产转移到成本更低的亚洲国家，设立了很多国外的代工厂。《2013～2014 年 Gap 集团全球可持续报告》显示，集团产品生产所需的原料 89% 来源于三大区域——大中华地区、南亚以及东南亚。随着全球化的浪潮，Gap 集团在世界范围内建立了市场。

## （一）全球市场区位分析

截至 2016 年第一季度，Gap 集团旗下的公司直营店和特许经营店达 3 727 个，实体店销售市场扩展到 52 个国家，线上销售覆盖到 90 个国家和地区，Intermix 可达 213 个（见表 5 - 7）。北美洲、欧洲以及亚洲是 Gap 集团的主要销售市场，对这些地区采取公司直营的方式为主，兼以特许经营以及线上销售方式。针对中东、南美洲和北美洲这些区域，全部采取特许经营的销售方式，线上销售只可覆盖到少部分地区，而大洋洲的主要渠道是通过线上购买的方式来获取服务。Athleta 和 Intermix 品牌只在北美洲采取线上销售的方式，其他区域均采取线上销售。

表 5 - 7 　　　　　　　　　　Gap 集团全球销售网点及渠道分布

| 品牌 | 类型 | | 北美洲 | 欧洲 | 亚洲 | 中东 | 大洋洲 | 南美洲 | 非洲 | 全球 |
|---|---|---|---|---|---|---|---|---|---|---|
| Gap | 实体店 | 公司直营 | 862 | 173 | 312 | 0 | 0 | 0 | 0 | 1 347 |
| | | 特许经营 | 69 | 80 | 80 | 58 | 6 | 31 | 14 | 338 |
| | 线上销售（国家） | 可运输 | 26 | 33 | 13 | 8 | 2 | 8 | 3 | 93 |
| Banana Republic | 实体店 | 公司直营 | 607 | 10 | 51 | 0 | 0 | 0 | 0 | 668 |
| | | 特许经营 | 43 | 12 | 24 | 11 | 0 | 6 | 4 | 100 |
| | 线上销售（国家） | 可运输 | 26 | 33 | 13 | 8 | 2 | 8 | 3 | 93 |
| Old Navy | 实体店 | 公司直营 | 1 029 | 0 | 69 | 0 | 0 | 0 | 0 | 1 098 |
| | | 特许经营 | 0 | 0 | 7 | 6 | 0 | 0 | 0 | 13 |
| | 线上销售（国家） | 可运输 | 26 | 37 | 14 | 8 | 2 | 8 | 3 | 98 |
| Athleta | 实体店 | 公司直营 | 122 | 0 | 0 | 0 | 0 | 0 | 0 | 122 |
| | 线上销售（国家） | 可运输 | 25 | 37 | 11 | 8 | 2 | 7 | 3 | 93 |
| Intermix | 实体店 | 公司直营 | 41 | 0 | 0 | 0 | 0 | 0 | 0 | 41 |
| | 线上销售（国家） | 可运输 | 37 | 51 | 28 | 13 | 19 | 12 | 53 | 213 |

资料来源：Gap 集团官网。

**Gap 集团在全球的市场分布情况表现出在各大洲的销售市场有较强的针**

对性。北美洲的加拿大、美国、墨西哥；南美洲的巴西、乌拉圭、智利；亚洲的中国、韩国、日本；欧洲的英国、法国、俄罗斯、土耳其、西班牙、意大利；东南亚的泰国、菲律宾；中东地区的沙特阿拉伯、阿拉伯酋长国、以色列；大洋洲的澳大利亚；非洲的南非、埃及都是公司开设店面的集中地区。

### （二）分地区销售额情况分析

在 Gap 集团的发展规划中，美国作为本土市场，一直是发展的主力，欧洲和亚洲同样是发展的重点。表 5-8 是 Gap 集团 2015 年在美国、加拿大、欧洲和亚洲以及其他地区的销售收入。可以看出，美国的营业收入远高于其他地区，达到了 12 213 百万美元，占比 77%。亚洲、加拿大、欧洲销售额依次递减，分别为 1 521 百万美元、1 047 百万美元、797 百万美元。除了上述主要市场，其他地区的销售业绩并不理想，总共占比 1%。总体而言，随着全球市场的竞争加剧，在 Gap 集团其他品牌都出现环比负增长的情况下，只有 Old Navy 的销售额比上年有了小幅增长。在美国和加拿大，Old Navy 品牌的销售额最多，其次是 Gap，而亚洲和其他地区的 Gap 销售收入明显高于另两个品牌，很重要的原因是 Old Navy 和 Banana Republic 进入海外市场较晚，店铺数量尚少。因此，应该作为日后带动集团发展的主要拓展对象。

表 5-8　　　　　　　　　　　Gap 集团 2015 年分地区销售额

| 地区 | Gap<br>（百万美元） | Old Navy<br>（百万美元） | Banana Republic<br>（百万美元） | 其他<br>（百万美元） | 总计<br>（百万美元） | 销售额占比<br>（%） |
|---|---|---|---|---|---|---|
| 美国 | 3 303 | 5 987 | 2 211 | 712 | 12 213 | 77 |
| 加拿大 | 348 | 467 | 229 | 3 | 1 047 | 7 |
| 欧洲 | 726 | — | 71 | — | 797 | 5 |
| 亚洲 | 1 215 | 194 | 112 | — | 1 521 | 10 |
| 其他地区 | 159 | 27 | 33 | — | 219 | 1 |
| 总计（百万美元） | 5 751 | 6 675 | 2 656 | 715 | 15 797 | 100 |
| 比上年变动（%） | -7 | 1 | -9 | -2 | -4 | |

注：其他包括 Athleta、Iitermix、报告期内包括 Piperlime。
资料来源：Gap 集团 2015 年年报。

## 五、Gap 集团在中国的区位分析

### （一）在中国的扩张原则

Gap 集团在大中华区的 CEO Jeff Kriwan 在接受《第一财经周刊》采访时曾经谈及 Gap 在中国的扩张理念，其核心是基于商圈概念，本书中将其总结归纳为以下三点原则。

1. 基于"市场测绘（market mapping）"。市场测绘是一种调研分析过程，它的目标是考察 Gap 与每个市场的商圈的匹配程度。在进入市场之前的调研中，Gap 集团既分析了基本人口信息（年收入、服装消费金额），还分析了已经存在和潜在进入这个市场的商圈，同时通过各种因素（对 Gap 品牌的认识度、地区人流量、交通便利程度、消费者类型以及竞争对手的表现等）来对这个商圈进行评估。把每一个数据作为一个变量，赋予相应的权重系数，最后把所有的变量考虑进来得到一个综合的数值用于排出商圈扩展的先后顺序。

按照传统观念，广州作为省会城市，深圳作为经济特区，经济发展水平高，应该作为城市扩展的重点。但是，在 Gap 的这张城市扩张序列表里，杭州作为旅游城市的代表就排在深圳和广州的前面，成为仅次于上海和北京后第三个进入的城市。总之，Gap 集团并不会因为某个城市是二线城市而采取不同策略，它们只以消费者为导向，变动只会发生在观察到具体的消费者行为差异之后。

2. 测验。Gap 集团会对市场进行测验来考察某个不是非常发达的区域对 Gap 品牌的接受程度，例如，合肥就是这样一个被考察的对象。针对这些新兴市场反馈回来的信息是积极还是不积极，Gap 集团会相应地调整在中国市场的发展速度。

3. 热衷竞争。Gap 作为一家快时尚品牌，与众多相同类型的公司（例如 H&M、Zara、优衣库等）聚集到一个区域，会造成竞争加剧的局面。但是，在 Gap 集团的销售策略中并不规避竞争。从集团的角度考虑，一个地区集中的快时尚品牌越多，表明该地区的顾客对于快时尚的接受程度越高，选择在这些地方开店，可以节省教育顾客的成本。

### （二）中国市场区位分析

Gap 于 2010 年 11 月进入中国，相比优衣库（2002 年进入）以及 Zara

（2006年进入），Gap进入的时间较晚，但是发展速度很快。如表5-9所示，截至2016年6月，Gap集团已经在中国建立了110家Gap品牌专卖店、33家Gap品牌奥特莱斯店以及16家Old Navy系列的专卖店。在Gap集团目前涉足的37个中国城市里，既有北京和上海这类被认为具备区域中心地位的城市，也存在万宁和湖州这样在传统意义上有可能会被忽略的市场。

表5-9 　　　　　　　　　　　Gap集团中国市场分布 　　　　　　　单位：家

| 区域 | 城市 | Gap | | Old Navy |
| --- | --- | --- | --- | --- |
| | | 专卖店 | 奥特莱斯店 | 专卖店 |
| 华南地区 | 深圳 | 6 | 1 | 2 |
| | 广东广州 | 3 | 1 | 2 |
| | 广东东莞 | 1 | 0 | 0 |
| | 广西南宁 | 1 | 0 | 0 |
| | 海南万宁 | 0 | 1 | 0 |
| 华中地区 | 湖北武汉 | 3 | 1 | 1 |
| | 湖南长沙 | 2 | 0 | 0 |
| 华东地区 | 上海 | 14 | 5* | 4 |
| | 山东青岛 | 3 | 1 | 0 |
| | 山东济南 | 1 | 0 | 0 |
| | 江苏南京 | 4 | 2 | 0 |
| | 江苏无锡 | 2 | 1 | 1 |
| | 江苏苏州 | 2 | 1 | 2 |
| | 江苏昆山 | 1 | 0 | 0 |
| | 江苏常州 | 1 | 0 | 0 |
| | 浙江宁波 | 2 | 1 | 0 |
| | 浙江湖州 | 0 | 1 | 0 |
| | 浙江杭州 | 4 | 1 | 0 |
| | 安徽合肥 | 2 | 1 | 0 |
| | 福建福州 | 3 | 0 | 0 |
| | 福建厦门 | 1 | 0 | 0 |
| 华北地区 | 北京 | 13 | 4 | 4 |
| | 天津 | 3 | 2 | 0 |
| | 石家庄 | 1 | 0 | 0 |
| 西北地区 | 西安 | 4 | 1 | 0 |
| 东北地区 | 辽宁沈阳 | 3 | 2* | 0 |
| | 辽宁大连 | 3 | 0 | 0 |

续表

| 区域 | 城市 | Gap | | Old Navy |
|------|------|-----|-----|----------|
| | | 专卖店 | 奥特莱斯店 | 专卖店 |
| 西南地区 | 重庆 | 3 | 1* | 0 |
| | 四川成都 | 4 | 1 | 0 |
| | 云南昆明 | 3 | 1 | 0 |
| 香港地区 | 香港 | 7 | 1* | 0 |
| 台湾地区 | 高雄 | 1 | 0 | 0 |
| | 新竹 | 2 | 0 | 0 |
| | 台中 | 2 | 0 | 0 |
| | 台北 | 3 | 0 | 0 |
| | 台南 | 1 | 0 | 0 |
| | 新北 | 1 | 0 | 0 |
| 总计 | | 110 | 33 | 16 |

注：＊代表清仓店归入奥特莱斯店。

资料来源：笔者根据 Gap 中国官网、Old Navy 中国官网整理。

Gap 集团在中国地区以实体店经营的方式销售两个品牌：Gap 和 Old Navy（Old Navy 只在华东地区、华南地区、华北地区以及华中地区设立实体经营）。全国分区域市场对比如图 5 – 13 所示。华东地区由于地理位置便利、经济发达、省份众多，是集团市场布局的重点。华南地区、西南地区和华北地区相比其他地区市场更加密集。华中地区和西北地区由于地理位置偏远等原因，市场发展并不完善。同时，Gap 集团在香港和台湾分别开设 8 个和 10 个实体店经营，形成了对市场的有效把控。

## 六、结论与启发

通过以上对 Gap 集团区位扩张的分析，可以看出其发展遵循着循序渐进的原则。

1. 区位布局依循着"先本土，后海外"的原则，慢扩张，巧布局。Gap 集团首先对美国本土市场进行开发，随后扩展到北美地区，紧接着是欧洲、亚洲、大洋洲、中东等地区，由点及面地依次展开。给我们的启示是，中国企业要想"走出去"，也需要学习 Gap 集团，有侧重点地逐步扩张自身的区位分布。

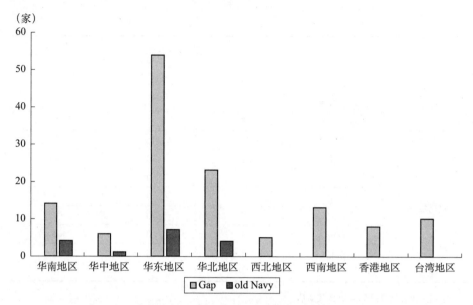

**图5－13  Gap中国分区域市场对比**

注：华东地区包括山东、江苏、上海、浙江、安徽、福建、江西；华北地区包括河北、山西、内蒙古、北京、天津；东北地区包括黑龙江、吉林、辽宁；华南地区包括广东、广西、海南；华中地区包括：河南、湖北、湖南；西北地区包括陕西、甘肃、新疆、青海、宁夏；西南地区包括重庆、四川、云南、贵州、西藏。

资料来源：Gap中国官网、Old Navy中国官网。

2. 品牌的推广采取缓慢渗透的方式，Gap集团在进入一个市场实体经营之前，会先采取线上运营的方式，预先考察市场反应，待市场反应良好时，再逐步扩张其实体经营。这种面对新市场的谨慎态度，不至于因为一时的鲁莽进军而给公司带来巨额亏损。

3. 准确把握国际市场动态。中国作为人口最多的国家，并且改革开放以来，经济水平跨越式发展。Gap集团适时准确地把握住中国市场，近些年加紧对中国市场的布局，取得了很好的市场反应。所以，中国企业在扩张海外市场的同时，也要稳定自身国内的市场份额。

正是在这样层层深入的扩张战略的指导下，截至2015年末，Gap集团的实体店销售市场扩展到52个国家，线上销售覆盖到90个国家和地区，实现了自身在全球市场的布局。但是，同样可以看到Gap公司与Zara之间的差距。一直以来Gap集团重品牌、设计，轻生产，轻物流配送。Zara的经营理念则截然不同，其关注完整的产业链，真正实现供应链管理的最高目标"系统成本最低化"（林翔，2011）。因此，Gap接下来最重要的工作是如何调整自身的区位布局以及供应链体系，以求最短时间内提供顾客所需。

## 第四节　雅戈尔区位战略研究

### 一、公司概况

#### （一）公司简介

雅戈尔集团股份有限公司的前身是"宁波青春服装厂"，创立于1979年。经过30多年的发展，目前成长为一家以品牌服装为主业，涉足地产开发、金融投资领域的大型跨国集团。集团总部位于浙江省宁波市，海内外员工近5万名。旗下拥有以 YOUNGOR 为核心品牌、年轻时尚品牌 GY、时尚定制品牌 MAYOR、自然原创品牌 HANP 以及美国男装旗舰品牌 Hart Schaffner Marx（哈特·马克斯）的品牌阵营。在品牌运营上，雅戈尔匠心独具。自1995年至今，专门研究成衣免熨领域近20载，首开国内先河，引进国际先进免熨技术，糅合传统产业与现代科技，自成免熨研发体系，引领男装服饰潮流。2003年，集团斥巨资建成业内首条纺织服装垂直产业链，涵盖棉花种植、纺纱织造、成衣设计、制造加工和零售终端建设，把控每一个环节，匠心雕磨每一件成衣。

2011年，雅戈尔集团被世界知识产权组织、国家工商行政管理总局授予"中国商标金奖"，其主导产品衬衫、西服、西裤、夹克、领带和T恤先后入选"中国名牌产品"，是中国纺织服装行业中唯一一家有六项产品入选"中国名牌"名录的企业。2014年，在世界品牌实验室发布的中国500最具价值品牌中，雅戈尔以174.22亿元的品牌价值位列第117位，居纺织服装行业第6位。

#### （二）公司市场表现

1. 多品牌战略。雅戈尔形成了以 YOUNGOR 为核心品牌，GY、MAYOR、HANP 以及 Hart Schaffner Marx 为快速发展品牌的多元化结构（见表5－10）。集团整体以"提升主品牌、发展子品牌"为方针，积极推动"一主多副"品牌战略的实施，不断完善"主品牌带动子品牌，子品牌补充主品牌"的良性品牌体系。

表 5 – 10 雅戈尔集团品牌介绍

| 品牌 | 特点 |
|---|---|
| YOUNGOR | 1991 年，创建核心品牌"雅戈尔（YOUNGOR）"，取意"younger"，既寄寓品牌长青，又契合前身为"青春服装厂"的企业历史 |
| GY | 2008 年，创建风格摩登、时尚、阳光的 GY 品牌，取义"GREEN YOUNGOR"，以"环球旅行，邂逅不同地域的时尚风景"为设计主题，专为都市新锐男士度身打造 |
| MAYOR | 2009 年，圆高端定制之梦，创建 MAYOR 品牌 |
| HANP | 历时 6 年、耗资 3 亿元，于 2009 年攻克汉麻种植与加工的毒性控制及产业化难题，倾力打造出 HANP（汉麻世家）品牌。删繁就简，以本色、自然、简约、个性的设计风格，为热爱生活、追求品质的人们带去涵盖服饰、卫浴、床品等全品系的自然原创产品 |
| Hart Schaffner Marx | 2007 年，取得拥有 120 年历史的美国男装旗舰品牌 Hart Schaffner Marx 在中国大陆、香港、澳门的运营权，并在固有的美式休闲风格中融入了更多适合东方人穿着喜好的设计元素，让这个深受历届美国总统青睐的品牌焕发出新的魅力 |

资料来源：笔者根据中国雅戈尔官网整理。

YOUNGOR 品牌 2015 年度依然保持主导地位，实现营业收入 38.35 亿元，较 2014 年同期增长 0.18%。子品牌 Hart Schaffner Marx、GY、HANP、MAYOR 保持较快增长，逐步打开局面，合计实现营业收入 3.98 亿元，平均增幅 30.72%。各品牌的销售收入占总营业收入的比重如图 5 – 14 所示，YOUNGOR 品牌占 90%，Hart Schaffner Marx 品牌占 5%，GY 品牌占比 3%，HANP 品牌和 MAYOR 品牌都只各占 1%。

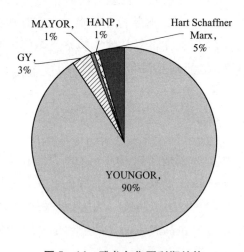

图 5 – 14 雅戈尔集团利润结构

资料来源：雅戈尔集团股份有限公司 2015 年年度报告。

2. 财务指标。雅戈尔集团 2010～2015 年的经营情况如表 5-11 所示。营业收入与营业成本保持同升同降的趋势，2010～2012 年为下降阶段，2013～2014 年经历短暂回升，2015 年后又回到了下降态势，2015 年全年营业总收入145.27 亿元，营业成本 135.44 亿元。净利润没有与营业收入和营业成本呈现相同的变动趋势，2012～2015 年一直保持稳定增长，2014 年利润水平较 2013 年同期增长 136.56%，2015 年实现净利润 43.76 亿元。雅戈尔集团准确适时地把握住国内实体经济低位回暖以及深化改革的机遇，稳中求进，实现了经济效益和资产规模的良性增长。截至 2015 年年底，集团总资产规模达到 662.77亿元，较 2014 年同期上升了 39.17%。

表 5-11　　　　　　　　雅戈尔集团 2010～2015 年主要财务数据

| 指标 | 2015 年 | 2014 年 | 2013 年 | 2012 年 | 2011 年 | 2010 年 |
|------|---------|---------|---------|---------|---------|---------|
| 营业总收入（亿元） | 145.27 | 159.03 | 151.67 | 107.33 | 115.39 | 145.14 |
| 收入增长（%） | -8.65 | 4.85 | 41.32 | -6.99 | -20.49 | 18.20 |
| 营业总成本（亿元） | 135.44 | 152.60 | 132.34 | 91.95 | 105.41 | 131.39 |
| 成本增长（%） | -11.24 | 15.31 | 43.92 | -12.77 | -19.78 | 29.41 |
| 净利润（亿元） | 43.76 | 32.15 | 13.59 | 16.58 | 20.59 | 29.34 |
| 利润增长（%） | 36.11 | 136.56 | -18.03 | -19.46 | -29.85 | -16.02 |
| 总资产（亿元） | 662.77 | 476.24 | 483.46 | 498.60 | 489.33 | 482.63 |
| 资产增长（%） | 39.17 | -1.49 | -3.04 | 1.89 | 1.39 | 15.09 |

资料来源：雅戈尔集团股份有限公司 2010～2015 年年度报告。

3. 产品产量与营收。通过表 5-12 可以直观地看出，公司品牌衬衫 2015 年实现营业收入 13.93 亿元，依旧是集团产品的主导。各产品产量较 2014 年同期都有较大程度的下滑，但是营业收入却没有受此影响。相反，品牌衬衫、品牌裤子以及品牌上衣的营业收入分别有 2.21%、8.51% 和 8.65% 的增长幅度。原因是 2015 年公司实施产品企划，在分析现有库存商品的结构后，有效地去除了库存。

表 5-12　　　　　　　雅戈尔集团 2015 年主要产品生产量与营业收入

| | 营业收入（亿元） | 营业收入比 2014 年增减（%） | 产量（万件） | 产量比 2014 年增减（%） |
|------|------|------|------|------|
| 衬衫 | 13.93 | 2.21 | 570.53 | -30.23 |

续表

| | 营业收入<br>（亿元） | 营业收入比 2014 年<br>增减（%） | 产量<br>（万件） | 产量比 2014 年<br>增减（%） |
|---|---|---|---|---|
| 西服 | 8.68 | − 7.04 | 81.67 | − 21.79 |
| 裤子 | 6.03 | 8.51 | 208.73 | − 30.70 |
| 上衣 | 12.72 | 8.65 | 228.61 | − 31.72 |
| 其他 | 0.97 | − 11.51 | 116.53 | − 13.52 |

资料来源：雅戈尔集团股份有限公司 2015 年年度报告。

## 二、雅戈尔集团区位扩张历程

从雅戈尔创立之初到现在已经有 30 多年的时间，扩张过程如图 5 – 15 所示。

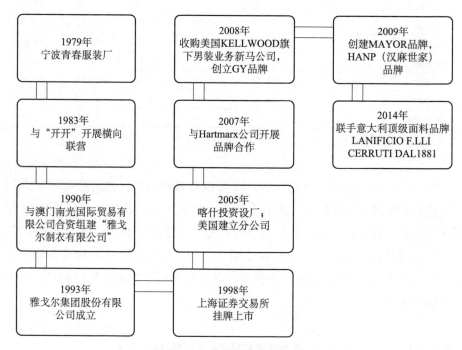

**图 5 – 15　雅戈尔集团扩张历程**

资料来源：笔者根据中国雅戈尔官网绘制。

1979 年，20 余名知青凭 2 万元安置费起家，在地下室创办"宁波青春服装厂"，靠接零活赖以维生。在英雄不问出处的 20 世纪 80 年代，抓住了每一个稍纵即逝的机遇，成功逆袭，并通过与上海开开衬衫厂的横向联营，完成了资本与技术的原始积累。1990 年，国门初开，大批外资涌入，青春服装厂成为宁波首批引进外资的民营企业，与澳门南光国际贸易有限公司合资组建"雅戈尔制衣有限公司"，"雅戈尔"品牌就此诞生，并获得巨大的市场成功。1993 年率先在宁波地区成功实施规范化的股份制改造，青春服装厂与石矸镇工业总公司、盛达发展公司共同发起，以定向募集方式设立雅戈尔集团股份有限公司。1998 年，雅戈尔集团股份有限公司 5 500 万社会流通股在上海证券交易所挂牌上市（冯石岗，2012）。

进入 21 世纪之后，集团开始扩展海外业务，积极寻求战略合作。2005 年纺织品配额取消，雅戈尔逐步构筑建立产业链优势，在国内著名的棉花产地喀什投资设厂，利用得天独厚的地理优势，播撒棉籽，培育出堪与美国棉、埃及棉相媲美的新疆长绒棉，同时在美国建立分公司，着手海外市场的拓展。2007 年，雅戈尔与 Hartmarx 公司开展品牌合作，取得了拥有 120 年历史的美国男装旗舰品牌 Hart Schaffner Marx 在中国大陆及香港地区、澳门地区的运营权。2008 年集团以 1.2 亿美元收购美国 KELLWOOD 旗下男装业务新马公司，成功完成中国纺织服装首宗海外并购案。同年创建了风格摩登、时尚、阳光的 GY品牌。为进一步完善品牌系列，2009 年雅戈尔再次创建了 MAYOR 品牌和HANP（汉麻世家）品牌。2014 年联手意大利顶级面料品牌 LANIFICIO F. LLICERRUTI DAL1881，鼎力合作，力求为有品位的男士精心打造每一款独一无二的高品质定制西服。

## 三、雅戈尔集团区位扩张模式及其影响因素

### （一）区位扩张模式

雅戈尔公司作为中国男士正装行业的龙头企业公司，其区位扩张的主要模式主要分为以下三类。

1. 设立新公司。2015 年雅戈尔集团新增单位 3 家，具体信息如表 5 – 13所示。雅戈尔集团在宁波地区设立了两家投资公司，在苏州地区新设一家物业管理公司。由此可见，设立新公司是雅戈尔集团进行区位扩张的一种模式，也是其发展的一种战略需求。

表 5 – 13 雅戈尔集团 2015 年新增单位

| 公司名称 | 变动原因 |
| --- | --- |
| 宁波雅戈尔投资管理有限公司 | 设立 |
| 宁波雅戈尔健康科技产业投资基金合伙企业（有限合伙） | 设立 |
| 苏州雅戈尔物业管理有限公司 | 设立 |

资料来源：雅戈尔集团股份有限公司 2015 年年度报告。

2. 合作与合资。通过合资、合作等方式，能够给企业带来资金、先进技术、管理经验，提升企业技术进步的核心竞争力和拓展国内外市场的能力，推动企业技术进步和产业升级的国内外先进企业，成为企业进行区位扩张的很好的方式。根据雅戈尔集团扩张历程分析得知，进入 21 世纪，集团努力寻求战略合作，建立合资公司，以期迅速扩张自身版图。例如，2004 年，雅戈尔集团股份有限公司为了成为国内乃至世界一流的毛纺织染整生产基地，与日本伊藤忠商事株式会社及中国香港青春国际控股有限公司三方合资成立了宁波雅戈尔毛纺织染整有限公司。2014 年，在全球经济回暖的大环境下，集团抓准职业装行业的大市场，与上海国际职业装博览会签署战略合作伙伴的合同。自此以后开始走团购的独辟蹊径，发展壮大市场，巩固了其第一的市场占有率。

3. 跨国并购。通过跨国并购，公司不仅可以拓宽海外市场，还可以更好地学习国际化设计以及国际化的管理能力。雅戈尔集团在走国际化的道路上也不乏并购的案例。2007 年 11 月 6 日，公司与美国 Kellwood Company 及其全资子公司 Kellwood Asia Limited 签订三方《股权购买协议》，收购 KWD ASIA 持有的 Smart 100% 股权和 KWD 持有的新马 100% 股权。通过这样的横向并购，一方面，将国内资源和海外资源进行了整合，产生协同效应，使得雅戈尔扩大了其产能和营销渠道；另一方面，增强了雅戈尔主业的竞争能力，巩固了公司在行业内的优势地位，同时进一步扩大了公司规模，提高了其市场份额和市场支配力。

## （二）区位扩张的影响因素

根据以上分析，本书将雅戈尔集团进行区位扩张的影响因素概括为以下三个方面。

1. 市场需求。浙江省是一个市场腹地狭小的地区，企业基于自身产品在某地有潜在需求的市场而到该地设点生产。例如，雅戈尔到重庆投资建厂，主要是看中了西部广阔的市场需求。通过在西部建分厂的形式，将经过改良的产品、技术、管理"复制"到西部，实现了"销地产"的低成本扩张（曾永安，2013）。国际化和多元化也是雅戈尔公司的扩张战略，投资区域主要瞄准消费能力强、市场大的国家和地区，如在美国、意大利等国家的推广。

2. 要素需求。纺织服装业是一个成熟的产业。厂商之间激烈的价格竞争，使得利润空间愈发狭小。相对贫乏的资源与狭小的发展空间，使得雅戈尔在浙江的商务成本过高，地价昂贵、电力短缺及劳动力成本高成为制约雅戈尔发展的"瓶颈"。因此，雅戈尔积极开拓发展有利的要素区域，在低生产要素地区集中生产以寻求最低生产成本、获取比较优势和竞争优势，不断提高自身的竞争力。

3. 竞争战略。服装行业进入壁垒较低，因此，服装的品牌和渠道能有效地提高竞争壁垒。雅戈尔从 1998 年开始就在大中城市核心商圈购置或租赁自营店铺，重点布局核心稀缺渠道，强化大型商场开拓力度以及自营旗舰店专卖店的提升，规范特许经营和团购的渠道战略，成为国内少数拥有完整覆盖一、二线城市高端核心零售商圈的高级男装服饰品牌零售商之一。同时积极实践多品牌战略，加大投入拓展品牌营销渠道，加快完善供应链体系建设，扎实推进雅戈尔品牌服装的市场开拓与价值提升。

4. 产业集聚效应。一直以来雅戈尔集团都在积极寻求集聚区域进行扩张，有以下三点好处：第一，宁波建立基于上下游完整的产业链的各个子公司，有助于上下游企业减少搜索成本和交易费用，降低生产成本，从而达到规模经济。第二，集群内的企业对生产链分工细化，有助于提高企业群的劳动生产率。第三，集聚使得厂商能够更稳定、更有效率地得到供应商的服务，及时了解本行业竞争所需要的信息（包锦阔，2011）。

## 四、雅戈尔集团价值链扩张

雅戈尔采用价值网模式，跳出服装产业，构建了以服装为核心的多元化业务，提升整体竞争实力。公司建造了上游纺织城，中游服装城，下游旗舰店，犹如产业航母，上中下游构建起完整的服装产业链。

将雅戈尔集团的子公司按照价值链环节来表述如表 5-14 所示。生产制造主要分布在宁波、杭州、重庆和吉林；销售方面主要分布在上述地区以及香港地区；服饰加工设在深圳以及宁波；生产面料活动在嵊州进行；投资控股的职能在香港地区实现。

表5－14　　　　　　　　雅戈尔集团子公司价值链环节区位分布情况

| 价值链环节 | 地区 | 公司名称 | 价值链环节 | 地区 | 公司名称 |
|---|---|---|---|---|---|
| 服装生产及销售 | 宁波 | 雅戈尔服装控股有限公司 | 服装制造 | 宁波 | 宁波雅戈尔衬衫有限公司 |
| | | 宁波雅戈尔服饰有限公司 | | | 宁波雅戈尔时装有限公司 |
| | 杭州 | 杭州雅戈尔服饰有限公司 | | | 宁波雅戈尔西服有限公司 |
| | 重庆 | 重庆雅戈尔服饰有限公司 | | | 宁波雅戈尔英成制服有限公司 |
| | 吉林 | 雅戈尔（珲春）有限公司 | | | 宁波浩狮迈服饰有限公司 |
| 服装销售 | 香港 | 新马服装国际有限公司 | | | 宁波雅戈尔针织内衣有限公司 |
| 成衣服饰加工 | 深圳 | 新马制衣（深圳）有限公司 | | | 宁波雅戈尔法轩针织有限公司 |
| 服饰整理加工 | 宁波 | 宁波雅戈尔科技有限公司 | 投资控股 | 香港 | 粤纺贸易有限公司 |
| 生产销售面料 | 嵊州 | 嵊州雅戈尔毛纺织有限公司 | | | |

资料来源：雅戈尔集团股份有限公司2015年年度报告。

## （一）生产区位

雅戈尔集团的生产区位主要集中在国内，以宁波、上海、重庆和新疆四个地区为中心向外圈辐射发展。其分布的主要特点如表5－15所示。集团的原料辅材主要来源于新疆的喀什地区以及宁波地区。作为公司总部的宁波地区，同时还作为纺织面料以及成衣制造的主要场所。

表5－15　　　　　　　　雅戈尔服饰企业生产价值链区位布局

| 价值链 | 种类 | 公司名称 | 公司概述 |
|---|---|---|---|
| 原料辅材 | 棉花 | 新疆雅戈尔棉纺有限公司 | 位于中国著名的棉花产地——喀什，喀什常年日照时间长，气候干热，降水少，昼夜温差大，是优质棉花生产的理想环境 |
| | 棉纺 | 新疆雅戈尔棉纺织有限公司 | 位于中国著名的棉花产地——喀什，产品主要供给宁波雅戈尔日中纺织、针织染整，部分销往广东、江苏、浙江等地，并有外销中国香港、日本、毛里求斯等国家或地区 |
| | 辅料 | 宁波宜科科技实业股份有限公司 | 位于宁波，是中国第一家衬布生产企业，在业内有"行业龙头，业界标准"的美誉，是服装衬布行业唯一一家上市公司，中国服装行业双百强的企业 |
| | 汉麻 | 汉麻投资控股有限公司 | 位于宁波，以汉麻纤维为原料，研制开发袜子、衬衫、西服、裤子、内衣 |

续表

| 价值链 | 种类 | 公司名称 | 公司概述 |
|---|---|---|---|
| 纺织面料 | 梭织 | 雅戈尔日中纺织印染有限公司 | 位于宁波，核心竞争力产品是衬衫面料，包括纯棉高支高密产品，新昊棉® 200/2，300/4，以及棉/丝，棉/羊绒，纯亚麻，棉/麻以及棉/弹力，大麻、棉/竹等高端产品混合纤维面料 |
| | 毛纺 | 宁波雅戈尔毛纺织染整有限公司 | 位于宁波，年产精纺呢绒 500 万米，具有世界最先进水平的条染、纺纱、织造、后整理设备 200 多台（套） |
| | 针织 | 雅戈尔针织染整有限公司 | 位于宁波，具有针织车间、染色车间以及丝光车间，充分发挥雅戈尔从原棉到面料成衣生产及营销的"一条龙"产业链优势 |
| 成衣制造 | 衬衫 | 雅戈尔服饰有限公司 | 位于宁波，主要产品有"VP 衬衫""纳米 VP 衬衫""DP 衬衫"。前者主要负责内销，后者主管外贸 |
| | | 雅戈尔衬衫有限公司 | |
| | 西服 | 雅戈尔服饰有限公司 | 位于宁波，从事各式高档精制全毛衬西服、普通粘衬西服、半毛衬西服等的设计和生产，产品采用意大利西服版型为原型，结合中国人的体型特点，经过多方试验和设计，形成雅戈尔西服目前特有的风格：轻、薄、挺、线条流畅。前者主要负责内销，后者主管外贸 |
| | | 宁波雅戈尔西服有限公司/宁波雅戈尔英成制服有限公司 | |
| | 夹克 | 雅戈尔服饰有限公司 | 位于宁波，主导产品为运动服装、夹克、风衣等。前者主要负责内销，后者主管外贸 |
| | | 宁波雅戈尔时装有限公司 | |
| | 裤子 | 雅戈尔服饰有限公司 | 位于宁波，主导产品为休闲裤、西裤、运动服装等。前者主要负责内销，后者主管外贸 |
| | | 雅戈尔裤业有限公司 | |
| | T恤 | 雅戈尔服饰有限公司 | 位于宁波，宁波雅戈尔针织有限公司由宁波雅戈尔针织服装有限公司，宁波雅戈尔针织内衣有限公司和宁波雅戈尔法轩针织有限公司组成，三家公司均为针织成衣的专业生产工厂。前者负责内销，后者主管外贸 |
| | | 宁波雅戈尔针织有限公司 | |
| | 毛衫 | 雅戈尔服饰有限公司 | 位于宁波，雅戈尔毛衫手感柔软、富有弹性、穿着舒适、花色款式简洁高雅，并采用各种新工艺与新面料，使不同的工艺与织法充分激发丝、毛、羊绒、棉等纤维的固有特性。先进的整理技术赋予了雅戈尔毛衫抗菌、防臭、蓬松、柔软、防缩、易护理等传统毛衫所不具备的新功能 |

资料来源：笔者根据中国雅戈尔官网整理。

## （二）研发区位

雅戈尔集团在宁波设立了梭织面料研发中心、毛纺织染整研发中心、服装辅料研发中心、服饰品牌研发中心、信息工程技术中心、物流配送研究服务中心6个研发机构（见表5-16），串联了产业上、中、下游，覆盖到整个产业的各个环节。

表5-16　　　　　　　　　雅戈尔集团品牌服装研发中心一览

| 研发中心 | 概述 |
| --- | --- |
| 梭织面料研发中心 | 中心研发的具有自主知识产权的"一种耐洗针织面料的加工方法""一种全亚麻柔软免烫面料的加工方法"等10项发明专利已被国家知识产权局受理，其中有4项工艺技术发明专利已正式授权；"棉弹力免烫面料""超级保新免烫面料"等6个新产品被国家科技部列入火炬计划，"单面拒水拒油针织面料""液态棉整理针织面料"等新产品列入国家重点新产品计划；10余项高档功能性纺织面料填补了国内空白，达到国际先进水平 |
| 毛纺织染整研发中心 | 中心引进国际先进的研发、试验、检测仪器设备，并加大与意大利等国的国际技术合作，消化吸收国际尖端的纺织工艺技术，通过对纺纱、织造、染整等工艺技术的研究和再创新，研发成功了多项具有抗皱、自然弹、自洁、拒水、拒油、易护理等特性的高档功能性精毛纺面料，产品大量出口欧美高端纺织品市场，改变了我国高档精毛纺面料长期依赖进口的局面 |
| 服装辅料研发中心 | 中心长期致力于黑炭衬、粘合衬、配套胸衬、腰衬、树脂衬、垫肩、口袋布等系列近百个服装辅料品种的设计、研发、检测工作。"双点全能配伍粘合衬""高档功能性服装里布"等多个项目列入国家重点新产品和国家火炬计划；与解放军总后勤部军需装备研究所和东华大学开展科技攻关合作，研究开发集吸湿、透气、舒爽、散热、防霉、抑菌、抗辐射于一体的功能型、环保型稀贵汉麻纺织纤维及服饰产品 |
| 服饰品牌研发中心 | 研发中心重点以服饰品牌研究、服饰流行趋势预测、高档精品男装设计、国内外服装展示布馆设计为中心任务 |
| 信息工程技术中心 | 通过产学研的合作和国际资源的融合，建成了一个集成客户关系管理（CRM）、企业资源计划（ERP）、产品数据管理（PDM）、制造执行（MES）、供应链管理（SCM）的纺织服装供需链电子商务系统 |
| 物流配送研究服务中心 | 中心对如何提高物流作业效率、降低物流作业错误率、降低物流运作成本、迅速掌握分销分配信息等课题展开研究，以实现最佳的社会效益与经济效益 |

资料来源：笔者根据中国雅戈尔官网整理。

## （三）市场区位

表5-17列示了雅戈尔集团实体门店情况，其中核心品牌 YOUNGOR 门店数量最多，共有网点数量 2 642 家，占各品牌网点数量总和的 85.72%。YOUNGER 同样也是门店关闭数量最多的品牌，目前正处于规模调整期。与之相反，Hart Schaffner Marx 品牌和 GY 品牌门店数量处于净增长状态，是集团目前发展的主要对象。HANP 品牌和 MAYOR 品牌本身品牌成立的时间短，尚处于市场开拓期，市场规模只有零星的增长。

表 5－17　　　　　　　　雅戈尔集团实体门店情况　　　　　　　单位：家

| 品牌 | 门店类型 | 2014 年末数量 | 2015 年末数量 | 2015 年新开 | 2015 年关闭 |
|---|---|---|---|---|---|
| YOUNGOR | 自营网点 | 668 | 640 | 46 | 74 |
| | 商场网点 | 1 529 | 1 480 | 134 | 183 |
| | 特许网点 | 455 | 448 | 23 | 30 |
| Hart Schaffner Marx | 自营网点 | 61 | 162 | 103 | 2 |
| | 商场网点 | 93 | 180 | 91 | 4 |
| | 特许网点 | 6 | 11 | 6 | 1 |
| GY | 自营网点 | 34 | 55 | 23 | 2 |
| | 商场网点 | 158 | 167 | 48 | 39 |
| | 特许网点 | 7 | 8 | 1 | 0 |
| HANP | 自营网点 | 29 | 33 | 5 | 1 |
| | 商场网点 | 11 | 12 | 2 | 1 |
| | 特许网点 | 0 | 0 | 0 | 0 |
| MAYOR | 自营网点 | 28 | 35 | 7 | 0 |
| | 商场网点 | 3 | 6 | 3 | 0 |
| | 特许网点 | 0 | 0 | 0 | 0 |
| 合计 | — | 3 082 | 3 237 | 492 | 337 |

资料来源：雅戈尔集团股份有限公司 2015 年年度报告。

从雅戈尔集团分地区的营业收入表（见表 5－18）中可以看到，2015 年，华东地区作为集团总部所在地，贡献了半数以上的营业收入比重，营业收入达 21.94 亿元。华北、华中以及西南地区营收比重均略大于 10%，且都保持着平稳的增长。华南地区虽然营业收入占比只有 5.99%，但是增长速度最快，较 2014 年同期增长 5.63%。西北地区地理位置相对偏远，经济发展水平不高，由于比较靠近集团的原料产地等因素，对品牌具有一定认知度，加之集团"销地产"的策略，盈利水平并未与其他地区产生较大差距，贡献了 4.68% 的营业收入。东北地区则比较特殊，随着近几年人口外流严重，收入较上年同期有了 3.62% 的下降。

表 5－18　　　　　　　　雅戈尔集团分地区营业收入

| 地区 | 营业收入（亿元） | 营业收入占比（%） | 营业收入比上年增减（%） |
|---|---|---|---|
| 华东 | 21.94 | 51.83 | 1.71 |
| 华南 | 2.54 | 5.99 | 5.63 |
| 华北 | 4.49 | 10.60 | 4.84 |

| 地区 | 营业收入（亿元） | 营业收入占比（%） | 营业收入比上年增减（%） |
|---|---|---|---|
| 华中 | 4.43 | 10.46 | 3.00 |
| 东北 | 2.41 | 5.70 | -3.62 |
| 西北 | 1.98 | 4.68 | 0.54 |
| 西南 | 4.55 | 10.74 | 5.64 |
| 境内小计 | 42.33 | 100.0 | 2.43 |

资料来源：雅戈尔集团股份有限公司 2015 年年度报告。

## 五、雅戈尔集团在海外的区位分析

雅戈尔在关注国内市场的同时，也一直很注重其在国际市场的开拓（见表 5-19）。早在 1998 年雅戈尔就收购了一家日本企业，成为雅戈尔设在日本的一个窗口。2001 年，通过伊藤忠贸易公司，雅戈尔代工生产的西服第一次踏入了美国市场；2004 年 12 月，雅戈尔美国分公司开始运行，缓缓地启动了它国际化的脚步。2005 年 2 月份，雅戈尔与美国服装销售巨头 Kellwood 签约，合资组建雅新衬衫有限公司，主要从事衬衫生产并全部出口海外市场。2005 年 12 月 8 日，中国雅戈尔集团公司、日本伊藤忠商社与意大利玛佐多公司等三家国际著名的纺织服装企业在宁波签署协议书，三方有意开展全方位合作，共同拓展世界高端纺织品服装市场。2007 年，雅戈尔与 Hartmarx 公司开展品牌合作，取得了拥有 120 年历史的美国男装旗舰品牌 Hart Schaffner Marx 在中国大陆、香港、澳门的运营权。2008 年，雅戈尔服饰公司收购美国新马集团，并逐步稳妥地推进生产基地的转移，将生产基地从香港、深圳向宁波和重庆转移。2014 年联手意大利顶级面料品牌 LANIFICIO F. LLI CERRUTI DAL1881 打造定制西服。

表 5-19 雅戈尔集团国际化进程

| 时间 | 事件 |
|---|---|
| 1998 年 | 收购一家日本企业 |
| 2001 年 | 代工西服进入美国市场 |
| 2004 年 | 美国分公司启动 |
| 2005 年 2 月 | 与 Kellwood 合资组建雅新衬衫有限公司，衬衫出口海外 |
| 2005 年 12 月 | 与日本伊藤忠商社、意大利玛佐多公司合资设立毛纺织染整公司 |

续表

| 时间 | 事件 |
|---|---|
| 2007 年 | 与美国 Hartmarx 公司开展品牌合作 |
| 2008 年 | 收购美国新马，接手其在菲律宾、斯里兰卡、中国香港和深圳等地的生产基地 |
| 2014 年 | 与意大利顶级面料品牌 LANIFICIO F. LLI CERRUTI DAL1881 合作 |

资料来源：中国雅戈尔官网。

2010 年雅戈尔集团共拥有 5 家国外子公司，都是通过非同一控制下企业合并取得的，分别在斯里兰卡有 2 家，在菲律宾、美国、越南各 1 家。到了 2015 年，雅戈尔集团旗下的 5 家国外子公司已经转让了其全部股权。

## 六、结论与启发

通过以上对雅戈尔集团区位扩张的分析，可以发现其发展过程中有很多值得其他公司借鉴的地方。

1. 雅戈尔集团充分利用总部优势，就近构建生产、研发为一体的大规模产业集群。这样的布局使得公司不用过多考虑在一个新的地区设立分公司相关的经济、政策风险，而且集中布局既省钱又省时，有利于对优势资源进行整合。

2. 生产区位的合理选取。集团将原料生产基地布局在新疆的喀什地区，在节省经营成本的同时充分带动中西部资源的利用，使东部沿海的经济要素与西部资源要素互相结合，实现东西部联动，达成双赢局面。如此一来，启发了企业在生产选址时的思考，如何实现在降低成本的同时配合公司战略的实施。

3. 集团跨越地域的限制，积极与国外公司进行技术合作，陆续研发了众多创新型产品。只有技术创新才是企业运作下去的长久动力，雅戈尔集团在各个环节布局的众多研发中心保证了公司持续性运转。

雅戈尔集团最大化自身在华东地区的区位优势，其产品远销至日本、澳大利亚、毛里求斯、中国香港、欧美等市场。但是，限制其进一步发展的也正是由于过于集中的生产、研发布局。因此，在巩固国内市场的同时，为了进一步扩展国外市场，雅戈尔集团应继续抓住自身研发的核心优势，逐步将一部分区位布局转向海外，以"以产带销"的方式进入海外市场。

**参考文献**

[1] 宝成工业. 宝成工业 2010~2015 年年报 [R]. 2016.

[2] 宝成国际集团官方网站 http：//www. pouchen. com/index. php/cn/.

[3] 郑志坚. 企业形象的更新策略 [J]. 企业改革与管理，2012 (8)：69-70.

[4] 李宇，安咏梅. 本土代工企业竞争力提升策略实践——宝成鞋业的发展启示 [J]. 经济师，2008 (12).

[5] 吴解生. 代工企业的成长空间与竞争策略——中国台湾宝成工业的发展经验与启示 [J]. 经济问题探索，2010 (2)：33-35.

[6] 唐东方. 战略对决 [M]. 北京：中国经济出版社，2012.

[7] 朱华友，王缉慈，俞国军. 去地方化、三角制造网络与地区产业升级 [J]. 经济地理，2015 (11).

[8] 周枝田. 企业转型升级策略研究 [D]. 暨南大学，2010.

[9] Gap. Gap 集团 2010~2015 年年报 [R]. 2016.

[10] Gap 品牌官方网站（中国）http：//www. gap. cn.

[11] Gap 集团官方网站（美国）http：//www. gapinc. com.

[12] 林翔. 基于 Zara 极速供应链模式对比 Gap 模式的深度分析 [J]. 物流科技，2011 (3)：90-93.

[13] 史晓云. Gap 运营分析 [J]. 国际纺织导报，2011 (3).

[14] 周云杳. Gap 品牌店铺的零售运营管理研究 [D]. 华东理工大学，2015.

[15] 李宁公司. 李宁公司 2006~2015 年年度报告 [R]. 2016.

[16] 李宁公司官方网站 http：//www. lining. com.

[17] 巨潮资讯网 http：//www. cninfo. com. cn/cninfo-new/index.

[18] 孔丽. 李宁公司竞争战略研究 [D]. 山东大学，2011.

[19] 黄璐. 中国体育用品产业发展的思维陷阱 [J]. 体育与科学，2014，35 (1)：97-103.

[20] 鹿晓莉. 李宁品牌对中国体育用品品牌创建的启示 [D]. 上海外国语大学，2014.

[21] 雅戈尔. 雅戈尔集团股份有限公司 2010~2015 年年度报告 [R]. 2016.

[22] 雅戈尔官方网站 http：//www. youngor. com/index. do.

［23］冯石岗 . 中国经济发展的出路在于创新［J］. 知识经济，2012（19）.

［24］曾永安 . 区域环境治理中地方政府协调机制的构建［J］. 天水行政学院学报：哲学社会科学版，2013（1）.

［25］包锦阔 . 产业集聚与区域经济发展［J］. 市场论坛，2011.

［26］李梅，吴松 . 创造性资产寻求型跨国并购的经济效应——基于雅戈尔收购美国新马集团的案例分析［J］. 经济管理，2010（4）.

［27］雅戈尔，走向王者之路［N］. 宁波日报，2011 – 10.

［28］燕涛，黄江伟 . 雅戈尔与杉杉的"德比"之战［J］. 当代经理人，2005（10）.

［29］余昊量 . 整体上市、企业集团多元化与内部资本市场研究［D］. 北京交通大学，2013.

# 第六章　家电产业案例[①]

## 第一节　家电产业的价值链结构

家电行业的产业链如图 6-1 所示，家电行业的上游主要包括塑料、钢材、铝板等原材料以及电子元器件、电源线等零配件，原材料和零配件市场是充分竞争市场，来源广泛，采购便捷。但由于塑料、钢材、铝板、电子元器件等占总成本比例相对较高，因此其价格波动对企业利润影响较大。中游则包括液晶屏制造、压缩机制造等元件制造业和家电制造业，而下游则包括销售、维修、回收等家电服务行业。

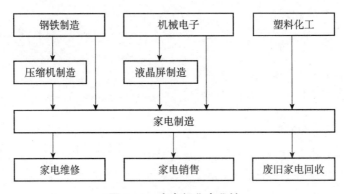

图 6-1　家电行业产业链

资料来源：根据公开资料整理。

---

①　本章由暨南大学产业经济研究院朱盼、陶锋执笔。

# 第二节　格力区位战略研究

## 一、公司概况

### （一）公司简介

珠海格力电器股份有限公司是一家集研发、生产、销售、服务于一体的国际化家电企业，公司总部位于中国风景如画的南海滨城——珠海，在全球建有重庆、合肥、郑州、武汉、石家庄、芜湖、巴西、巴基斯坦等9大生产基地以及长沙、郑州、石家庄、芜湖、天津等5大再生资源基地，下辖凌达压缩机、格力电工、凯邦电机、新元电子、智能装备等5大子公司，拥有7万多名员工，拥有格力、TOSOT、晶弘三大品牌，主营家用空调、中央空调、空气能热水器、手机、生活电器、冰箱等产品，覆盖了从上游零部件生产到下游废弃产品回收的全产业链条。

2005年至今，格力家用空调产销量连续10年领跑全球，2006年荣获"世界名牌"称号（新华网，2015）。2012年格力电器实现营业总收入1 001.10亿元，成为中国首家营业收入超过千亿元的家电上市公司；2014年，格力电器实现营业总收入1 400.05亿元，净利润141.55亿元，纳税148.07亿元，连续13年位居中国家电行业纳税第一。2015年排名"福布斯全球2000强"第385名，家用电器类全球第一位。

### （二）公司市场表现

1. 营业收入及增长率。如图6-2所示，2010~2011年格力营业收入不断上升，增长速度较快，保持在37%以上，空调是格力的主营业务，而家电下乡、以旧换新等政府政策的实施大大扩大了我国居民的家电消费需求，促进了空调行业的快速增长；加之众多发展中国家家电市场需求增加，空调的出口量也在不断增长。2012~2014年格力电器营业收入保持稳定增长的态势，但其增速有小幅下降趋势，2014年的营业收入达到1 377.50亿元，增长率为16%，受到2012年全球金融危机的影响，家电行业需求减少，竞争不断加剧。2015

年格力电器营业收入为977.45亿元，同比下降28.87%，在家电行业整体增速
下滑的大环境下，格力调整业务结构，虽然主营业务呈现较大的下降趋势，但
净利润率有所上升，从10.18%上升到了12.55%。

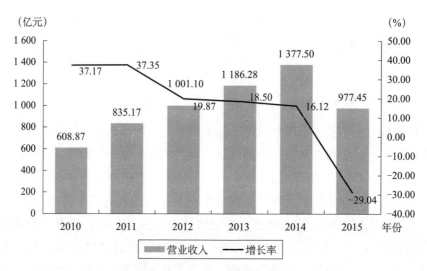

图6-2 2011~2015年格力电器营业收入及增长率

资料来源：2011~2015年格力电器年报。

2. 主要事业领域。格力主要事业领域包括空调、家用电器以及其他（见
图6-3）。其中空调是格力的主营业务，其收入营业占比为85.65%，主要包
括家用空调、中央空调等产品。家用电器收入占比为2.75%，主要包括空气
能热水器、生活电器、冰箱等产品和电风扇、电暖器、电磁炉、电饭煲、电饭
锅、电热水壶、饮水机、加湿器等家电产品。其他类指的是格力在转型过程中
开拓的新业务，例如手机、机器人等，目前收入占比并不高，仅为1.56%。

3. 主要产品与服务营业收入。如表6-1所示，格力电器大部分的营业收
入来自空调，2015年空调营业收入为837.18亿元，同比下降了0.53%，2015
年白色家电行业需求不足，市场萧条，而空调产品在白色家电中销售额下降幅
度最大，此外，受到持续价格战的影响，空调产业销售额不断下降。生活电器
营业收入下降14.75%，格力在空调以外的家电产品竞争力并不强，在全球家
电市场不景气、家电需求减少的形势下，格力生活电器的营业收入下降幅度较
大。2015年其他业务营业收入为26.9亿元，增速也有所下降，但下降幅度
较小。

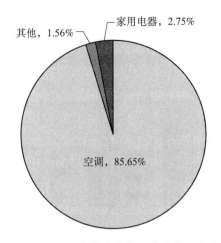

**图 6 – 3　2015 年格力分产品营业收入占比**

资料来源：2015 年格力电器年报。

表 6 – 1　　　　　　　　　格力 2014～2015 年分产品营业收入及增长率

| | 2015 年 | | 2014 年 | |
|---|---|---|---|---|
| | 营业收入（亿元） | 同比增长（%） | 营业收入（亿元） | 同比增长（%） |
| 空调 | 837. 18 | － 0. 53 | 1 187. 19 | 5. 29 |
| 生活电器 | 15. 23 | － 14. 75 | 17. 86 | 3. 48 |
| 其他 | 26. 90 | 1. 12 | 22. 40 | 3. 70 |

资料来源：格力集团 2014～2015 年年报。

4. 空调品牌认可度与知名度对比。格力电器公司是目前全球最大的集研发、生产、销售、服务于一体的国有控股专业化空调企业，与其他家电品牌多元化战略不同，格力专注于空调，如图 6 – 4 所示，格力在空调品牌质量认可度位列第一（李志远，2008），但因为业务较为单一，在品牌知名度方面略低于美的。

## 二、格力公司区位扩张历程和特征

### （一）格力区位扩张的主要历程

珠海格力电器股份有限公司成立于 1991 年，经过 20 多年的发展，格力在全球设有十大生产基地，格力产品在全球 200 多个国家和地区进行销售，其中

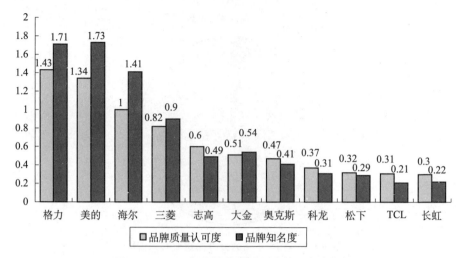

**图 6 – 4  2014 年空调品牌认可度与知名度指数**

资料来源：中国信息服务中心大数据研究实验室。

格力空调在全球 160 多个国家和地区销售，格力区位扩张有三个阶段。

1. 专注国内。1991 年成立于广东珠海，初期格力主要在广东省内扩张，把珠海、深圳、中山等作为主要销售市场。省外扩张初期集中在不发达地区，开发了"春兰""华宝"等品牌占据安徽、江西、河南、四川等地的市场，扩大品牌知名度，树立品牌形象。1997 年成立区域销售公司后，渐渐向主要省份的中心城市进行区位扩张，如 2001 年在重庆建立生产基地，2006 年在合肥建立生产基地。

2. 开拓拉美、中东市场。格力海外扩张初期集中于具有成本优势、市场需求广阔的发展中国家。巴西拥有拉美最为完善的产业体系，经济实力居拉美首位，格力选择巴西作为海外扩张的第一站，1998 年进入巴西市场，2001 年在巴西玛瑙斯市成立第一家海外公司——格力电器（巴西）有限公司，辐射北美市场，随后分别在巴基斯坦、越南等国家设立了自己的工厂，销售市场辐射主要集中在中东及非洲地区。

3. 进军欧美市场。受经济危机以及全球家电市场转型的影响，家电市场需求不断下降，家电行业格局发生改变，在新的国际大环境下，格力开始重视以欧美为主的国际高端市场，2011 年建立美国分公司标志着格力大举进军欧美市场。

### (二) 格力区位扩张的主要特征

1. 全球布局空调产业链。格力在全球设有 10 个生产基地，国内生产基地主要布局在劳动力和原材料成本较低的中西部城市，海外两个生产基地分布在巴西和巴基斯坦，这些地区市场需求量大，在本地建厂有利于降低运输成本，增加产品竞争力。格力研发中心在总部珠海已建成 2 个国家级技术研究中心，在政府政策支持下，集中研发资金和人才，充分发挥外部性，加快研发的进程。

2. 专业化的市场战略。与其他家电市场不同，格力在全球扩张中没有采取多样化的产品战略，仍然将空调作为主要业务，在扩张过程中，格力空调充分利用技术领先的优势，快速进入海外市场，占据了一定的市场份额。

3. 先打开市场再建厂。格力电器区位扩张时，一般先通过出口预估目标市场需求状况，再综合考虑是否在当地建厂。例如，1998 年经过一系列市场调查，进入巴西市场，在市场需求大、当地居民对格力产品认可度高的情况下，2001 年在巴西建厂。

4. 政策导向。在国家东部地区产业转移向中西部转移的政策指导下，格力国内区位扩张也具有从东部向中西部扩张的特点。同时，我国支持本土企业走出国门，迈向国际化，格力空调全球扩张过程中非常注重品牌效应，格力空调在全球市场上也得到了一致好评。

## 三、格力公司区位扩张的模式及影响因素

### (一) 格力电器的区位扩张模式

1. 自建专卖店。与其他家电企业不同，格力依靠自建销售渠道的形式进行家电产品的营销，这种方式是格力在进入市场初期采用较多的方式，例如，1991 年在深圳设立专卖店，将产品向珠江三角洲以及沿边地区销售。对海外市场而言，目前格力只在美国、巴西等地设立了销售子公司，而其遍及全球的销售网络则是透过设立专卖店形式进行区位布局的。

2. 合资。格力区位扩张是通过合资形式来完成的，例如，2006 年 3 月格力电器与巴基斯坦当地最大的专业空调销售商之一的 DWP 公司合作建设格力巴基斯坦生产基地，使得格力能够更快地融入当地市场，通过在当地生产，减少运输和关税成本，提高产品在本地市场的竞争力。而这种同一价值链上的紧

密合作，也让格力降低了海外扩张的成本。2009 年格力同全球第二大空调商大金合资，格力既能增强在节能变频产品的竞争力，更好地适应我国空调转型的大趋势，又受益于大金向中国的产能转移，获得大量 OEM 订单。

3. 投资建厂。格力电器区位扩张中比较重要的方式是投资建厂，2001 年设立的格力电器（重庆）有限公司是西部最大输出基地，重庆精信格力中央空调工程有限公司是格力在西南地区的地方管理机构，负责重庆、贵州、云南三个地区格力中央空调产品的市场开发、产品销售、渠道管理及售后服务工作，下设各大经销商 800 多家，覆盖了重庆各大区县以及云南、贵州、自贡、达川、宜宾、泸州、广安、内江等省市地区。此外，格力所有的销售类子公司都属于自建，这也使得格力从研发、生产到销售这一系列环节更加快速和顺畅。

格力重大区位扩张事件如表 6 - 2 所示。

表 6 - 2　　　　　　　　　　　格力重大区位扩张事件

| 年份 | 事件 | 扩张方式 |
| --- | --- | --- |
| 1991 | 进入深圳市场 | 自建专卖店 |
| 1998 | 进入巴西市场 | 自建专卖店 |
| 2001 | 成立格力电器（重庆）有限公司 | 投资建厂 |
| 2001 | 成立巴西生产基地 | 投资建厂 |
| 2006 | 成立格力电器（巴基斯坦）有限公司 | 合资 |
| 2008 | 成立（越南）格力电器股份有限公司 | 合资 |
| 2009 | 成立珠海格力大金机电设备有限公司 | 合资 |
| | 成立珠海格力大金精密模具有限公司 | |
| 2010 | 成立格力电器（武汉）有限公司 | 投资建厂 |
| 2011 | 成立格力电器（芜湖）有限公司 | 投资建厂 |
| 2011 | 成立格力电器美国分公司 | 自建专卖店 |

资料来源：根据格力官网资料整理。

## （二）格力电器区位分布的影响因素

1. 市场因素。为了更好地进入当地市场，创造更好的业绩，家电企业在选择区位时，市场因素是最主要需要考虑的影响因素之一。格力电器 2010 年在巴西亚马逊州首府玛瑙斯自由经济贸易区内建厂，考虑到该生产基地可以辐射整个美洲，而北美洲和南美洲人口较多，市场潜力很大。而以南美市场作为切入点，则是因为北美市场消费者生活较为富裕，家电配套设施更为齐全，空调市场竞争较大，而南美洲相对市场潜力更大，巴西作为南美洲经济最发达的国家，其市场购买力强，带动作用也更加明显。

2. 集聚因素。家电公司在选择子公司时，尤其是涉及生产制造这一环节的子公司，最重要的考虑因素就是集聚因素。格力也不例外，在国内最开始选择了安徽合肥作为生产基地时，正是因为合肥是长三角地区家电产业集聚的中心，汇集了国内很多知名家电品牌，如海尔、美的均在此地建有生产基地。再如格力在石家庄的生产基地，同样也考虑了集聚因素的作用，石家庄地处环渤海地区，家电产业集群发育早，发展快且规模大（艾纹萱，2009）。正是因为集聚因素的作用，格力可以享受聚集带来的劳动力蓄水池效应、知识溢出效应和投入关联作用。

3. 政策因素。政府的牵引对格力在地区建厂有很重要的作用，如格力的宁乡综合生产基地的建设，政府起到了很大的作用。与此同时，这也是个互利共赢的方式，格力电器综合生产基地的建设和投产将使湖南快速成为全球制冷产业链和电器产业链上的重要一环，有利于助推长沙工业"调结构"和产业"轻型化"，将极大拉动当地经济社会发展。格力的海外投资区域中，在巴西玛瑙斯设厂的其中一个重要因素就是在该地区内可享受税收优惠，而这种优惠在巴西全联邦内都适用。玛瑙斯作为经济特区，其优惠政策具有极大的吸引力，包括免除了20%的工业产品税（IPI）和各州7%～18%不等的商品流通服务税（ICMS），玛瑙斯在税收上能为企业提供40%左右的优惠。

## 四、格力价值链区位扩张分析

### （一）价值链区位概况

格力电器在全球拥有十大生产基地，7万多名员工。总部位于广东珠海，集研发、生产、销售为一体，控股和参股的公司有44个，全资子公司19个（见表6-3）。格力的空调业务占全部业务的比率极高，而且在空调业务上的研发投入也极高，掌握了核心技术，主要通过直接投资建厂进行价值链扩张，较少进行兼并收购，2004年收购珠海凌达压缩机有限公司、珠海格力电工有限公司、珠海格力新元电子有限公司，主要是对空调的上游产品供应采购关联企业的合并。

表 6 – 3 格力电器子公司区位分布情况

| 年份 | 地区 | 城市 | 价值链环节 |
|---|---|---|---|
| 1991 | 广东 | 珠海 | 总部 |
| 1989 | 广东 | 中山 | 工业制造 |
| 2001 | 重庆 | 重庆 | |
| 2006 | 安徽 | 合肥 | |
| 2011 | | 芜湖 | |
| 2010 | 河南 | 郑州 | |
| 2010 | 湖北 | 武汉 | |
| 2011 | 河北 | 石家庄 | |
| 1998 | 巴西 | 玛瑙斯 | |
| 2006 | 巴基斯坦 | 拉合尔 | |
| 2008 | 越南 | 胡志明（2013年退出） | |
| 2011 | 安徽 | 芜湖 | |
| 2014 | 湖南 | 宁乡 | |
| 1991 | 广东 | 珠海 | 研发 |
| 1991 | 广东 | 深圳 | 销售 |
| | | 珠海 | |
| 2011 | 上海 | 上海 | |
| 1998 | 巴西 | 圣保罗 | |
| 2011 | 美国 | 加利福尼亚 | |
| 2005 | 中国香港 | 香港九龙 | |
| 1991 | 广东 | 珠海 | 财务 |

资料来源：格力电器2015年年报。

## （二）生产区位

格力空调在国内拥有14个生产基地（见表6－4），2008年之前的区位选址主要集中在中国传统的制造业集聚地，如格力的总部广东省的珠海，中部的枢纽城市重庆，中国家电产业基地——安徽合肥。2008年之后，家电行业更加注重品质、服务延展性销售等多样化竞争，因此也更加靠近市场。2010年10月份成立的格力电器的郑州子公司是中原地区最大的空调生产基地。郑州位于北京、武汉、济南、西安之间，是中部地区承接发达国家及我国东部地区产业转移、西部资源输出的枢纽和核心区域之一。格力电器在石家庄的生产基地位于石家庄国家级高新技术产业开发区，拥有世界知名品牌的大企业集群（如海尔），拥有核心部件的制造能力，政府也给予这些大企业一些相应的扶持政策，该地区家电产业集群开始向生产高端、高科技、高附加值的产品，朝着高新技术、高端产业迈进（艾纹萱，2009）。湖南地处泛珠三角和长三角的交汇中心，2014年3月26日在湖南宁乡成立的格力电器综合生产基地辐射江西、贵州、重庆等地区。此外，湖南是承接家电产业等大众消费品向中西部转移的中部大省。

表6-4　　　　　　　　　　　　　格力电器生产制造公司

| 地区分布 | 公司名称 | 成立年份 | 业务领域 |
|---|---|---|---|
| 广东中山 | 格力电器（中山）小家电制造有限公司 | 1989 | 小家电 |
| 广东珠海 | 珠海格力暖通制冷设备有限公司 | 1991 | 空调 |
|  | 珠海大松生活电器有限公司 | 2013 | 小家电 |
|  | 珠海格力电工有限公司 | 1986 | 漆包线 |
|  | 珠海凯邦电机制造有限公司 | 2003 | 电机 |
|  | 珠海凌达压缩机有限公司 | 1985 | 压缩机 |
| 重庆 | 格力电器（重庆）有限公司 | 2002 | 空调 |
| 安徽合肥 | 格力电器（合肥）有限公司（控股） | 2006 | 空调 |
| 安徽芜湖 | 格力电器（芜湖）有限公司 | 2011 | 空调 |
| 河南郑州 | 格力电器（郑州）有限公司 | 2010 | 空调 |
| 湖北武汉 | 格力电器（武汉）有限公司 | 2010 | 空调 |
| 河北石家庄 | 格力电器（石家庄）有限公司 | 2011 | 空调 |
|  | 石家庄格力电器小家电有限公司 | 2011 | 小家电 |
| 长沙宁乡县 | 长沙格力暖通制冷设备有限公司 | 2014 | 小家电、空调 |
| 巴西玛瑙斯 | 格力电器（巴西）有限公司 | 2001 | 空调 |
| 巴基斯坦拉合尔市 | 格力电器（巴基斯坦）有限公司（合资） | 2006 | 空调 |
| 越南胡志明市 | 格力电器（越南）有限公司 | 2008 | 空调 |

注：格力电器（越南）有限公司2013年退出。
资料来源：格力电器年报。

格力海外生产基地有2个（见表6-4），2001年6月11日设立的格力巴西生产基地是国内空调企业在海外设立的第一个生产基地，标志着空调行业迈向国际化。公司所在地巴西亚马逊州首府玛瑙斯自由经济贸易区是巴西唯一的经济特区，许多发达国家如日本、韩国、美国的不少国际知名企业均在该区设有生产基地（品牌世家，2007），格力电器在此建厂能享受政策优惠和集聚效应，同时也能减缓土地资源和劳动力的压力。格力巴基斯坦生产基地于2006年3月正式投产，该生产基地位于巴基斯坦空调市场重镇旁庶普省首府拉合尔市，全部生产"格力"品牌的空调产品，是目前巴基斯坦产能规模最大的空调生产基地之一（白旭波，2008）。选择该地区的原因则是考虑到地方经济实力，价值链销售环节和集中需求的影响。

（三）研发区位

格力已建成2个国家级技术研究中心（国家节能环保制冷设备工程技术研究中心和国家认定企业技术中心），1个省级企业重点实验室（制冷设备节能环保技术实验室），6个研究院（制冷技术研究院、机电技术研究院、家电技术研究院、智能装备技术研究院、新能源环境技术研究院、健康技术研究院）；52个研究所、570多个先进实验室，累计申请19 000项专利，申请发明专利近7 000项。目前格力在珠海和重庆设立了研发中心，研发总部在珠海，在重庆设立了三个研究院，其区位优势分析如表6-5所示。

表6-5                                  格力主要研究院区位优势

| 地区选址 | 研究机构类别 | 区位优势 |
|---|---|---|
| 珠海 | 制冷技术研究院 | 1. 总部所在地，拥有充足的研发人才以及研发资金；<br>2. 区位优势明显，前接港澳特区，紧靠珠三角，交通便利；<br>3. 珠海的高科技研发产业发达，研发的外部性有助于加快研发进程 |
| | 机电技术研究院 | |
| | 家电技术研究院 | |
| | 智能装备技术研究院 | |
| | 新能源环境技术研究院 | |
| | 健康技术研究院 | |
| 重庆 | 制冷技术研究院 | 1. 格力的第二大空调基地，有利于产研结合，产品竞争力更强；<br>2. 众多家电品牌集聚，集聚效应明显 |
| | 机电技术研究院 | |
| | 家电技术研究院 | |

资料来源：笔者根据官网资料编制。

（四）销售区位

格力的全球用户超过3亿，其自主品牌空调产品已远销全球160多个国家和地区，并在海外开设了多家销售公司以及500多家专卖店。海外扩张过程中，格力坚持"先有市场，再有工厂"的扩张战略。以巴西市场为例，1997年，格力首度踏入巴西市场。2001年格力在玛瑙斯自贸区建厂，很快成为巴西空调市场占有率第二的品牌。格力电器海外扩张建立的销售子公司并不是很多，主要集中分布在经济发达、交通便利、信息流通的大城市，如国内的深圳、珠海、上海和香港；国外则有美国加州和巴西的圣保罗，主要通过分销商形式在海外进行销售，如表6-6所示，格力分销商已经遍及全球。

表6-6　　　　　　　　　　格力电器全球分销商区位分布

| 地区 | 国家 |
|------|------|
| 北美 | 美国 |
| 拉丁美洲 | 玻利维亚、库拉索岛、圣马丁岛 |
| 欧洲 | 奥地利、波斯尼亚和黑塞哥维那、保加利亚、克罗地亚、法国、德国、匈牙利、马其顿、波兰、俄罗斯、塞尔维亚、斯洛文尼亚、英国、白俄罗斯 |
| 中东 | 巴林岛群岛、伊朗、伊拉克、约旦、黎巴嫩、沙特阿拉伯、阿曼苏丹国、阿拉伯联合酋长国 |
| 非洲 | 博茨瓦纳、加纳、象牙海岛、莱索托、纳米比亚、尼日利亚、塞内加尔、南非、斯威士兰 |
| 亚洲 | 中国、东帝汶民主共和国、印度、印度尼西亚、老挝人民民主共和国、新喀里多尼亚、缅甸、塔希提岛、柬埔寨王国、菲律宾、新加坡、越南 |
| 大洋洲 | 澳大利亚、新西兰 |

资料来源：格力官网。

从整体上看，国内营业收入占据了80%以上，海外营业收入不到20%，国内市场有着数量上的绝对优势，表明海外业务成长的空间还很大。如图6-5所示，2010~2014年格力国内市场都保持快速发展趋势，受益于格力在空调行业的品牌效应；2013年以来国内空调市场家电下乡政策退出、原材料价格上升、市场萧条等问题对格力影响还不明显；2014年格力营业收入仍保持较高的增长率；2015年空调行业爆发价格战，家电市场需求进一步萎缩，格力营业收入出现大幅下降。2010~2013年国外市场呈现稳步上升态势，格力的节能环保类空调产品受到国际市场的欢迎，出口量不断增加；2013~2015年海外营业收入不断下降，主要受到全球家电行业不景气的影响。

## 五、结论与启发

珠海格力集团有限公司经过多年的发展，目前成为珠海市规模最大、实力最强的企业集团之一，格力是国内家电企业区位扩张较为成功的典型代表。通过前文对格力电器区位扩张历程、模式、特征、影响因素以及价值链区位扩张的分析，有以下经验值得借鉴。

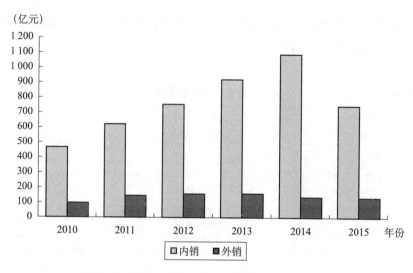

**图 6 - 5　2010 ~ 2015 年格力电器分地区营业收入**

资料来源：2010 ~ 2015 年格力电器年报。

## （一）自主品牌发展战略

格力在区位扩张过程中，坚持自主品牌发展战略。格力电器的全球化是从新兴国家开始的，海外扩张初期，将扩张的第一站选在正处于发展阶段、家电市场需求大的巴西地区，后来在巴基斯坦建立海外生产基地，格力充分利用自身的优势资源在目标市场打造自主品牌形象，并在新兴国家市场取得较好的市场表现。同时，经过长期的市场积累，依靠引进新技术不断开拓市场，格力自主品牌在欧美等发达国家市场也取得了一定的成就。

## （二）坚持自主创新

在区位扩张过程中格力特别注重自主创新，掌握核心技术是格力进入海外市场时保持较大竞争力的关键。海外扩张初期，在缺乏核心技术和研发能力的形势下，格力主要出口形式为 OEM。这种形式只是通过廉价的劳动力实现财富积累，不利于格力成为国际化品牌，2005 年格力将重心转移到技术研发，在空调领域掌握了核心部件的研发制造能力，在海外获得了一致的认同。2008年全球爆发金融危机，多数家电企业空调销量大幅下降，格力空调的销售额却呈现增长的态势。

## （三）专注性

与其他家电企业产品多元化战略不同，格力 20 多年来一直专注于空调领域，这也使得格力在空调领域的竞争力十分强大。在海外扩张过程中，格力也专注于空调领域，格力空调在国际上拥有很好的口碑。在空调领域，格力也秉承专注性理念，先专注于具有绝对优势的家用空调产品，再寻求中央空调产品的技术突破。目前，格力致力于开拓空调之外新能源汽车、智能手机等业务，多元化策略对格力的影响还未可知。

## （四）先有市场后有工厂的扩张策略

格力在进入新的市场时，不会盲目建厂，而是先通过市场调查了解市场需求情况及当地居民的消费习惯，通过直接出口了解当地市场对自身产品的认可度后，在合适的条件下再进一步建厂拓展市场。例如 1998 年进入巴西市场，三年后才在巴西建立工厂。

但由于格力 20 多年专注于空调领域，其区位扩张过程主要是空调产业的扩张，具有一定的特殊性，在借鉴格力电器区位扩张经验时应考虑到这些特殊性。

# 第三节　海尔区位战略研究

## 一、公司概况

## （一）公司简介

青岛海尔股份有限公司（简称"海尔"）于 1984 年在中国青岛创立，创始人为张瑞敏。他是走上哈佛讲坛的第一位中国企业家，以海尔的卓著业绩和精辟的经营理念让世界认识了中国企业与成功的海尔文化（鲍丽，2008）。在他的带领下，海尔集团经过 30 多年的发展，在全球拥有 5 大研发中心、21 个工业园、66 个贸易公司、143 330 个销售网点，用户遍布全球 100 多个国家和地区（唐旭辉，2013）。

海尔旗下拥有海尔、卡萨帝、统帅、日日顺、AQUA、斐雪派克六大品牌。经营范围包括冰箱、冰柜、空调、微波炉、洗衣机等日用电器，其中，冰箱、冷柜、酒柜、洗衣机在世界市场占有率居行业第一位。除传统家电产品外，海尔在智能家居集成、网络家电、数字化、大规模集成电路、新材料等技术领域处于世界领先水平。

海尔集团的核心价值观包括：是非观——以用户为是，以自己为非；发展观——创业精神和创新精神；利益观——人单合一双赢。一直秉承这些价值观的海尔不断成长并取得了可喜的成就。2008 年 6 月海尔在《福布斯》"全球最具声望大企业 600 强"评选中排名第 13 位。2012 年海尔以 962.8 亿元的品牌价值位居第 18 届中国品牌价值榜首，连续 11 年蝉联中国最有价值品牌排行榜。2015 年欧睿国际（Euromonitor）发布全球大型家用电器品牌零售量数据中海尔大型家电品牌零售量第七次蝉联全球第一，海尔在成为世界知名品牌的路上越走越远。

### （二）公司市场表现

1. 主营业务收入。在宏观经济进入新常态的大环境下，经过 30 多年的发展，国内白色家电普及率较高，家电需求结构改变；同时受世界经济深度调整，复苏乏力，金融和大宗市场波动剧烈、地缘政治风险等影响，全球白色家电市场整体呈现下滑态势，出现明显萎缩态势。2010 ～ 2012 年海尔主营业务收入不断上升，主要抓住"家电下乡"的契机，研发了各种适合农村用户的产品，但受国际家电市场大形势的影响，营业收入增长率不断下降。2012 ～ 2015 年海尔主营业务收入持续增长，增长率持续下降，2015 年海尔主营业务收入为 897.48 亿元，增长率下降至 1.75%（见图 6 - 6），主要受经济增长放缓、房地产低迷等因素的影响。

2. 主要事业领域。海尔主营业务为白色家电的研发、生产和销售，主要包括冰箱事业部、渠道及综合服务事业部、洗衣机事业部、空调事业部、厨电事业部。如图 6 - 7 所示，冰箱事业部总收入占比为 31.6%，涵盖了电冰箱、冷柜以及冷库等制冷电器产品，在全球设有 20 多个生产基地，年产能超过 1 000 万台。渠道及综合服务事业部总收入占比为 22.2%，涵盖了分销网络、智慧家居以及物流运输等业务，具有较大的增长潜力。洗衣机事业部总收入占比为 20.0%，涵盖了波轮洗衣机、滚筒洗衣机以及双动力洗衣机等产品，在全球设有 15 大市场基地，年产能超过 1 300 万台。空调事业部总收入占比为 18.6%，涵盖了商用空调、家用空调、中央空调以及相关零部件等产品，在全

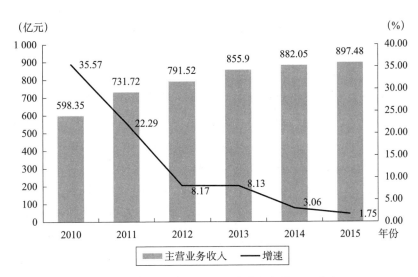

**图 6 - 6 海尔 2010 ~ 2015 年主营业务收入及增速**

资料来源：海尔集团 2010 ~ 2015 年年报。

球范围设有 17 大生产基地，年产能超过 2 000 万台。厨电事业部主要包括洗碗机、电热水器、油烟器、消毒柜等产品。

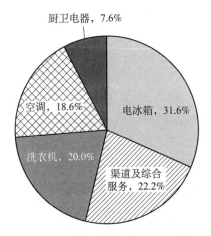

**图 6 - 7 海尔 2015 年白色家电各产品收入占比**

资料来源：海尔 2015 年年报。

3. **战略转型。**如表 6 - 7 所示，2015 年海尔冰箱业务营业收入为 275. 89

亿元，同比下降 2.4%，与海尔互联网式的企业模式的转型过程中主营业务增长放缓，主要产品的市场份额有所下降有关；海尔实施由制造商向渠道服务商转变的战略，2015 年渠道与综合服务营业收入为 194.21 亿元，有小幅上升，主要因为毛利率较低的空调业务占比下降、第三方家电分销业务的退出以及物流业务毛利率和业务占比上升；2015 年洗衣机营业收入为 174.70 亿元，中低端价格产品的营业收入占据了较大的份额；2015 年空调营业收入为 162.51 亿元，同比下降 20.62%，主要受到多雨天气的影响，空调产业市场需求大幅下降，整体销量下滑（李嵩，2014）；2015 年厨卫电器营业收入为 66.21 亿元，同比增长 1.87%，海尔旗下拥有海尔厨电、美国 GE、新西兰 Fisher&Paykel、国际高端品牌 Casarte、统帅五大厨电品牌，是海尔全球化的战略重点。

表6-7 海尔主要产品业务收入及增长情况

| | 2015 年 | | 2014 年 | |
|---|---|---|---|---|
| | 营业收入（亿元） | 同比增长（%） | 营业收入（亿元） | 同比增长（%） |
| 电冰箱 | 275.89 | -2.4 | 246.68 | -2.61 |
| 渠道及综合服务 | 194.21 | 0.33 | 174.42 | 7.24 |
| 洗衣机 | 174.70 | 1.22 | 152.73 | 6.46 |
| 空调 | 162.51 | -20.62 | 200.12 | 11.64 |
| 厨卫电器 | 66.21 | 1.87 | 64.39 | 6.99 |

注：计算 2015 年同比增长所用到的 2014 年数据为调整后的数值。
资料来源：2014 年、2015 年海尔集团年报。

4. 市场占有率与市场排名。如表6-8所示，2015 年海尔冷柜业务在全球市场份额为 17.64%，位居第一，质量和性能的优势使其在市场上具有较大的竞争力；2015 年海尔的冰箱业务在全球市场份额为 15.7%，海尔冰箱的品牌零售量以及制造商零售量均位居全球第一，冰箱行业经过多年的整合，品牌集中度不断上升，海尔品牌优势明显；2015 年海尔洗衣机业务在全球市场份额为 14.3%，位居全球第一，滚筒洗衣机业务竞争优势明显；2015 年海尔酒柜业务在全球的市场份额为 9.7%，位居全球第一，主要受益于海尔针对不同地区需求的满足。此外，海尔冰柜、冰箱、洗衣机以及热水器在我国市场占有率均排名第一。

表 6-8　　　　　　　　　2015 年海尔产品市场份额及排名情况

| | 类别 | 冷柜 | 冰箱 | 洗衣机 | 酒柜 | 热水器 |
|---|---|---|---|---|---|---|
| 全球 | 市场份额（%） | 17.64 | 15.7 | 14.3 | 9.7 | — |
| | 排名 | 1 | 1 | 1 | 1 | — |
| 国内 | 市场份额（%） | 35.67 | 24.08 | 25.84 | — | 17.64 |
| | 排名 | 1 | 1 | 1 | — | 1 |

资料来源：海尔 2015 年年报。

## 二、海尔公司区位扩张历程和特征

### （一）海尔区位扩张的主要历程

1. 国内扩张阶段。海尔在国内的扩张以青岛为中心，海尔工业园是国内最大的家用电器成品开发基地。1997 年海尔以低成本扩张的方式先后兼并了广东顺德洗衣机厂、莱阳电熨斗厂、贵州风华电冰箱厂、合肥黄山电视机厂等18 个企业（周宇，2006），快速在全国各地进行扩张。

2. 国际化阶段。海尔海外扩张是从发展中国家过渡到发达国家的，1996年海尔在印度尼西亚雅加达成立海尔莎保罗（印度尼西亚）有限公司，1997年马来西亚海尔工业（亚细亚）有限公司、南斯拉夫海尔空调生产厂相继成立。1999 年开始海尔在海外市场实施生产、研发、销售一体化的布局，战略重点转移到美国等发达地区。美国形成南卡州生产中心、波士顿研发中心、纽约销售中心的产业布局；欧洲形成意大利和波兰生产中心、德国纽伦堡研发中心、法国巴黎销售中心的产业布局。

3. 全球化战略阶段。经过长时间的区位扩张，海尔已经在全球具有了一定的知名度，这一阶段的扩张主要是扩大各大市场竞争力、增强品牌影响力。2012 年，海尔收购三洋在日本、东南亚的洗衣机、冰箱等业务，增强了在亚洲地区的影响力（唐旭辉，2013）；同年收购新西兰高端家电品牌斐雪派克，获得发达的技术，在欧洲地区竞争力加强；2016 年海尔与美国通用电气公司进行战略合作，整合通用电气家电业务，有利于提高海尔在欧美高端市场的竞争力。

### （二）海尔区位扩张的主要特征

1. "创牌"战略。国际上自主品牌出口产品在质量、技术标准、售后服务等多个方面都有严格的要求，一般企业在开展海外业务的初始阶段倾向于选择贴牌。在我国加入世界贸易组织的背景下，海尔战略性地提出"不是出口创汇，而是出口创牌"，在区位扩张历程中采取创立自主品牌的战略，是当时中国唯一在海外市场使用自主品牌的企业，提高了海尔在国际上的知名度，增强了品牌效应。

2. 三位一体的战略布局。开发本土化、生产制造本土化和经营销售本土化可以使企业快速把握市场动向，研发符合本地市场需求的产品，快速进入市场。2007 年海尔成立了海尔电器（泰国）有限公司，此后收购了三洋环球电器有限公司的冰箱厂，成立"海尔泰国电器股份有限公司"，实现本土化的研发和制造，泰国已经成为海尔最大的海外市场。此外，海尔集团在欧洲、美洲、亚洲等地的三位一体的产业布局都已经完成，大大增强了海尔在国际市场上的竞争力。

3. 创新技术和海外扩张同步发展。海尔在区位扩张过程中非常注重创新，通过研发新技术来提高消费者的生活质量是海尔的竞争优势所在。在德国市场，海尔通过产品创新层面的颠覆性和创造性赢得了市场，并与欧洲领先的家电制造商法格集团成立合资公司，完善了海尔在欧洲高端市场的区位布局。

## 三、海尔公司区位扩张的模式及影响因素

### （一）海尔集团的区位扩张模式

1. 新建全资子公司。在进入目标市场一段时间后，通过建立子公司可以对目标市场产品产量和价格进行更好的管理，更好地实施公司的战略规划。1999 年在美国南卡州建立了生产工厂，2000 年正式投产生产家电产品，年产能力 50 万台，微型冰箱和小型洗衣机等有针对性的市场定位让海尔在美国立足，大大提高了海尔在美国市场的竞争力。

2. 合资。合资建立公司可以充分利用合资方的先进管理体系以及先进的技术，与当地的公司合资还能提高产品的认同度，快速扩大市场份额。海尔集团的很多海外公司是通过合资的方式经营，例如，2005 年海尔与约旦 M 集团合资建立了中东非区域的第一个工业园，充分利用了约旦与周边的阿拉伯国家之间签订的互免关税协议，海尔在约旦工业园生产的产品得以迅速进入周边的叙利亚、黎巴嫩、埃及、巴勒斯坦等国家，在约旦成为当地家电品牌的前三

名，在叙利亚的波轮机市场份额达到了第一名，滚筒机成为前三名（李东东，2008）。

3. 兼并收购。海尔集团目前通过合并的子公司一共有 19 家，此外，还有最近纳入合并的公司，包括青岛日日顺乐家家居贸易有限公司，全国各地的日日顺物流有限公司等，海尔集团通过这一系列的合并，构建了一个庞大的家电网络。从海外来说，2001 年，海尔集团并购了意大利迈尼盖蒂冰箱工厂而设立了海尔意大利电器有限公司，该公司使得 2011 年海尔在欧洲地区营业额同比增长 40.9%。2007 年海尔泰国电器有限公司和 2012 年的海尔越南电器有限公司均是通过合并的方式设立；2012 年海尔印度尼西亚电器有限公司通过收购三洋印度尼西亚电器有限公司形成。

4. 战略合作。海尔通常采取战略合作方式来实现产业链上下游更好的协作，2013 年海尔集团与阿里巴巴集团在供应链管理、物流仓储、配送安装服务领域达成的合作协议将极大提高海尔大型家电的配送效率。同时与其他国际家电品牌的战略合作有利于快速进入新的市场并提高已有市场的占有率，例如，2006 年和巴基斯坦鲁巴集团合资建设巴基斯坦海尔—鲁巴经济区使得海尔迅速占领了巴基斯坦市场较大的市场份额。

海尔区位扩张重大事件如表 6 - 9 所示。

表 6 - 9　　　　　　　　　　海尔区位扩张重大事件一览

| 年份 | 事件 | 扩张模式 |
| --- | --- | --- |
| 1995 | 收购青岛红星电器公司 | 兼并收购 |
| 1997 | 建立杭州海尔电器有限公司 | 合资 |
|  | 收购顺德洗衣机厂、莱阳电熨斗厂 | 兼并收购 |
| 1999 | 在美国南卡州建立了生产厂 | 新建全资子公司 |
| 2001 | 在巴基斯坦建立全球第二个海外工业园 | 新建全资子公司 |
| 2002 | 海尔三洋建立新型竞合关系 | 战略合作 |
| 2003 | 设立海尔约旦工业园 | 合资 |
| 2005 | 建立武汉海尔工业园 | 新建全资子公司 |
| 2006 | 重庆工业园成立 | 新建全资子公司 |
|  | 与鲁巴集团合资建设巴基斯坦海尔—鲁巴经济区 | 合资 |
|  | 与日本三洋株式会社合作成立合资公司 | 合资 |
| 2007 | 收购了印度冰箱厂，启动在印度的第一座制造基地 | 兼并收购、新建全资子公司 |
| 2010 | 建设海尔（沈阳）工业园光电信息产业基地 | 新建全资子公司 |
|  | 和惠普公司在青岛签署战略合作协议 | 战略合作 |

| 年份 | 事件 | 扩张模式 |
|------|------|---------|
| 2012 | 收购三洋电机株式会社家用电器业务 | 兼并收购 |
| 2013 | 与阿里巴巴集团联合宣布达成战略合作 | 战略合作 |
| | 与法格家电成立合资公司 | 合资 |
| 2014 | 与中国石化销售有限公司签订合作协议书 | 战略合作 |
| 2016 | 收购美国通用电气公司 | 兼并收购 |

资料来源：海尔官网。

### (二) 海尔区位分布的影响因素

1. 政府因素。市场是企业运行的外部环境，政府作为社会经济的管理者则以市场为中介，对市场进行适当干预会间接作用于企业的扩张。海尔区位扩张无疑受到政府作用的影响，且政府在海尔扩张过程中起到了非常正面的促进作用。在海尔集团区位扩张的初期，政府对其区位的选择产生了很大的影响。1995 年在市政府的支持下，海尔集团兼并了青岛红星电器股份有限公司，获得了大量的生产设备、生产技术以及熟练的工人，扩大了洗衣机的生产能力与市场份额，成功做出了一次战略性的区位抉择（吴留明，2003）。1999 年海尔在美国南卡州建立了生产厂，获得了南卡州政府的积极支持，享受一系列优惠政策，如连续 5 年从公司收入税中抵免雇佣当地员工的工资税、减免 20 年房地产税、对投资中的一些项目免征销售税等，降低了生产成本，海尔在美国市场的竞争力加强。

2. 地理因素。海尔集团在国内的扩张主要是以山东（青岛）为据点，逐步向周边乃至全国各地扩散，主要是考虑到了区位选择过程中可能会遇到的超过当地竞争者的额外成本和不确定性，在邻近地区布局可以降低风险。海尔在国内的产业园很大一部分分布在青岛，产业园的集中利于海尔产品通过青岛港优越的地理位置对外出口。此外，将产业园设置在总部附近也利于对新布局企业的全局管理。除青岛外，海尔主要在各地区承接产业转移的中心城市进行区位布局，能得到政府政策支持、基础设备齐全、成本优势明显，例如西部的重庆、中部的武汉和合肥、东北的大连。

3. 集聚因素。产业集聚可以极大地缩短企业研发的成功周期，为企业节省成本与节约时间，同时利于企业把握市场动向、生产出符合市场需求的产品，从而提升自身的盈利能力。集聚因素中的劳动力因素是经济活动区位选择，尤其是生产活动区位选择中的重要影响因素之一。海尔集团在国内外生产制造环节的区位布局主要就是考虑到了劳动力密集程度、熟练程度以及劳动力成本等因素，海尔集团国内生产基地分别位于山东、安徽、辽宁、广东等地，均是家电产业发达的地区。除生产制造环节外，海尔研发环节也重点考虑了集聚因素，海尔全球研发中心布局在中国、美国、欧洲、日本、澳洲等地，这些地区利于研发的基础设施完善、研发高端人才丰富、产业集聚的外部性显著、并有相关政府政策鼓励研发创新。

4. 市场因素。市场容量大小、消费者偏好、习惯与支付能力等都会影响到海尔公司的区位选择。市场容量越大，企业的潜在获利能力也越大；消费者支付意愿与支付能力越大，企业获利的可能性也越大。欧美地区经济发展水平高，技术领先，投资环境优越，市场容量大，投资机会也多；澳洲地区多为岛国，自然资源丰富，人口容量小，消费量小，农矿业为主，家电工业比较落后。在这些地方进行投资就主要是基于市场因素的考虑。

## 四、海尔公司价值链区位扩张分析

### （一）价值链区位概况

海尔总部位于青岛，主要负责研发以及财务。海尔生产制造分布在华南、华北、华东、华中、东北和西南六大区域，主要是家电制造大省，如华北地区的山东、华东的安徽，华中的湖北，西南地区的重庆以及华南的广东，海尔研发主要集中于青岛的海尔工业园，此外还有科研力量强大的北京地区，集聚效应明显的武汉地区（见表6-10）。

表6-10　　　　　　　　　海尔国内子公司价值链分布

| 价值链分布 | 公司名称 | 所在地 | 主要业务 |
| --- | --- | --- | --- |
| 生产 | 青岛海尔信息塑胶研制有限公司 | 青岛高科园 | 塑料制品 |
| 生产 | 青岛海尔洗碗机有限公司 | 青岛开发区 | 洗碗机、燃气灶 |
| 生产 | 青岛海尔电冰箱有限公司 | 青岛高科园 | 无氟电冰箱 |
| 生产 | 青岛海尔电冰箱（国际）有限公司 | 青岛平度开发区 | 电冰箱 |
| 生产 | 大连海尔空调器有限公司 | 大连出口加工区 | 空调器 |
| 生产 | 青岛海尔精密制品有限公司 | 胶南市前湾港路 | 精密塑胶、电子制品 |
| 生产 | 大连海尔电冰箱有限公司 | 大连出口加工区 | 电冰箱 |

续表

| 价值链分布 | 公司名称 | 所在地 | 主要业务 |
|---|---|---|---|
| 生产 | 青岛海尔空调制冷设备有限公司 | 青岛胶南市 | 家用电器、电子产品 |
| 生产 | 重庆海尔制冷电器有限公司 | 重庆市江北区 | 电冰箱 |
| 生产 | 合肥海尔电冰箱有限公司 | 合肥海尔工业园 | 电冰箱 |
| 生产 | 青岛美尔塑料粉末有限公司 | 青岛开发区 | 塑料粉末、板材及涂料 |
| 生产 | 重庆海尔精密塑胶有限公司 | 重庆市江北区 | 塑料制品、五金件 |
| 生产、销售 | 海尔电器集团有限公司 | 中国大陆 | 洗衣机、热水器 |
| 生产、销售 | 青岛海尔空调器有限总公司 | 青岛高科园 | 家用空调器 |
| 生产、销售 | 贵州海尔电器有限公司 | 贵州遵义汇川区 | 电冰箱 |
| 生产、销售 | 合肥海尔空调器有限公司 | 合肥海尔工业园 | 空调器 |
| 生产、销售 | 武汉海尔电器股份有限公司 | 武汉海尔工业园 | 空调器 |
| 生产、销售 | 大连海尔精密制品有限公司 | 大连出口加工区 | 精密塑胶 |
| 生产、销售 | 合肥海尔塑胶有限公司 | 合肥经济技术开发 | 塑料件 |
| 生产、销售 | 青岛海尔空调电子有限公司 | 青岛开发区 | 空调器 |
| 生产、销售 | 青岛海尔特种电冰箱有限公司 | 青岛开发区 | 无氟电冰箱 |
| 生产、销售 | 青岛海尔电子塑胶有限公司 | 青岛开发区 | 塑胶、电子及制品 |
| 生产、销售 | 青岛海尔特种电冰柜有限公司 | 青岛开发区 | 电冰柜及其他制冷产品 |
| 研发、销售 | 青岛海达瑞采购服务有限公司 | 青岛高科园 | 电器产品及部件 |
| 生产、销售 | 重庆海尔空调器有限公司 | 重庆市江北区 | 空调器 |
| 生产、销售 | 青岛鼎新电子科技有限公司 | 青岛开发区 | 电子零部件 |
| 生产、销售 | 沈阳海尔电冰箱有限公司 | 沈阳市沈北新区 | 电冰箱 |
| 生产、销售 | 佛山海尔电冰柜有限公司 | 佛山市三水区 | 电冰柜 |
| 生产、销售 | 郑州海尔空调器有限公司 | 郑州经济技术开发区 | 空调 |
| 生产、销售 | 青岛海尔（胶州）空调器有限公司 | 青岛胶州 | 空调器 |
| 生产、销售 | 青岛海尔部品有限公司 | 青岛胶州 | 塑胶、钣金精密制品 |
| 生产、销售 | 青岛海尔中央空调有限公司 | 青岛 | 空调器、制冷设备 |
| 生产、销售 | 重庆海尔智能电子有限公司 | 重庆市江北区 | 自动控制系统设备 |
| 研发 | 青岛海尔机器人有限公司 | 青岛高科园 | 机器人、自动化生产线 |
| 研发 | 青岛家电工艺装备研究所 | 青岛高科园 | 家电模具、工艺装备 |
| 研发 | 青岛海尔成套家电服务有限公司 | 青岛高科园 | 健康系列小家电 |
| 研发 | 青岛海尔智能电子有限公司 | 青岛高科园 | 电子产品、自动控制系统 |
| 研发 | 青岛海尔模具有限公司 | 青岛高科园 | 精密模具及其制品 |
| 研发 | 青岛海尔智能家电科技有限公司 | 青岛高科园 | 网络工程技术开发 |
| 研发 | 青岛海尔中央空调工程有限公司 | 青岛开发区 | 空调制冷工程 |
| 研发 | 青岛海尔智能技术研发有限公司 | 青岛高科园 | 家电产品 |
| 研发 | 青岛海高设计制造有限公司 | 青岛高科园 | 工业产品设计 |
| 研发 | 北京海尔广科数字技术有限公司 | 北京 | 技术开发推广转让 |

续表

| 价值链分布 | 公司名称 | 所在地 | 主要业务 |
|---|---|---|---|
| 研发 | 海易科（北京）科技有限公司 | 北京 | 技术服务、软件开发 |
| 销售 | 重庆日日顺电器销售有限公司 | 重庆市江北区 | 家电及电子产品 |
| 销售 | 上海海尔医疗科技有限公司 | 上海 | 医疗设备 |
| 销售 | 青岛海创源家电销售有限公司 | 青岛 | 家用电器、数码产品 |
| 销售 | 青岛海恒丰电器销售服务有限公司 | 各地 | 家用电器 |
| 销售 | 北京一数科技有限公司 | 北京 | 技术服务、进出口业务 |
| 销售 | 重庆海尔家电销售有限公司 | 重庆市江北区 | 家电 |
| 销售 | 大连保税区海尔空调器贸易有限公司 | 大连出口加工区 | 国内贸易、电冰箱贸易 |
| 销售 | 武汉海尔能源动力有限公司 | 武汉海尔工业园 | 能源服务 |
| 销售 | 海尔海外电器产业有限公司 | 青岛 | 家用电器、国际货运代理 |
| 销售 | 北京通远科技有限公司 | 北京 | 技术开发推广转让 |
| 投资 | 海尔股份（香港）有限公司 | 香港 | 投资 |
| 投资 | 青岛海尔科技投资有限公司 | 青岛 | 创业投资、咨询 |
| 研发、销售 | 青岛海尔科技有限公司 | 青岛 | 软件、信息产品 |
| 研发、生产、销售 | 青岛海达源采购服务有限公司 | 青岛开发区 | 电器产品及部件 |
| 研发、生产、销售 | 青岛海日高科模型有限公司 | 青岛高科园 | 产品模型、模具 |
| 研发、生产、销售 | 青岛卡萨帝智慧生活家电有限公司 | 青岛 | 电器研制、生产、销售 |
| 研发、生产、销售 | 武汉海尔电冰柜有限公司 | 武汉经济开发区高科园 | 电冰柜及其他制冷产品 |

资料来源：海尔 2015 年年报。

　　海尔在海外的扩张辐射了北美洲的美国、欧洲的意大利以及亚洲的日本等地区。1999 年海尔在美国南卡来罗纳州建立了美国海尔工业园，这意味着第一个"三位一体本土化"的海外海尔的成立，即设计中心在洛杉矶、营销中心在纽约、生产中心在南卡来罗纳州；海尔宣布与西班牙家电制造商法格成立合资公司，在波兰西南部城市弗罗茨瓦夫建立新工厂，这与德国研发中心、意大利工厂、法国的营销中心遥相呼应，进一步推进了海尔在欧洲的三位一体布局（王星桥，2013）；海尔亚洲总部和研发中心在日本，在日本以及东南亚地区形成了两个研发中心、四个制造基地以及六个地域的本土化市场营销架构（王伟，2013）。

（二）生产区位

　　目前，海尔集团在国内有十个生产基地，分别处于青岛、胶州、章丘、胶南、合肥、大连、遵义、武汉、顺德、重庆。这些生产基地主要分布在山东省，其中青岛设有五个生产基地，青岛附近的胶州市、胶南市以及济南附近的章丘市均设有基地。海尔总部处于山东青岛，可以集中采购、运输，同时集中资源，有利于管理。2000 年海尔在安徽合肥建立生产基地，安徽是众多家电企业的集聚地，美的、格力等品牌均在安徽设有生产基地。2001 年在大连建立生产基地，大连位于东北老工业基地，拥有良好的工业基础。2001 年海尔在贵州的遵义建立了冰箱生产基地，东西部优势互补，目前已成为海尔占领西南地区、辐射全国各地以及出口东南亚的重要生产基地；2004 年在广东顺德建立了洗衣机生产基地，可以快速辐射华南地区，提高市场响应速度，利用广东的区位优势打造海尔重要的出口基地；重庆是西部地区承接产业转移的重点省份、西部地区高新技术产业集聚地，2005 年海尔在重庆建立了生产基地，主要从事环保类产品的生产。

在海外市场，海尔在美洲、欧洲、中东非洲、东盟、亚洲均设立了生产基地。1999 年，海尔在美国建立生产基地，开始了海外扩张之路，通过品质保证和贴合市场需求的设计逐渐打开市场；2001 年，海尔成功并购意大利迈尼盖蒂冰箱工厂，在意大利建立生产基地，为欧洲的扩张奠定了基础；在中东、非洲等地建立生产基地主要是看中其广阔的市场以及较低的劳动力成本；泰国是海尔最大的海外市场，2007 年在泰国建立生产基地，满足了当地巨大的市场需求，降低了运输成本。海尔亚洲总部在日本，主要是日本家电产业发达，拥有松下、东芝、三洋等传统家电品牌，可以充分结合日本本地资源进行生产和研发。

海尔全球生产基地分布情况如表 6 – 11 所示。

表 6 – 11　　　　　　　　　海尔全球生产基地分布

| 所在地区 | | 年份 | 基地名称 | 业务范围 |
|---|---|---|---|---|
| 国内 | 山东青岛 | 1992 | 海尔工业园 | 冰箱、洗衣机、空调等 |
| | | 1999 | 海尔信息产业园 | 高新技术产品 |
| | | — | 海尔开发区工业园 | 出口家电 |
| | | — | 海尔开发区国际工业园 | 零部件 |
| | | — | 海尔开发区新兴产业园 | 家电整机 |
| | 山东胶州 | — | 海尔胶州国际工业园 | 生产产品配套 |
| | 山东章丘 | 1998 | 章丘海尔电机工业园 | 电机生产 |
| | 山东胶南 | 2005 | 胶南海尔工业园 | 家电生产基地 |

| 所在地区 | | 年份 | 基地名称 | 业务范围 |
|---|---|---|---|---|
| 国内 | 安徽合肥 | 2000 | 合肥海尔工业园 | 空调、洗衣机、彩电、包装 |
| | 辽宁大连 | 2001 | 大连海尔工业园 | 出口产品制造基地 |
| | 贵州遵义 | 2001 | 贵州海尔电器有限公司 | 冰箱 |
| | 湖北武汉 | 2002 | 武汉海尔工业园 | 空调、热水器、冰柜 |
| | 广东顺德 | 2004 | 海尔顺德生产基地 | 洗衣机 |
| | 重庆 | 2005 | 重庆海尔工业园 | 节能环保、高科技家电 |
| 国际 | 美国 | 1999 | 海尔美国电冰箱有限公司 | 冰箱、冷柜、空调 |
| | 意大利 | 2001 | 海尔意大利电器有限公司 | 冰箱、卫浴系列、厨具盒系列 |
| | 约旦 | 2002 | 海尔约旦工业园 | 空调 |
| | 尼日利亚 | 2000 | 海尔尼日利亚合资工厂 | 冰箱、冷柜、空调、洗衣机 |
| | 突尼斯 | 2000 | 海尔突尼斯合资工厂 | 冰箱、空调、洗衣机、电视 |
| | 泰国 | 2007 | 海尔泰国电器有限公司 | 冰箱 |
| | 越南 | 2012 | 海尔越南电器有限公司 | 冰箱、洗衣机 |
| | 印度尼西亚 | 2012 | 海尔印尼电器有限公司 | 手机 |
| | 巴基斯坦 | 2001 | 海尔巴基斯坦工厂 | 冰箱、洗衣机、空调、电视机 |
| | 日本 | 2012 | 海尔日本电器有限公司 | 冰箱 |

资料来源：2014 年海尔集团年报。

## （三）研发区位

海尔在中国、美国、大洋洲、欧洲和日本布局五大研发中心，在中国、美洲、中东、南亚、东南亚有 24 个工业园，有利于研发资源向各区域最擅长的领域倾斜，例如，擅长厨电研发的澳大利亚、擅长洗衣机研发的日本、擅长冰箱研发的美国，海尔的研发布局有利于在各地区在各自的领域整合全球一流的研发资源，充分利用研发的外部性、提高研发的效率。海尔各大研发中心的区位分布及优势如表 6 - 12 所示。

表 6 - 12　　　　　　　　海尔全球研发中心区位分布

| 国家/地区 | 城市 | 名称 | 业务领域 | 区位优势 |
|---|---|---|---|---|
| 中国 | 青岛 | 海尔技术研发中心 | 高新技术、智能家居 | 1. 家电产业发达，市场潜力大<br>2. 依托总部资源，资金充足 |
| 日本 | 熊谷市 | 海尔亚洲研发中心 | 白色家电的基础研究 | 1. 先进的技术和研发管理体系<br>2. 众多传统家电品牌集聚 |
| | 京都 | | | |
| 大洋洲 | 奥克兰 | 海尔澳新研发中心 | 厨电、家电 | 1. 市场广阔<br>2. 产研结合加强产品竞争力 |
| | 达尼丁 | | | |

| 国家/地区 | 城市 | 名称 | 业务领域 | 区位优势 |
|---|---|---|---|---|
| 美国 | 埃文斯维尔 | 海尔开放式研发中心 | 整套解决方案 | 1. 科学技术发达、高技术人才资源丰富<br>2. 智能家居类产品需求大 |
| 欧洲 | 德国纽伦堡 | 海尔欧洲研发中心 | 智能终端、白色家电 | 传统家电巨头集聚地，利用外部性促进研发 |

资料来源：笔者根据官网资料整理。

## （四）销售区位

海尔在全球有 66 个营销中心、143 330 个销售网点，用户遍布全球 100 多个国家和地区。2015 年，海尔全球主营业务收入为 891. 68 亿元，同比增长 1. 1%，主要受到全球家电市场面临转型、国内经济增速放缓等因素的影响。

如图 6 – 8 所示，2010 ~ 2015 年海尔国内的主营业务收入不断上升，保持平稳的增长趋势；2015 年国内主营业务收入为 705. 18 亿元，同比下降 9. 01%，这与国内房地产低迷、家电市场需求减少以及空调需求大幅下降、众多品牌实施价格战有关。2010 ~ 2015 年海尔海外收入不断上升，其中 2015 年海外主营业务收入为 186. 5 亿元，同比增长 74. 27%，在全球家电市场不景气的形势下，显示出海尔电器强大的市场竞争力，主要受益于海尔以全球用户需求为导向的研发模式以及品牌创新能力。

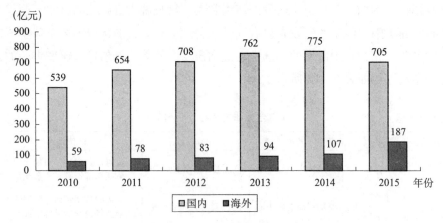

图 6 – 8　2010 ~ 2015 年海尔国内外主营业务收入

资料来源：海尔集团历年年报。

## 五、结论与启发

海尔集团创立于 1984 年，经过 30 多年的发展，成为全球大型家电第一品牌，目前已从传统制造家电产品的企业转型为面向全社会孵化创客的平台。海尔集团是国内家电企业区位扩张较为成功的典型代表，通过上文对海尔集团区位扩张历程、模式、特征、影响因素以及价值链区位扩张的分析，有以下经验值得借鉴。

### （一）创新

海尔价值观的核心是创新，这也是海尔核心竞争力所在。在区位扩张过程中，海尔通过自主创新，设计符合当地市场需求的产品，迅速进入了当地市场。例如，海尔进入巴基斯坦市场时，发现信奉伊斯兰教的巴基斯坦人由于民族信仰和习惯都身着长袍，海尔并没有直接进入市场，而是通过研发了一款适合当地的大功率洗衣机，从而打开了巴基斯坦市场（吴建平，2007）。

### （二）准确的市场定位

海尔国际化过程中采取先难后易的战略，先将产品出口到发达市场，得到品牌认可以后再出口到发展中国家。这种战略的成功源于海尔对不同的目标市场的精准定位。例如，海尔进入美国市场时先以 OEM 方式出口，对美国市场有了一定了解后才建立生产基地和销售公司。

### （三）本土化战略

海尔进入目标市场过程中非常注重本土化的市场战略。例如，为了实现真正的本土化，海尔在美国市场南卡罗来纳州建立工厂，雇员均是美国本地人。同时海尔实行三位一体的战略，将生产基地、研发机构、销售机构均设在当地，可以迅速感知当地居民的消费需求以及经销商库存的变化，从而保证更好的服务，赢得更大的市场。

但海尔在区位扩张中失败的多元化策略应该引以为戒，1995 年海尔开始实行多元化战略，初期海尔在家电领域的相关多元化策略取得了一定的成功，例如兼并杭州西湖电视机厂后，两年就进入了电视生产前三甲。但随后，海尔进入手机、生物制药、餐饮等领域，行业跨度太大使得海尔在新的领域无法利用现有资源增加竞争力而宣告失败。

# 第四节 松下区位战略研究

## 一、公司概况

### （一）公司简介

松下电器产业株式会社创立于 1918 年，创始人为松下幸之助先生。松下幸之助先生被誉为"经营之神"，首创了"事业部""终身雇佣制""年功序列"等日本企业的管理制度（李荣田，2009）。在他的带领下，松下电器遍布了全球 60 多个国家，共设有 469 家公司，员工人数达到 249 520 个，企业活动涵盖生产、服务和信息系统等多种业务。目前，松下电器现从事的民用事业包括数字 AV 网络化、节能环保、数字通信以及家用电器等；军用事业主要是通信设备和各类战斗机。

松下幸之助认为"担负起贡献社会的责任是经营事业的第一要件"，1969年他在公司内部成立了社会业务本部（松下社会责任专职部门的前身），在他的影响下，松下将企业社会责任融入经营战略中，在人才培养、环境、供应链等多个方面坚持可持续发展的方针。松下致力于环保事业，赞助了植树、黄海生态区环境保护等公益活动；松下产品生产也贯彻了环保理念，许多产品均采用环保材料，并通过先进的技术增加再生材料的美感，从而提高产品竞争力。

2008 年 10 月，为了进一步推进全球化进程、增强品牌影响力以及加强员工凝聚力，松下将海外品牌统一为 Panasonic，解决了公司名称和公司品牌相分离的难题，在国际上的品牌影响力进一步扩大。松下在国际市场上的竞争力与其企业文化密切相关，松下最为著名的企业文化为自来水哲学，即为全社会提供廉价且质优的电子消费品，在公司战略上体现为更加注重技术领先而非产品创新，松下出色的模仿、制造能力以及卓越的工艺使其在全球市场立足，2011 年松下在世界 500 强排名中为第 50 名。

## （二）公司市场表现

1. 销售额。如图 6 - 9 所示，2006 ~ 2007 年松下公司销售净额小幅上升，2007 年销售额为 91 081 亿日元，同比增长 2.4%，主要受益于松下在东南亚国家的扩张，例如，日本松下电器的印度尼西亚子公司 2007 年销售额达 2.43 亿美元，同比增长 15%；2008 ~ 2010 年受到金融危机以及半导体业务全球价格竞争加剧的影响，销售额呈不断下降趋势，销售额从 90 689 亿日元下降到 74 180 亿日元，下降幅度为 18.2%；2011 年销售额达到 86 927 亿日元，同比上升 17%，受益于松下收购三洋电机，在电池领域的竞争力增强；2011 ~ 2013 年受液晶电视销售低迷以及日元升值的影响，销售额下降较快，2013 年销售额创历史新低，为 73 034 亿日元；2014 年世界经济缓慢复苏，松下公司销售额有所上升，为 77 365 亿日元；2015 年松下销售额为 77 150 亿日元，同比下降 2.1%，主要受在华总销量低迷以及电视机业务收缩的影响。

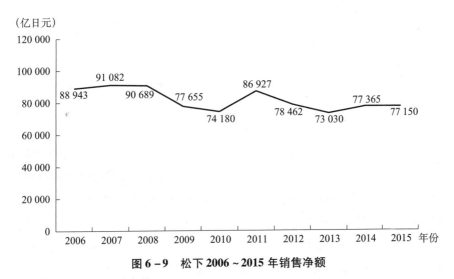

**图 6 - 9　松下 2006 ~ 2015 年销售净额**

资料来源：松下2015年年报。

2. 主要事业领域。松下集团主要事业领域包括电化住宅设备机器公司、环境方案、AVC 网络公司、汽车电子和机电系统四个部分。电化住宅设备包括家电的研发与生产、空调相关产品、冷链、元器件的研发、生产与销售，是松下最传统的业务，如图 6 - 10 所示，其销售额约占全部收入的 22%；环境方案包括照明、配线、配电、创能蓄能、住宅设备、空气质量的研发、生产与销售以及环境工程安装技术事业、护理设备、服务事业，发展潜力较大，收入占比为21%；AVC网络包括影像解决方案事业、移动解决方案事业、通信解决方案事业，是松下发展速度最快、极具代表性的事业，销售额占比为14%。汽车与机电系统包括汽车电子相关事业、机电相关事业、生产制造相关事业以及自行车相关等的研发、生产、销售与服务，销售额占比为34%。其他主要包括住宅以及城市开发，销售额占比为9%。

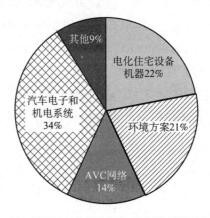

图6－10　松下2015年主要产品和服务销售额占比

资料来源：松下2015年年报。

3. 主要产品与服务销售收入。2015年电化住宅设备机器销售收入为17 774亿日元，同比下降了1%，主要受到松下中国空调和电子元器件销售额下滑、日本消费税上涨以及电视销量下降的影响，2015年利润为295亿日元，同比上升了37.3%，主要受益于日本本土白色家电业绩上升；2015年环境方案销售收入为16 744亿日元，同比下降了1%，主要受到日本本土太阳能电池销量下滑的影响，而锂电池生产成本的下降使利润稍有上涨，2015年利润为952亿日元，同比上升3.42%；2015年AVC网络销售收入为11 525亿日元，同比增加0.15%，利润同比上升45.03%，受益于松下从单一商品化向解决方案供应商转变的战略；在汽车电子和机电系统领域，放弃了亏损的ICT业务及汽车销量大增使得2015年销售收入同比增加2%，利润同比增加53%；其他业务中附带服务的老年住宅进行了大量前期投资，销售收入同比下降14.23%，利润同比下降40.21%（见表6－13）。

表 6 - 13　　　　　　　2014 ~ 2015 年松下主要产品与服务销售收入

| 分类 | 2015 年 | | | | 2014 年 | |
| --- | --- | --- | --- | --- | --- | --- |
| | 销售收入（亿日元） | 同比增长（%） | 利润（亿日元） | 同比增长（%） | 销售收入（亿日元） | 利润（亿日元） |
| 电化住宅设备机器 | 17 696 | - 0.44 | 405 | 37.30 | 17 774 | 295 |
| 环境方案 | 16 660 | - 0.50 | 952 | 3.42 | 16 744 | 921 |
| AVC 网络 | 11 542 | 0.15 | 518 | 45.03 | 11 525 | 357 |
| 汽车电子和机电系统 | 27 825 | 2.23 | 1 056 | 52.82 | 27 218 | 691 |
| 其他 | 7 644 | - 14.23 | 145 | - 40.21 | 8 913 | 243 |
| 部分加总 | 81 369 | - 0.98 | 3 077 | 22.71 | 82 174 | 2 508 |
| 调整 | - 421 947 | — | 74 124 | — | - 480 916 | 543 |
| 加总 | 77 150 | - 0.28 | 3 819 | 25.17 | 77 365 | 3 051 |

资料来源：松下 2015 年年报。

4. 主要品牌对比。2014 年松下营业收入为 701.7 亿元，与其他大型家电品牌相比，处于中等水平。欧美家电市场竞争加剧，三星 2014 年营业收入排名第一，在技术上形成了核心竞争力，占据了较大的市场份额，而松下向产业链高端转移的过程中，核心竞争力还未形成。中国是松下海外最大的市场，受房地产市场低迷的影响，各种家电，特别是空调的销量大大降低，同时中国市场本土品牌美的、格力、海尔的竞争力也不容小觑（见图 6 - 11）。

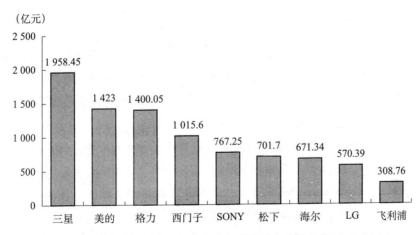

图 6 - 11　2014 年全球家电行业主要企业营业收入

资料来源：笔者根据各家电公司年报资料绘制。

## 二、松下公司区位扩张历程和特征

### （一）松下区位扩张的主要历程

1. 初始阶段。1958 年松下电器出口额为 32 亿日元，总销售占比为 7.8%。当时美国是世界第一大经济体、世界上最大的出口国，美国对日本的经济援助使得大量日本产品进入美国，松下也选择美国为海外扩张的第一站，1959 年 9 月成立了美国松下电器株式会社，主要负责在美国电器的销售。

2. 快速扩张阶段。1971 年美国宣布放弃美元对黄金的固定比价，日元开始升值，日本政府鼓励本国企业进行海外转移，积极开展海外事业。松下积极响应本国政策进入快速扩张阶段，在欧洲、北美、大洋洲、拉丁美洲、中东和非洲等均建立了公司，目前在 70 多个国家开展着企业活动，设有 469 家公司。

3. 结构调整阶段。全球家电行业的发展方向是智能化、系统化，生产重心转向消费电子和信息领域，全球性家电生产基地由欧美地区向东南亚地区转移。松下开始调整全球战略，着重推进业务的高端化，相继关闭了松下在上海、山东、北京的工厂，退出发展空间小、利润较低的电视面板业务领域，不断扩大欧美市场的汽车和住宅两大商用领域的业务。

### （二）松下区位扩张的主要特征

松下在日本本土的扩张没有显著的特点，主要分布在经济发达、交通便利的沿海地带地区。1933 年在门真市建立总部，目前在静冈县袋井市、神户市、草津、滋贺县八日市均设有工厂；在大阪、东京、九州岛设有研发中心。

松下海外扩张主要有以下几个特征。

1. 政策导向。着重考量目标市场政府对跨国企业的政策支持是松下区位扩张时的一个显著特征。20 世纪 80 年代开始日本产品竞争力强，国际贸易长期处于顺差，而美国、欧洲等地贸易长期处于逆差，开始采取贸易保护政策，限制日本商品的进口，家电行业也受到影响，松下在欧美的出口额迅速下降，松下将目光转向东南亚国家，例如，1978 年中国开始实施改革开放政策，政策利好下经济特区积极进行招商引资。

2. 多元化的市场战略。松下对不同目标市场的市场需求往往采取多元化的策略。松下节能环保的冷藏冷冻陈列冷柜目标市场主要集中在日本、中国和亚洲其他地区，通过品牌效应获取了较大的市场份额；欧美家电品牌市场竞争较强，Hussmann 在美国、墨西哥和新西兰市场拥有稳定的客户群、完整的安装、维护和服务站点网络，松下转换战略通过收购 Hussmann 进入欧美市场。

3. 渐进性。松下区位扩张秉承谨慎性原则，进入目标市场过程中初始阶段一般采取风险较小的方式，对目标市场有一定了解后，再通过其他方式扩大市场份额。例如，松下在中国的区位扩张就是以技术协作—建立贸易公司—直接投资建厂的形式展开，目前中国已经成为松下海外第一大市场。

## 三、松下公司区位扩张模式及影响因素

### （一）松下区位扩张主要模式

松下集团区位扩张包括本土市场扩张和海外市场扩张，松下幸之助在 1918 年成立生产单一产品的松下电气器具制作所，1922 年在大阪市建立第一个总部工厂，并逐渐拓展市场领域，发展成为多样化生产的松下电器产业株式会社，主要通过在日本建立多家工厂，各地成立新的子公司完成在本土市场的扩张。20 世纪 60 年代初期，松下开始布局海外市场，其开展海外业务采取的是渐进式扩张模式，主要模式有以下四种。

1. 贸易出口。对刚接触海外业务的公司来说，贸易出口是较为保守、风险较小的方式。1958 年松下电器的出口额是 32 亿日元，销售占比为 7.8%。1959 年松下成立了美国松下电器公司，以贸易的方式开展海外业务，1960 年出口额是 108 亿日元，占总销售额的 10% 以上。

2. 技术合作。松下在面对不确定的市场时通常选择先通过技术合作来增进对目标市场的了解。例如，1952 年松下还未开展海外业务，通过和飞利浦公司进行技术合作增进了对海外市场的了解；1979 年面对中国复杂的市场环境，松下选择通过技术合作初探中国市场。

3. 投资建厂。1961 年松下在泰国成立了海外生产公司，将海外业务经营方式慢慢过渡为直接投资。这可以降低生产运输成本，充分利用海外市场劳动力充足、资源丰富、成本低的优势，增加产品竞争力。

4. 兼并收购。直接采用并购方式进行扩张能降低进入文化跨度较大市场

的难度，并能通过被收购公司增加品牌效应。20 世纪 70 年代是松下海外扩张的高峰期，1973 年松下开始尝试小规模并购，1990 年大规模收购美国 MCA 公司（苏晶，2010），2011 年松下电器全资收购三洋电机株式会社，这标志着松下海外扩张模式的成熟。

松下公司重大扩张事件如表 6－14 所示。

表 6－14    松下公司重大扩张事件

| 年份 | 事件 | 扩张模式 |
|------|------|----------|
| 1952 | 与荷兰的飞利浦公司进行技术合作 | 技术合作 |
| 1959 | 成立美国松下电器公司 | 贸易出口 |
| 1961 | 在泰国成立第一家国外生产工厂 | 投资建厂 |
| 1962 | 在中国台湾建立台湾松下电器 | 贸易出口 |
| 1968 | 首次在发达国家——法国建立生产工厂 | 投资建厂 |
| 1979 | 与中国大陆第一次技术协作 | 技术合作 |
| 1989 | 建立松下澳大利亚公司 | 贸易出口 |
| 1990 | 收购美国 MCA 公司 | 兼并收购 |
| 2011 | 全资收购三洋电机 | 兼并收购 |

资料来源：松下官网。

### （二）松下区位扩张的影响因素

1. 市场竞争。2013 年世界十大家电排行中松下位于第八位，与其他大的家电公司相比，松下集团面临的情形不容乐观。松下最大的海外市场——中国基本上由本土品牌（海尔、格力、美的）占据；韩日市场有 LG、日立等品牌相互竞争；欧美市场存在西门子、飞利浦等强劲对手，同时中国跨国家电企业（海尔、美的等）在国际市场的表现也不容小觑。

2. 品牌效应。统一品牌是松下加快全球区位布局的重要步骤。2003 年松下将海外品牌统一为 Panasonic（日本本土保留 National 品牌），充分利用品牌效应，增加企业竞争力，松下海外区位布局时减小了进入新市场的难度。2008 年底松下收购三洋电机，三洋拥有海外关联公司 158 家，目前松下研发的环保型汽车将搭用三洋电池，三洋电机的品牌效应可以增加公众对松下新产品的认可度，帮助松下重新在欧美市场获得竞争优势。

3. 成本优势。劳动力和原材料成本也是松下海外区位布局时需要考虑的一个因素。20 世纪 80 年代松下基于用工成本低、资源丰富、政策上税收减免等因素而进入中国市场，目前我国经济处于转型期，特别是劳动力成本上升，松下开始将一些产业转移到日本本土或海外其他地区。一方面，生产力提升，松下开始向价值链上游——研发转移，发达国家在劳动力成本方面的劣势变小；另一方面，某些东南亚发展中国家印度、泰国等在制造成本上比中国更具优势，松下考虑将部分制造工厂转移。

4. 集聚效应。2015 年松下关闭中国山东的电视生产基地，专注于国际市场需求上升的汽车行业、消费类电子产品和技术，计划向家电行业产业链上游——研发转移，高技术行业具有集聚效应，而知识外部性可以加快产品研发进程，在新的国际大环境下，松下的区位布局必然不会忽略这点。

## 四、松下价值链区位扩张分析

### （一）生产区位

松下总部位于日本，受本国国土面积小、资源匮乏的影响，松下逐渐将生产制造转移至海外，1990 年以来，海外的白色家电制造比重达 70%。美国作为松下海外扩张的第一站，在松下此后的发展中一直占据着较为重要的地位，新泽西以及加利福尼亚均设有松下主要制造公司；中国地区是松下海外第一大市场，目前也是松下海外第一大生产基地，主要制造公司在中国有三个，分布在大连、杭州、广州。但在松下的转型过程中，在中国市场先后退出了手机、厨卫电器、燃气台灶、嵌入灶、燃气热水器等领域，对家电业务作出调整，关闭多条大陆生产线，立式洗衣机、微波炉产品生产等逐渐回迁至日本本土，放弃了民用等离子电视业务，白色家电的份额也在急剧萎缩；在中国劳动力成本、原材料成本不断上升的形势下，松下海外扩张重心渐渐向东南亚转移，松下在马来西亚和新加坡均设有主要制造公司。

### （二）研发区位

日本本土是松下最大的市场，也是其研发布局的重点，主要布局在经济发达的地区。1976 年，在美国建立首个研发中心是松下海外研发区位扩张的开始，随后随着产品生产渐渐转移到东南亚国家，松下研发也渐渐向东南亚扩张，其区位优势分析如表 6 – 15 所示。

表 6 – 15　　　　　　　松下全球研发机构所在地及区位优势

| 地区 | 所在地区 | 区位优势 |
|------|----------|----------|
| 日本 | 东京 | 1. 家电市场发达，全球家电市场的技术标准较多为日本制定，有利于研发；<br>2. 本土市场具有技术优势，知识外部性可促进研发的进程；<br>3. 总部所在地，可获得充足的技术人才和资金 |
| 日本 | 横滨 | |
| 日本 | 大阪 | |
| 日本 | 京阪奈 | |
| 日本 | 滋贺 | |
| 日本 | 博多 | |
| 欧洲 | 德国 | 1. 家电产业技术先进，具有西门子、飞利浦等大型家电品牌，取长补短；<br>2. 经济发达，需求集中于技术含量较高的产品 |
| 欧洲 | 德国兰根 | |
| 欧洲 | 英国爱丁堡 | |
| 大中华区 | 北京 | 1. 市场广阔、成本较低，产研结合有利于增强产品竞争力，扩大市场份额占有率；<br>2. 多个经济圈，产业集聚现象明显，科研力量较强；<br>3. 政府政策支持 |
| 大中华区 | 苏州 | |
| 大中华区 | 大连 | |
| 大中华区 | 天津 | |
| 大中华区 | 杭州 | |
| 东盟 | 新加坡 | 1. 家电市场需求大，购买力不断上升，具有巨大的发展潜力；<br>2. 人力成本、原料成本低 |
| 东盟 | 越南 | |
| 东盟 | 泰国 | |
| 北美 | 美国新泽西 | 1. 拥有全球一流的大学以及科研机构，科研力量强大；<br>2. 世界金融中心，有利于把握世界潮流的变化方向 |
| 北美 | 美国加州 | |
| 北美 | 美国普林斯顿 | |
| 北美 | 美国麻省 | |

资料来源：笔者根据松下官网及网络资料绘制。

## （三）销售区位

松下实施了 5 × 3 矩阵增长策略，指的是五种产业，即消费电子产品、住宅、汽车、B2B 方案以及机电相关事业；三个地区，即日本本土地区、欧洲和美洲以及战略性地区（亚洲、中东、非洲）。松下将注意力集中于对世界经济增速推动力较大的新兴国家，强购买力的中产阶级和富人的消费需求快速增长；全球住宅和汽车市场扩张、全球变暖的形势下，松下致力于减少温室气体排放的一系列产品受到许多发达国家和地区的欢迎。

松下在日本本土市场收入高，约占全部收入的 1/2，2011～2014 年本土市场收入均超过海外收入，2015 年海外收入总和为 40 230 亿日元，超过本土市场收入 36 920 亿日元。从图 6 – 12 中可以看到从 2011～2015 年海外各地区收入变化不大，除美洲地区，2015 年各地区收入都稍有下降，考虑到日币贬值，美洲地区实际销售收入下降 1%。2008 年金融危机以来，世界经济低迷，发达国家或地区（美国、欧洲等）对其产品的消费需求下降，全球白色家电产业格局发生深刻变革，欧美、日韩等发达国家白色家电产业板块显示出衰退迹象，而中国白色家电产业在国内需求旺盛形势下迅速发展，松下在欧美国家的市场份额进一步减少；最大的海外市场中国的劳动力成本、土地成本不断上升，政策利好减少。

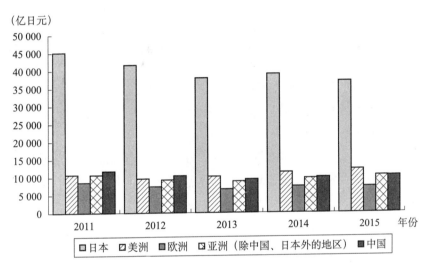

图 6-12 松下集团 2011～2015 年全球各地区收入情况

资料来源：松下 2011～2015 年年报。

## 五、松下在中国区位扩张分析

松下是最早进入中国的日系家电巨头，进入后扩张迅速，在我国大多数省份都设有公司。2015 年松下在中国的总营业额为 509 亿元人民币，员工数达到 59 841 人，在华企业总数为 88 家。

### （一）松下在中国区位扩张历程

松下在中国的区位扩张是跨国企业在中国区位扩张选择的典型代表，区位扩张历程分为三个阶段。

1. 技术合作。1979 年松下向上海灯泡厂提供黑白显像管成套设备，是中日家电行业第一次技术合作。

2. 开办合资企业。1987 年松下在北京合资建立北京·松下彩色显像管有限公司，双方投资达到 248 亿日元，为当时投资规模最大的中日合资企业，投产当年就实现了盈利。

3. 直接投资。1992～1995 年是松下在我国扩张较快的年份，1992 年松下在中国进行了大量投资。在北京建立第一家公司——松下电器（中国）有限公司，同年选择了享有国家政策红利、交通便利及工业基础较好的辽宁、广东和浙江等地建立工厂，主要生产利润稳定的空调、洗衣机和洗碗机等家用电器，我国电器市场需求较大、竞争较小；1993 年松下开始拓展在我国的业务，上海位于长江三角洲、电子信息产业比较发达，松下在上海建立工厂生产电池及零部件等；山东靠近北京、天津、江苏等地，研发力量较强，主要业务为电子元件制造和设计开发；福建东隔台湾海峡与台湾相望，交通发达，台湾拥有发达的数码电子市场，厦门松下电子信息有限公司主要生产电子元器件、数码等产品。1994 年，松下在唐山设立公司，靠近主要销售市场，劳动力及生产成本较低。1995 年松下拓宽市场，在香港、天津、河南，江苏开设工厂（见表 6－16）。

表 6－16　　　　　　　松下中国制造公司区位扩张历程

| 地区 | 城市 | 年份 | 公司名称 | 业务范围 |
|---|---|---|---|---|
| 北京 | 北京 | 1987 | 北京·松下彩色显像管有限公司（合资） | 彩色显像管 |
| | | 1992 | 北京松下普天通信设备有限公司 | 3G 移动电话 |
| | | 1992 | 松下电器（中国）有限公司 | 统括公司 |
| | | 1993 | 北京松下控制装置有限公司 | 连接器 |
| | | 1993 | 松下电气机器（北京）有限公司 | 照明、电器、门控产品 |
| | | 2000 | 三洋能源（北京）有限公司 | 锂离子电池 |
| | | 2001 | 北京松下照明光源有限公司 | 照明光源 |
| 天津 | 天津 | 1995 | 天津松下电子部品有限公司 | 传感器、电阻器、散热片 |
| 河北 | 唐山 | 1994 | 唐山松下产业机器有限公司 | 电焊机、焊接机器人及其系统 |
| 山东 | 青岛 | 1993 | 青岛松下电子部品（保税区）有限公司 | 电子元器件 |
| | 济南 | 1993 | 山东池田电装有限公司（合资） | 磁电机、点火器 |
| | 济南 | 1995 | 山东松下电子信息有限公司 | 彩色电视机、各种映像设备 |
| 河南 | 安阳 | 1995 | 松下炭素（安阳）有限公司 | 干电池用碳素棒 |

| 地区 | 城市 | 年份 | 公司名称 | 业务范围 |
|---|---|---|---|---|
| 辽宁 | 沈阳 | 1993 | 沈阳三洋空调有限公司 | 空调 |
| | 沈阳 | 1994 | 松下蓄电池（沈阳）有限公司 | 中小型阀控式铅酸蓄电池 |
| | 大连 | 1994 | 松下冷链（大连）有限公司 | 冷冻类电器、医用冷疗设备 |
| | 大连 | 1994 | 中国华录·松下电子信息有限公司 | 数字光碟、投影机 |
| | 大连 | 1995 | 松下压缩机（大连）有限公司 | 压缩机、制冷空调家具 |
| | 大连 | 1995 | 大连松下汽车电子系统有限公司 | 车用电子产品 |
| | 大连 | 2004 | 松下电器软件开发（大连）有限公司 | 电器、信息通信、通信机器 |
| 江苏 | 苏州 | 1994 | 苏州三洋机电有限公司 | 自行车用车灯及花鼓马达 |
| | 苏州 | 1994 | 松下电子材料（苏州）有限公司 | 覆铜箔、线路板 |
| | 苏州 | 1995 | 松下系统网络科技（苏州）有限公司 | 摄像机 |
| | 苏州 | 1997 | 松下半导体元器件（苏州）有限公司 | 光电子器件 |
| | 苏州 | 2000 | 三洋能源（苏州）有限公司 | 镍氢电池，电动工具组 |
| | 苏州 | 2001 | 苏州松下半导体有限公司 | 汽车相关业务、半导体电子 |
| | 苏州 | 2003 | 三洋电子部品（苏州）有限公司 | 电容器 |
| | 苏州 | 2003 | 苏州松下生产科技有限公司 | （FA 设备）电子部品贴装机 |
| | 无锡 | 1995 | 无锡松下冷机有限公司 | 电冰箱、冷冻箱 |
| | 无锡 | 1995 | 无锡松下冷机压缩机有限公司 | 冷机压缩机 |
| | 无锡 | 2002 | 松下能源（无锡）有限公司 | 电池、充电器 |
| 上海 | 上海 | 1993 | 松下能源（上海）有限公司 | 电池、电池应用器具 |
| | | 1994 | 上海松下半导体有限公司 | 民用半导体 |
| | | 1994 | 上海松下微波炉有限公司 | 微波炉 |
| | | 1994 | 松下照明装置（上海）有限公司 | 照明电器、小家电 |
| | | 1996 | 松下电工神视电子（上海）有限公司 | 电子元器件、汽车零部件 |
| | | 1996 | 松下住宅电器（上海）有限公司 | 电工工具、家具、整体厨房 |
| | | 2001 | 松下电子材料（上海）有限公司 | 电子材料 |
| | | 2003 | 松下信息仪器（上海）有限公司 | 插座、火灾防灾产品 |
| | | 2009 | 松下电动工具（上海）有限公司 | 充电式电动工具 |
| 浙江 | 杭州 | 1992 | 杭州松下家用电器有限公司 | 洗衣机、干衣机、洗碗机等 |
| | | 1994 | 杭州松下马达有限公司 | 家电马达 |
| | | 1998 | 杭州松下厨房电器有限公司 | 电饭煲、电压力锅等 |
| | | 2001 | 杭州松下住宅电器设备（出口加工区）有限公司 | 洗碗机整机及组件、洗衣机组件 |
| | | 2004 | 松下电化住宅设备机器（杭州）有限公司 | 住宅设备、汽车零部件 |
| 福建 | 厦门 | 1993 | 厦门松下电子信息有限公司 | 数码相机及其部件 |
| | | 1996 | 厦门建松电器有限公司 | MOTOR 科技、AP 科技 |

续表

| 地区 | 城市 | 年份 | 公司名称 | 业务范围 |
|------|------|------|----------|----------|
| 广东 | 广州 | 1992 | 松下·万宝（广州）电熨斗有限公司 | 电熨斗，蒸汽系列产品 |
| | 广州 | 1993 | 松下万宝美健生活电器（广州）有限公司 | 电动剃须刀、电吹风 |
| | 广州 | 1993 | 广州松下空调器有限公司 | 空调、压缩机 |
| | 广州 | 1997 | 松下电子材料（广州）有限公司 | CCL、PP、树脂覆铜板 |
| | 珠海 | 1993 | 珠海松下马达有限公司 | 电动机和电动机复合产品 |
| | 珠海 | 2001 | 松下系统网络科技（珠海）有限公司 | 无绳电话，家庭安防产品 |
| | 佛山 | 1993 | 广东松下环境系统有限公司 | 换气扇、空气净化器等 |
| | 江门 | 1995 | 松下电子部品（江门）有限公司 | 电容器 |
| | 深圳 | 1996 | 欧姆电子（深圳）有限公司（股份企业） | 电子元件 |
| | 深圳 | 2001 | 松下泰康电子（深圳）有限公司 | 继电器、传感器、控制开关 |
| | 东莞 | 2010 | 三洋电子（东莞）有限公司 | 电视机、投影仪、通信设备 |
| 香港 | 香港 | 1995 | 香港松下电子部品有限公司 | 电源、电子零件 |

资料来源：根据松下官网资料整理。

## （二）松下中国价值链区位概况

1. 生产区位。目前松下集团在中国投资占比为46%，基础行业（半导体、马达等）投资较多，家电投资不到1/3，汽车电子相关事业（车载多媒体相关设备、GPS、环保汽车相关设备）是松下中国的发展重点。松下集团制造公司主要分布在东南沿海地区，制造公司数量前三的省份广东、江苏、辽宁分别位于珠江三角洲城市群、长江三角洲城市群、环渤海城市群（吴传清、李浩，2003）（见图6-13），这是海外企业进入中国的一种典型的产业布局，沿海地区交通便利，开放水平比较高，文化包容性大，易于接受跨国公司的产品，沿海的经济特区招商引资享有国家政策支持，城市群的聚集效应有利于降低产品的生产成本。松下的产业布局注重创新、环保，2013年上海等离子彩电工厂停止生产，2015年松下电子信息有限公司停止生产，2016年松下关闭北京锂离子电池工厂，这表明松下可能会直接放弃控制装置公司的产能而不是转移到其他海外国家，在新的产业布局下，松下加快在中国的产业转移，渐渐退出制造链，更多专注于产业链高端。

2. 研发区位。松下中国有5个研发中心，分别是北京、天津、杭州、江苏和辽宁。松下电器的许多产品设计秉承着环保理念，享受我国环保企业政策红利，环保产品技术要求较高，北京、天津处于环渤海地区，科研机构、高校科研人员占我国的1/4，丰富的科研资源为松下在我国的产业布局提供了很好

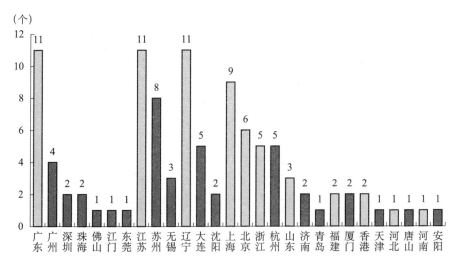

**图6-13　松下中国制造公司分地区分布情况**

资料来源：松下官网。

的技术支持；杭州和江苏位于长江三角洲，经济发展速度快、发展潜力大，通过吸引国外高新技术企业的投资产生集聚效应，高新技术知识溢出的正外部性有助于松下产品研发；辽宁是我国最重要的工业基地，工业基础雄厚、自然资源丰富，区位优势明显，松下享受我国振兴东北老工业基地政策红利（见表6-17）。

**表6-17　　　　　　　　　　　　松下中国研发基地分布**

| 年份 | 公司名称 | 所在地 | 主营业务 |
|---|---|---|---|
| 2001 | 松下电器研究开发（中国）有限公司 | 北京 | 电器、电子、信息通信、软件技术的研究开发与实验；电器、电子、信息通信机器、软件产品及其零件、材料的研究、开发、设计；提供技术转让、技术服务、技术咨询 |
| 2002 | 松下电器研究开发（苏州）有限公司 | 苏州 | 空调机器研究开发、冰箱研究开发、中国知识产权、美健开发、冷藏链机器的商品评价分析、照明光源开发、照明电子开发 |
| 2003 | 天津松下汽车电子开发有限公司 | 天津 | 汽车用多媒体电子产品的开发、设计、检测（不含进出口商品检验），商务咨询服务劳务派遣（不含职业介绍及涉外劳务）及相关服务。汽车零部件及相关电子产品的开发、设计 |
| 2004 | 松下电器软件开发（大连）有限公司 | 大连 | 从事电器、电子、信息通信、软件技术相关的研究开发与实验以及电器、电子、信息通信机器、软件产品及其零件、材料的研究、开发、设计与评价 |

| 年份 | 公司名称 | 所在地 | 主营业务 |
|---|---|---|---|
| 2009 | 松下家电研究开发（杭州）有限公司 | 杭州 | 电化产品、住宅设备机器及其元器件的研究、开发、设计、材料分析评价和生活研究以及与此等相关的技术服务和技术咨询的提供 |

资料来源：松下官网。

3. 销售区位。松下中国销售公司总部设于上海、大连、广州、香港（见表6-18）。松下销售公司最早设在香港，与香港经济发达、与国际接轨、拥有发达的资本市场有关，在香港设立销售公司有利于家电从亚洲生产基地向欧美等发达地区运输。上海位于长三角经济圈的中心，是我国最重要的经济中心，交通发达，利于松下在我国以及全球的家电销售；大连地处环渤海经济圈，是我国重要的港口城市，设立装修公司可连接下游产业链，实现产业链纵向合并；广州设立了环境方案公司，主要业务为智能家居，广州电子信息市场发达，连接产业链上游，实现产业链向上整合，此外，广州毗邻港澳和东南亚，交通便利。

表6-18　　　　　　　　　　松下中国销售公司分布

| 公司名称 | 年份 | 总部 | 分公司/事务所 | 主营业务 |
|---|---|---|---|---|
| 松下环境方案（香港）有限公司 | 1982 | 香港 | — | 换气设备、电风扇、干手机 |
| 松下电器机电（香港）有限公司 | 1994 | 香港 | — | 电子元件、工厂自动化设备、半导体 |
| 松下电器机电（中国）有限公司 | 1996 | 上海 | 北京、天津、大连、沈阳、苏州、广州、深圳 | 电子部品、汽车电子、工厂自动化 |
| 松下电器机电贸易（上海）有限公司 | 1996 | 上海 | 北京、天津、苏州、大连、广州、沈阳、深圳、青岛、厦门、杭州、重庆、长春、武汉、南京、郑州、成都 | 电子元件、汽车电子系统、FA机器销售、售后服务 |
| 松下国际采购（香港）有限公司 | 2002 | 香港 | — | 采购、开拓新客户、运输、保险费用的全球管理 |
| 松下盛一装饰（上海）有限公司 | 2003 | 上海 | 深圳、广州、苏州、福州、长沙、中山、潮州、银川、铜陵、泉州、无锡、西安、北京、太原、赤峰、武汉、厦门 | 装修设计 |

续表

| 公司名称 | 年份 | 总部 | 分公司/事务所 | 主营业务 |
|---|---|---|---|---|
| 松下国际采购（中国）有限公司 | 2003 | 上海 | 杭州、北京、大连、深圳、广州 | 化学材料、金属电池、机械设备 |
| 松下亿达装饰工程（大连）有限公司（合资） | 2003 | 大连 | 北京、沈阳、青岛、重庆 | 装修 |
| 松下电器（中国）有限公司　系统通信营销公司 | 2012 | 上海 | 北京、上海、广州、成都、深圳、大连、沈阳、天津、杭州、江苏、厦门、青岛 | 安防监控、广播电视系统、笔记本电脑、音响、摄像机 |
| 松下电器（中国）有限公司　环境方案公司 | 2012 | 广州 | 北京、上海、广州等 | 照明控制系统、智能家居 |
| 松下电器（中国）有限公司　家电营销公司 | 2013 | 上海 | 全国各地 | 家电销售 |

资料来源：笔者根据松下官网及网络资料编制。

## 六、结论与启发

松下电器产业株式会社经过 90 多年的发展，目前已经成为世界知名家电品牌。由于同在亚洲地区，松下在欧美及中东和非洲地区的扩张对我国家电企业国际化有很大的借鉴意义。通过前文对松下区位扩张历程、模式、特征、影响因素以及价值链区位扩张的分析，有以下经验值得借鉴。

### （一）谨慎原则

松下在进入新的市场时秉承谨慎性原则，在对目标市场有了较多的了解才会选择进入，松下海外扩张始于美国，在美国对日本的经济援助的形势下，降低了开拓市场的风险，松下在美国取得了较好的成就。在中国市场，松下也表现出了谨慎的原则，当时我国实行改革开放，1979 年松下幸之助第一次访华，1980 年第二次访华，直到 1994 年才在我国成立松下电器（中国）有限公司。

### （二）产业转型

在传统家电行业利润空间不断下降的形势下，松下开始调整区位布局，向产业链高端转移。在日元不断贬值的情形下，关闭在上海的等离子彩电厂以及北京的锂电池厂，松下将白色家电制造业迁回本土，同时松下开始慢慢退出制造链，在欧洲成立汽车电子与机电系统公司，向技术含量高、利润更多的领域转移。

## (三) 立足本土，充分利用总部资源

日本一直是松下最大的市场，在区位布局过程中，松下一直充分利用总部资源，实现更好的发展。受国土资源的限制，在区位扩张过程中，松下将大部分制造基地迁往海外成本较低廉的发展中国家。依托总部资源，在本土布局主要集中于研发部分，设有六个研发中心，掌握核心技术。

但松下在区位扩张过程中存在着市场定位不准确的问题。例如，松下刚进入我国市场时，将产品定位为低端产品，在其他厂商实行价格战时，为实现产品的差异化，转变战略将产品重新定位为高端产品，不准确的市场定位也使得松下在进入我国市场初期时销量不佳。

**参考文献**

[1] 格力电器官网. 珠海格力电器股份有限公司 [EB/OL]. http：// www. gree. com. cn/, 2016.

[2] 格力. 珠海格力电器股份有限公司 2010～2015 年年度报告 [R]. 2016.

[3] 新华网. 格力电器入选"2015 年度最具世界影响力的中国品牌榜" [EB/OL]. http：//news. xinhuanet. com/tech/2015 – 11/27/c_128472315. html.

[4] 李志远. 格力"掌握核心技术"的核心在哪里？[J]. 流体机械，2008.

[5] 艾纹萱. 环渤海地区家电产业集群发展研究 [D]. 长春理工大学，2009.

[6] 品牌世家. 格力电器四大生产基地 [EB/OL]. http：// guide. ppsj. com. cn/art/7633/gldqsdscjd/index. html.

[7] 白旭波. 基于全球价值链的国际市场进入模式选择——以中国家电企业为例 [D]. 电子科技大学，2008.

[8] 鲍丽. 企业文化沟通研究——以海尔为例浅析企业文化沟通的重要性 [J]. 科协论坛 (下半月)，2008 (02).

[9] 海尔官网. 海尔集团 [EB/OL]. http：//www. haier. net/cn/, 2016 – 07 – 21.

[10] 唐旭辉. 家电行业跨国并购研究以海尔并购三洋为例 [D]. 湖南大

学，2013.

　　[11] 海尔集团公司党委．海尔：创新资源美誉全球 [J]．中小企业科技，2007.

　　[12] 李嵩．制冷空调行业部分上市公司 2013 年年报集锦 [J]．制冷与空调，2014.

　　[13] 周宇．企业集团财务战略研究 [D]．西南财经大学，2006.

　　[14] 李东东．中国海尔集团海外投资战略研究 [D]．青岛科技大学，2008.

　　[15] 吴留明．企业并购整合研究 [D]．上海交通大学，2003.

　　[16] 王新桥．意大利：海尔品牌举足轻重 [EB/OL] http://jjckb.xinhuanet.com/2013 - 10/08/content_469817.htm，2013 - 10 - 08.

　　[17] 王伟．跨国公司本土化经营结构序列分析 [D]．苏州大学，2013.

　　[18] 吴建平．企业集成创新链研究 [D]．武汉理工大学，2007.

　　[19] 陈雪峰．提高我国企业品牌国际竞争力的策略研究 [D]．首都经济贸易大学，2007.

　　[20] 海尔电器．青岛海尔股份有限公司 2012～2015 年年度报告 [R]．2016.

　　[21] 松下．松下株式会社 2010～2015 年年度报告 [R]．2016.

　　[22] 松下中国官网．松下株式会社 [EB/OL]．http://panasonic.cn/.

　　[23] 李荣田．日本实业家松下幸之助的教育观 [J]．职业教育研究，2009.

　　[24] 苏晶．中国对外投资存在问题及对策研究 [D]．东北师范大学，2010.

　　[25] 吴传清，李浩．关于中国城市群发展问题的探讨 [J]．经济前沿，2003 (9)．

# 第七章　生物医药产业案例[①]

## 第一节　生物医药产业的价值链结构

人们日常食用的各种维生素片，生病时注射的青霉素等就是用不同微生物发酵而制得的生物药物制品。生物药物与传统化学药品不同，它来自有机体，可直接参与人体的新陈代谢，相对于传统化学药品而言，生物药物疗效好、副作用小、针对性强、更易于人体吸收。近年来，由于新药研发速度的加快，药效的提高与优化，以及生物医药产业所具有的多学科融合性、技术创新性、发展潜力，生物医药作为新兴的产业领域成为关注点之一，与传统药物产业形成竞争关系。图7-1展示了生物医药产业的产业链。

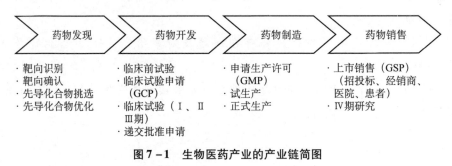

| 药物发现 | 药物开发 | 药物制造 | 药物销售 |
|---|---|---|---|
| · 靶向识别<br>· 靶向确认<br>· 先导化合物挑选<br>· 先导化合物优化 | · 临床前试验<br>· 临床试验申请（GCP）<br>· 临床试验（Ⅰ、Ⅱ、Ⅲ期）<br>· 递交批准申请 | · 申请生产许可（GMP）<br>· 试生产<br>· 正式生产 | · 上市销售（GSP）（招投标、经销商、医院、患者）<br>· Ⅳ期研究 |

**图7-1　生物医药产业的产业链简图**

资料来源：笔者根据公开资料整理。

从药物的生产流程来看，生物医药的产业链始于药物发现，从先导化合物

---

① 本章由暨南大学产业经济研究院刘莹、陶锋执笔。

的挑选与优化，再到开发过程中的临床试验，接着申请生产许可，上市销售，几个环节紧密相连。综合生物医药产业链和产业特性，生物医药产业价值链具有以下五个特征。

1. 高技术。作为一个多学科互相交融渗透的新兴前沿产业，毋庸置疑，高技术含量的生物医药产业是一个知识密集型产业，尤其是在药物开发阶段，需要投入大量的高层次人才与运用不同的高新技术手段。

2. 长周期。生物医药行业从开发到上市销售要历经许多道环节，除了前期研发环节进行缜密试验需要时间保障外，每个环节还需要进行严格的审批程序，研发一种新药的周期很长，一般为 8～10 年。

3. 高投入。生物医药是一个高投入的产业，新药的高投入特征更为明显，表现在人力资本和物质资本两个方面。据相关资料显示，目前开发一种新的生物医药产品的平均成本为 1 亿～3 亿美元，业界甚至指出一种新的生物药品研发投入高达 10 亿美元，并且随着难度增加，费用也会相应增加。用于新生物医药产品研发的厂房与设备、原材料、化合物挑选、临床试验、招聘高端人才的费用等均是一笔不小的支出。

4. 高风险。开发生物医药产品具有很高的风险。在生物医药产业链任何一个环节出现失误都将产生不可挽回的沉没成本和试错成本。相关资料显示，一种新的生物医药产品从研发到上市的成功率仅为 5%～10%。然而，相对应的长周期（8～10 年）、高投入（1 亿～3 亿美元）使得研发一种新药充满了风险性。

5. 高收益。生物医药行业的利润回报率很高，高技术、高投入、高风险特征同时决定了生物医药产业的高收益特征。通常而言，新药成功产业化后有一段垄断收益期，一种新药投放市场 2 年左右可收回所有投入，部分拥有专利的企业回报率更是达到 10 倍以上。

# 第二节　辉瑞区位战略研究

## 一、公司概况

### （一）公司简介

辉瑞制药有限公司建于 1849 年，迄今已有 160 多年的历史，总部位于美国纽约，是目前全球最大的以研发为基础的生物制药公司。早期的辉瑞公司是一家以生产化工产品为主要经营业务的化学品公司，药物作为化学品的一种也属于公司的经营范围之内。

经过百年发展，辉瑞公司现有产品已覆盖了包括化学药物、生物制剂、疫苗、健康药物等诸多广泛而极具潜力的治疗及健康领域，同时其卓越的研发和生产能力处于全球领先地位。辉瑞规模庞大，分布于全球 150 个国家，约100 000 名员工。辉瑞制药有限公司拥有世界上最先进的生产设施和检测技术，其一流的检测分析手段及其完美的质量保障体系，使公司的产品全部达到或超过了中国药典和美国药典标准。

在人类和动物药品的发现、研发和生产过程中，辉瑞始终致力于奉行严格的质量、安全和价值标准。每天分布在世界各地的辉瑞的工作人员致力于促进当地医疗卫生的发展以及探索能够应对当今最为棘手疾病的预防和治疗方案。辉瑞还与世界各地的医疗卫生专业人士、政府和社区合作，支持世界各地的人们能够获得更为可靠和适用的医疗卫生服务。[①]

### (二) 公司市场表现

1. 盈利状况。图 7 - 2 是辉瑞公司 2010～2015 年的财务盈利数据。数据表明，在过去五年营业收入有下降的趋势，其中在 2012 年营业收入达到最高，为 679.32 亿美元，然而到了 2015 年只有 696.05 亿美元，锐减了接近 27%。其营业收入下滑的主要原因是由于美国本土税收体制的改革以及其并购投入数额的增大。净利润受多重因素的影响，其波动也较大，在 2014 年达到最高值40.9 亿美元，较 2011 年的最低值增长了近 70%。根据 2016 年的辉瑞计划，公司将会推出一系列的新药，据预测在 2016 年营业收入有望得到提高。

2. 公司主营业务。辉瑞公司的药物涉及多个领域，表 7 - 1 是 2015 年辉瑞旗下核心药品的销售状况。数据表明，其重点发展领域在神经医学、炎症、疼痛、免疫肿瘤几个方面。同时，公司开始采取退出多元化，专攻生物制药的战略手段。近些年来，国际公司退出多元化发展路径，专注于医药领域已成为一种趋势，辉瑞公司也采取了同样的举措。2013 年，辉瑞公司宣布退出多元化战略，因为随着辉瑞公司的主营收入逐年递减，公司预测到在未来的行业领域内医药仍是会给企业带来最大利润的主项业务，而且只有掌握核心技术才能保

---

① 辉瑞公司官网。

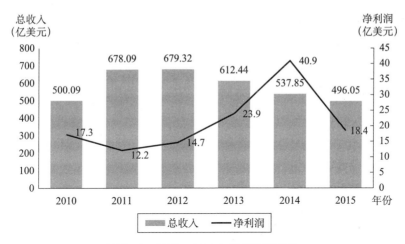

图 7 – 2　2010～2015 年辉瑞盈利状况

资料来源：辉瑞公司 2010～2015 年年报。

住行业龙头地位。类似于辉瑞公司这样的企业忍痛变卖副业很大可能是受近两年专利药品到期的影响，其企业地位因此受到动摇。而通过变卖股份来筹措资金和集中精力来开展医药研发成为当前国外知名医药企业的主流发展战略。

表 7 – 1　　　　　　　　　　　　辉瑞主要产品销售额一览

| 药品 | 适应症、用途 | 销售额（亿美元） |
|---|---|---|
| 肺炎球菌疫苗 | 肺炎 | 62.45 |
| 普瑞巴林 | 镇痛 | 48.39 |
| 依那西普 | 自身免疫疾病 | 33.33 |
| 安托伐他汀 | 降血脂 | 18.6 |
| 西地那非 | 男性勃起障碍 | 17.08 |
| 舒尼替尼 | 肾细胞癌、GIST | 11.2 |
| 共轭雌激素 | 更年期综合征 | 10.18 |
| 氨氯地平 | 高血压 | 9.91 |
| 里奈唑坡 | G＋细菌感染 | 8.83 |
| 塞来昔布 | 抗炎镇痛 | 8.30 |
| Palbociclib | 乳腺癌 | 7.23 |

资料来源：辉瑞官网。

3. 行业排名。辉瑞制药公司实力雄厚，近年来，在世界五百强《财富》排行榜的排名分别为：2015 年第 148 位，2014 年第 126 位，2013 年第 103 位，

2012 年第 140 位。辉瑞公司的年销售收入在制药行业一直是全球前十，2015 年全球制药巨头销售规模排行前十，如图 7 – 3 所示，从图中可以看出辉瑞在全球制药市场具有举足轻重的地位，是生物制药的巨头，无论是年销售额还是利润，其规模均保持在全球前列，在全球拥有较高的竞争力与地位。

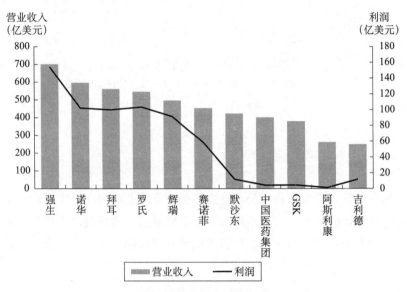

**图 7 – 3　2015 年全球医药行业公司收入与利润排行榜**

资料来源：中国医药网。

## 二、辉瑞区位扩张的历程和特征

### （一）辉瑞区位扩张的主要历程

辉瑞的区位战略目标可以归纳为"放眼全球，致力于本土化"，其扩张历程可以分为两个时期。

1. 全球扩张的初始阶段（1950～1989 年）。辉瑞公司在专注于美国本土的基础上，开始进行全球战略的初步阶段。主要是通过收购的方式，建立了巴拿马、波多黎各、巴西、墨西哥以及早先已经建立的英国、加拿大、比利时及日本等分支机构，还有在法国、英国和日本的工厂。因此，在这一时期，辉瑞海外扩张的持续努力得到了很好的回报，1962 年的一份数据显示，在英国医药市场上，销售额最大的制药企业就是辉瑞，达到了 840 万英镑，并且到了

1964 年年底，海外销售额达到 2.23 亿美元，差不多是辉瑞公司总销售额的一半。另外，辉瑞公司同时建立了开发组织和多学科研究，并在 20 世纪 60 年代及 70 年代获得了几项专利成果。

2. 全球扩张的成熟阶段（1989 年至今）。由于受到经济全球化的影响，辉瑞的海外战略市场不仅仅集中在美国本土以及发达国家，包括中国在内的一些发展中国家也逐渐成为其发展重点区域。1989 年，辉瑞在中国大连建立了一个制药厂，扩大了辉瑞在亚太地区的市场，增加了其在东方的品牌影响。并且自 20 世纪以来，辉瑞开始推广服务医疗的项目，志在加强非洲等落后地区的医疗状况，并得到了很好的反馈。随着发展中国家经济的不断向前，辉瑞公司也会投入更多精力致力于扩张发展中国家的市场。

（二）辉瑞区位扩张的主要特征

1. 立足美国本土以及其他发达国家，并不断开拓发展中国家市场。医药行业作为一个依托高科技水平发展的行业，由于需要大量的人才资源以及科技资源，辉瑞的市场发展重点都落在了发达国家。由于国际化的趋势，近年来，辉瑞也更加注重包括中国在内的发展中国家的市场。

2. 研发与销售并行。作为大型医药企业，研发是维持其生命力的重要环节。辉瑞公司十分看重研发市场，因此，企业投入了大量资金进行研发。并且研发基地都选择在经济发达、人口密集的城市，如纽约、波士顿、伦敦、上海等地。同时这些城市也能开拓其销售渠道，进一步提升市场规模。

3. 发展战略联盟模式。面对新药研发越来越难的窘境，辉瑞通过发展联盟战略，进一步深挖渠道价值，实现了企业内部的快速发展（红梅，2011）。辉瑞公司自 20 世纪 90 年代以来，已经与 150 多家公司发展了战略合作关系，同时也与制药公司或其他药物研发机构建立了 20 多个联盟。这些联盟的合作范围包括药品共同开发、合资进行药物研究以及共同进行市场销售等。2014 年，辉瑞与另一家全球知名医药企业默克所形成的"辉瑞—默克肿瘤战略联盟"在我国正式落地，这一举措推进了中国免疫肿瘤治疗领域的发展。

## 三、辉瑞区位扩张的主要模式及影响因素

（一）辉瑞区位扩张的主要模式

辉瑞的区位扩张主要包括以下三种模式。

1. 直接建厂。对于大多数公司来说，直接新建的扩张模式，充分考虑到了各地区人力成本的差异，有利于初步挖掘各地区市场的潜力，使公司规模迅速扩大，快速扩张公司版图，为之后公司的发展奠定了基石。在今天辉瑞公司在进入新兴市场之初也是采用直接建厂的模式，比如亚洲（不包括日本和韩国）、拉丁美洲、中东、欧洲东部和欧洲中部、非洲等。辉瑞自20世纪80年代进入中国，经过了1989年在大连建立现代化工厂，1991年在苏州建立健康药物厂，1995年在无锡建立制药厂，2004年在上海成立辉瑞投资有限公司等，都是采用直接建厂的模式。

2. 兼并与收购。辉瑞在美国、欧洲发达国家以及其他发达地区主要采取兼并与收购的区位扩张模式。自从20世纪90年代以后，辉瑞公司为弥补研发的不足，通过购买成熟技术、收购新产品等一系列方式来寻求并购，并且力求能够突破其研发短板，为其确立全球的霸主地位打下基础。表7-2所示是辉瑞的一些并购公司，并且每一项并购都给公司带来了巨大的影响，2000年收购立普妥之后，辉瑞成为世界第二、美国第一的生物医药公司，同时，在2003年并购法玛西亚后，获得了热镇痛药物、伐地考昔和西乐葆，并且在2008年西乐葆药物的全球销售额达到了24.9亿美元，成为辉瑞公司销售量排名第三的主打药物。而在2015年，并购艾尔建公司则诞生了全球规模最大的制药公司。

| 表7-2 | 公司并购案例一览 | 单位：亿元 |
|---|---|---|
| 年份 | 并购公司 | 收购价格 |
| 2000 | 立普妥 | 900 |
| 2003 | 法玛西亚 | 600 |
| 2015 | Hospira | 160 |
| 2015 | 艾尔建 | 1 600 |

资料来源：辉瑞公司官网。

3. 合资经营。大笔金额收购将辉瑞一步步推向行业霸主之位，但是并购结果并非都尽如人意，并且继续靠收购不断扩张的优质企业越来越少，所以辉瑞开始转变扩张模式，并且采用温和投资的方式，例如辉瑞通过合资经营来取代强势收购的模式。辉瑞从2010年开始与印度多个制药企业采取了授权和合资的方式生产辉瑞品牌仿制药，并获得了128种制剂产品，这些产品的对象主要是欧美市场。2011年2月17日，辉瑞向浙江海正药业伸出了橄榄枝，该项目总投资高达2.95亿美元，注册资本2.5亿美元，其中，辉瑞卢森堡公司、海正药业以及海正杭州公司，各占合资企业注册资本的49%、46%和5%。

（二）辉瑞区位扩张的因素

1. 市场因素。由于随着国内经济的迅猛发展以及对外开放程度的不断提高，中国庞大的药品消费力开始慢慢引起了跨国制药企业对中国市场的重视。辉瑞所有在中国上市的创新药品均开始与全球同步上市。凭借其无与伦比的药品组合，辉瑞在内分泌科、呼吸系统、心血管科、感染性疾病、关节炎、精神科、泌尿科、眼科疾病、癌症、其他炎症以及其他许多医学领域内均保持领先水平，这也能够使得辉瑞的产品在中国市场的占有率能够长期居于所有外资制药企业的前列。

2. 聚集因素。辉瑞的总研发中心位于美国波士顿，这里是美国教育的中心，拥有多所美国知名学府。医药行业需要高科技的支持以及人才资源的输送，其得天独厚的资源给了辉瑞强大的动力。同时，如中国的上海、英国的伦敦等地，都是高校聚集、人才丰富的地区。

## 四、辉瑞价值链区位扩张分析

对于生物医药产业，跨国公司和大型制药企业规模庞大、实力雄厚，是产业价值链最主要的控制者。对于生物制药而言，生物医药产业，一个药品如果从发现阶段的确立靶标开始，到通过各种渠道最后被患者使用为止。因此，生物医药价值链包含四个环节，分别是药物研发→临床前/临床试验→药物制造→药物销售（王健聪，2011）。

（一）医药研发

研发创新是摆在每一个医药公司面前的巨大的挑战，由于医药产业的变化性较大，以及市场机制的不断完善，迫使医药公司退出多元化发展路径，着重致力于医药制造主业，因此，医药研发创新也逐渐成为辉瑞公司的一个重要环节。回顾辉瑞的波峰与波谷，可以看到其全面的路径扩张始终围绕着研发这个轴线并向世界延伸。辉瑞最重要的研发基地如表7-3所示，可以看到，辉瑞的重点研发基地都建立在经济发达、教育资源丰富的地区。这些区域的优势有两点：第一，强大的科研实力提供了强大的保障与动力，如美国的马萨诸塞州，辉瑞最为核心的研发基地即设立于此，该州拥有全球知名学府如麻省理工学院以及哈佛大学，为研发制造创立了良好的氛围同时每年也为公司输送了大量高新技术人才。第二，这些城市经济较为发达，其市场份额集中度较高，更有利于药品实验环节。除此之外，辉瑞在欧洲一些国家以及包括中国在内的亚洲发达国家也有小型的研发基地。

表 7 – 3　　　　　　　　　　　　重点研发基地分布一览

| 国家 | 城市 | 研究领域 |
| --- | --- | --- |
| 美国 | 安杜佛，马萨诸塞州 | 药物科学：生物工艺研发，分析研发，医药研发，比较医学，药品安全研发，生物治疗物动力学，动力学与代谢，全球化学，生产和控件 |
| 英国 | 剑桥 | 疼痛和感觉障碍和再生医学 |
| 美国 | 剑桥，马萨诸塞州 | 医药生物治疗/生物制品研究，药物代谢，生物技术单位，发展和医疗，支持功能 |
| 美国 | 格罗顿，康涅狄格州 | 药物化学；药代动力学，动态和新陈代谢；药学院；临床试验操作；药品安全；比较医学；监管 |
| 美国 | 拉霍亚，加利福尼亚州 | 生物学，化学，药代动力学和药物代谢，药物安全性，药物科学，比较医学，免疫学和临床开发 |
| 美国 | 珀尔里弗，纽约州 | 疫苗和生物治疗 |
| 美国 | 旧金山，加利福尼亚州 | 肿瘤学，免疫癌症，疼痛，炎症，心血管，代谢和内分泌失调 |
| 英国 | 三明治 | 药品治疗药物科学，全球安全和监管 |
| 美国 | 圣路易斯，密苏里州 | WRD – 生物治疗药物科学 |

资料来源：辉瑞公司官网。

同时，辉瑞公司在研发这一项的投入也是巨大的，根据辉瑞公司年报数据，如表 7 – 4 所示，与 2013 年相比，研发费用在 2014 年下降 11%，主要由于 2014 年公司采用降低相关费用来实现降低成本和生产力的计划。对比 2014 年，研发费用在 2015 年增加了 26%，主要原因是 2014 年与默克公司的合作，其中包括一个 8.5 亿美元的预付现金付款，以及额外的 3.09 亿美元。据预测，在未来竞争更加激烈的医药行业里面，辉瑞会投资更多在创新环节上，同时，其成本也会不断降低。

表 7 – 4                                2013 ~ 2015 年辉瑞研发投入

| 年份 | 研发费用（亿美元） | 研发占收入的比重（%） |
|------|------------------|---------------------|
| 2015 | 83.93 | 16.9 |
| 2014 | 66.78 | 12.4 |
| 2013 | 71.24 | 11.6 |

资料来源：辉瑞公司年报。

## （二）生产布局

辉瑞公司作为一家具有 150 多年历史并以研发手段为基础的跨国医药公司，拥有世界上最为先进的检测技术和生产设施，其一流的检测分析手段以及其完美的质量保障体系，使得公司的产品畅销全球 150 多个国家和地区。其中，企业资产包括财产、工厂、设备和网络。辉瑞公司将其大部分资产都投入建立在了美国以及其他发达国家，因为这些国家具有非常明显的区位优势，从另一方面来说，尽管发展中国家资产占比并不高，但是依然有逐年递增的趋势。具体区位优势分析如表 7 – 5 所示。

表 7 – 5                                辉瑞生产区位分析一览

| 地区 | 区位分析 |
|------|---------|
| 美国本土 | 美国是辉瑞的总部所在地，并且也是国际主流医药市场，优势如下：<br>1. 总部在纽约，如运输、人才培养等成本优势较为明显，市场整合度更高；<br>2. 作为美国本土企业，政策保护力度相对其他跨国公司有更大的优势；<br>3. 学术产业合作，医药行业作为高新技术行业之一，需要较为高端的技术知识。美国教育资源丰厚 |
| 发达国家 | 发达国家作为辉瑞的第二大市场，优势如下：<br>1. 市场成熟度较大，经济发达，市场前景广阔；<br>2. 上下游产业链结合更加成熟，能为企业生产研发环节带来更大的空间 |
| 发展中国家 | 中国在内的新兴国家，是近几年迅速崛起的一个市场，优势如下：<br>1. 发展潜力大，新兴国家经济迅速发展，发展与进步空间较大；<br>2. 在一个不成熟的市场，作为拥有百年历史的企业，其品牌优势明显，消费者更加偏向于选择辉瑞这样口碑良好的公司；<br>3. 土地劳动力等资源价格低廉，具有较高的成本优势 |

资料来源：笔者根据资料编制。

尽管如此，辉瑞公司的区位扩张也是机遇与挑战共存的。如在发达国家的发展，所要面对的其他公司的挑战，公司所面临的压力更大。而在新兴国家，由于市场还并不完善，体制监管不到位，消费者盲目消费等都是摆在辉瑞公司面前的问题。

### (三) 销售与服务

辉瑞公司收入规模庞大，图 7 – 4 提供了 2013 年、2014 年以及 2015 年的各地区收入，由数据可以看出，辉瑞公司的收入来源主要是美国及其他发达国家。其中，美国一个国家的地区销售收入份额就达到了 40%。另一方面来看，尽管辉瑞公司的销售收入在不断降低，但是发展中国家所占收入的比例却在不断上升。2013 年为 18%，2014 年为 20%，2015 年则达到了 23%。由于发展中国家的经济迅速提升，辉瑞公司也在不断地将其市场发展重点从发达国家向发展中国家不断扩张中。

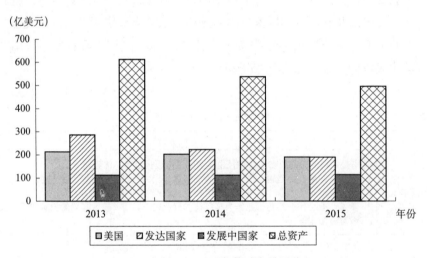

**图 7 – 4　2013 ~ 2015 年辉瑞各地区收入**

资料来源：辉瑞公司 2013 ~ 2015 年年报。

## 五、辉瑞在中国

随着改革开放的不断深入，中国经济的不断腾飞，人民生活水平的提高，对医疗服务的要求也随之提高，中国已逐渐成为一个重要的医药市场。迄今为止，辉瑞在华累计投资超过 10 亿美元，并在大连、苏州、无锡等地设立了 4 家先进的生产制药工厂，分别生产药品、健康药物等。所生产的产品不仅满足中国市场，还出口海外市场。其中辉瑞大连药厂是国内首家获得制药行业GMP 认证的制药厂。2012 年 9 月辉瑞与浙江海正制药成立"海正辉瑞制药有限公司"。该合资企业的主要目的是面向中国和全球市场开发、生产、推广包括辉瑞仿制药在内的专利以及到期药物的管理。合资企业的成立标志着两家公司在为更多的患者提供优质优价的品牌仿制药方面的努力迈出了重要一步。表7 - 6 是辉瑞公司在我国制药工厂的分布状况。

表 7 - 6　　　　　　　　　　　　中国生产制药研发工厂

| 公司名称 | 简介 |
|---|---|
| 辉瑞大连药厂 | 建立于 1989 年，是中国第一个获得 GMP 认证的工厂 |
| 辉瑞苏州药厂 | 辉瑞苏州药厂成立于 1991 年，主要从事健康药物和处方药的生产，是中国第一批获得 GMP 认证的药厂之一 |
| 辉瑞无锡药厂 | 辉瑞无锡药厂成立于 1995 年，是辉瑞在中国的抗肿瘤药物生产基地，1999 年通过 GMP 认证 |
| 海正辉瑞制药有限公司 | 2012 年成立海正辉瑞制药有限公司。该合资企业将面向全球以及中国市场进行开发、生产以及推广包括符合国际标准的专利到期的原研药和高质量品牌仿制药 |
| 上海辉瑞研发中心 | 成立于 2005 年，为辉瑞全球的生物及化学制药研究与开发项目提供支持服务 |
| 武汉光谷辉瑞研发中心 | 成立于 2010 年，主要涉及为全球临床药物开发项目提供各方面支持，包括临床 I 期到 IV 期的试验。中心将对肿瘤、神经科、疼痛、心血管疾病、疫苗、抗感染等 10 多个领域进行临床药物研发 |

资料来源：辉瑞公司官网。

同时，坐落于上海张江高科技园区的辉瑞中国研发中心是辉瑞公司在亚太地区最为重要的研发枢纽之一，为辉瑞全球的生物及化学制药研究与开发项目提供支持服务。除了与药物开发有关的活动外，该中心还设有亚洲研究团队，执行与协调辉瑞的亚洲研究战略，并与亚洲各地的学术研究机构、临床实验机构（CRO）以及政府研究机构合作，增强亚洲地区的研究能力。到目前为止，辉瑞中国研发中心投资已超过 1.5 亿美元，现有各类研发人员 900 余名，2010年，辉瑞在武汉光谷生物产业中心成立分中心，大大扩展了其在国内的研发规模和合作领域。

综合以上辉瑞在华的扩张模式，可以看出，辉瑞在中国的分布几乎都集中在经济发达的沿海、沿江地区，这些地区经济优势明显，并且依托高校，能够提供更加强大的科技学术资源，且沿海、沿江地区与国际接轨机会更多、空间更大，本地化战略更加完备。辉瑞在华区位优势可以归纳如下。

1. 对于高科技产业而言，人才资源就是核心力量，随着国力强大，我国的科学技术也在逐渐增长。辉瑞重视在华设立研发机构并进行新药品的研究与开发，相对于位于经济发达的区域来说，本地的高校、研究所提供了强大的资源。

2. 劳动力成本优势明显，我国的大量劳动力集中在沿海地带，为药品的生产制造提供了有利的条件，同时，新建厂房时，原材料以及土地的廉价也为制药企业带来了强大的吸引力。

3. 具有较高的技术优势，面对中国还不算太完善成熟的药品市场，辉瑞的制药生产体系更加完善。

然而，一个不成熟的市场也会因为监管不当、市场混乱给企业的战略发展带来挑战。对于辉瑞这个老牌企业来说，在中国的发展也许才刚上路。

一方面，对比中国本土制药业，尽管中国现有医药公司4 000多家，但是集团规模企业相对很少，跟大型医药公司比较而言更加缺乏市场竞争力，并且中国的医药市场区别很大。另一方面，中国生物医药的发展潜力巨大，基于中国 GDP 增长速度连续高速增长，人们生活水平的提高，所对应的医药消费也会同步增长。因此，对于中国这个巨大市场，不论是辉瑞自身还是中国本土企业都应该相互促进、共同发展。中国制药企业应该借鉴辉瑞的发展模式，重视医药研发发展，提升研发投入，同时优化公司的管理层。同时，制药企业应谋求合作，寻求多赢或双赢。在发展的同时，必须牢记品质为先的原则。

辉瑞肩负重任、开拓进取，成功致力于建设一个帮助人们生活得更健康的公司，而中国制药企业也要不甘落后，锐意进取，主动借鉴吸收辉瑞的成功之道，为中国人民提供更加优质健康的生活。

## 六、结论与启发

### （一）结论观点

综合本节，可以看出一个成熟的企业，都是经历了"萌芽—成长—成熟—稳定—改革"的扩张过程。辉瑞由成立之初的小化学药品公司发展到现今全球制药领军企业，本书得到以下几点结论。

1. 全球化扩张从美国本土开始。以欧美等发达国家市场扩张作为第一阶段，在企业逐渐成熟完善之后开始进行新兴国家的扩张。在欧美国家的扩张以研发创新为主，而在新兴国家由于市场土地成本优势明显，因此扩张多以新建厂房为主。

2. 扩张模式多样化。除了在新兴国家采用新建厂房的方式，辉瑞扩张还采取了合资兼并及收购的方式。这些方式可以为辉瑞打开新的市场打好基础。并且，与其他公司的收购，大大增加了公司实力，有利于扩大市场的份额，助力辉瑞成为医药产业的巨头。

3. 研发创新多分布于科技较为发达的地区。医药行业由于要经历研制临床开发这一阶段，因此需要更高的科技支撑。辉瑞在这一环节，将基地都设立在了科技发达、教育资源丰富以及人才聚集的地区。这一措施为辉瑞的创新提供了源源不断的动力。

4. 销售区域集中在发达国家。越是经济发达的国家，其在医药保健方面的需求就越高。因此，辉瑞的销售份额多集中在发达国家的区域。但是近年来，随着新兴国家经济实力的不断增长，辉瑞也会加大在这些市场的份额。同时也会加快在落后国家的基础设施建设。

### (二）借鉴启示

辉瑞公司作为医药行业排名前十的企业，其区位扩张的经验对企业制定区位策略具有重要的借鉴意义，主要体现在以下几点。

1. 注重创新，使得创新研发成为企业扩张的动力。由于制药行业是一个技术高度密集的产业，因此，加强研发投入，开发创新产品，针对不同市场推出有效、安全、有针对性的药品是重要的环节。综合辉瑞的区位可以看出，企业十分重视研发的区位选择。同时研发力量加上收购来的外部研发实力，有机会推动辉瑞成为大型制药公司中增长最快的企业。

2. 扩张视野开拓，并不局限于某一区域。辉瑞的战略布局从美国开始，在欧美等国站稳脚跟的同时，看到了发展中国家的巨大市场，并逐渐转移重点，将扩张范围扩大。同时也由于欧美经济复苏步履蹒跚，活跃的新兴市场成为各大国际制药巨头的利润增长点。因此，对于辉瑞而言，企业未来的增长点大部分会来源于这些新兴国家。所以，在迈向成为制药巨头的过程中，辉瑞会更加注重在发展中国家的市场。

3. 针对性强，对每一扩张区域都是相对应的战略性政策。如在欧洲等经济发达的国家和地区，辉瑞的布局从销售开始。但针对亚洲、非洲等经济相对落后的地区来说，辉瑞的布局重点由基础设施开始，而且由于这些地区劳动力相对廉价，辉瑞的扩张重点也是通过建厂等方法。

# 第三节　强生区位战略研究

## 一、公司概况

### （一）公司简介

美国强生公司成立于 1886 年，是世界上规模最大，产品多元化的医疗卫生保健品及消费者护理产品公司。产品畅销于 175 个国家和地区，生产及销售产品涉及护理产品、医药产品和医疗器材及诊断产品市场等多个领域。

强生作为一家国际性大型企业，在全球 57 个国家建立了 230 多家分公司，拥有 116 000 余名员工。旗下拥有强生婴儿、露得清、可伶可俐、娇爽、邦迪、达克宁、泰诺等众多知名品牌。其中，最为中国消费者熟悉的产品有：强生婴儿护理系列、邦迪创可贴、西安杨森制药、强生女性卫生用品系列、泰诺制药、强生抛弃型隐形眼镜等。自 20 世纪 80 年代初进入中国市场起，美国强生公司先后建立了 5 家独资、合资企业和办事处，总投资额近 2 亿美元。

### （二）公司市场表现

1. 盈利状况。强生公司近年来发展势头良好，盈利收入屡创新高。图 7-5 为 2010~2016 年强生公司的总收入以及利润。数据表明，2010~2014 年期间，其总收入以及利润都在小幅攀升，增长幅度达到 20%。尽管 2015 年随着强生内部调整，强生营业收入有下滑的趋势，但随着公司内部整改完成，其营业收入及利润会在 2016 年得以回升。

2. 公司主营业务。强生的主营业务包括三大部门：医疗器械及诊断、制药和消费者健康护理。其中，医疗器械及诊断业务涵盖缝合材料、内窥镜、心血管支架产品、人造膝关节和髋关节、血糖测量仪、隐形眼镜等。制药业务包括了消化系统治疗、敏感及流行性/非流行性感冒、癌症治疗、皮肤症状治疗以及神经方面的药品。消费者健康护理包含婴儿产品、护肤品、口腔清洁产品和其他的卫生产品。在三大业务中，虽然强生公司最为消费者所熟悉的是消费

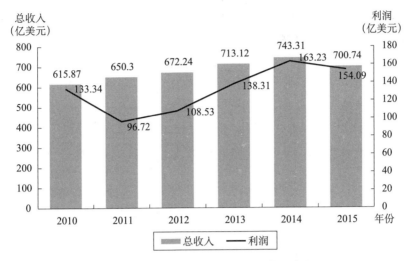

**图 7 - 5　2010 ~ 2015 年强生盈利状况变化**

资料来源：强生公司 2010 ~ 2015 年年报。

者健康护理类产品，但强生自身并不仅仅局限于该项业务，邦迪和婴儿洗发香波等知名产品只不过是强生公司的一小部分，在公司总业务中占比不超过1/3；而医疗器械与诊断设备业务是其规模最大的，包括心血管支架产品、ACCUVUE 隐形眼镜、人造膝关节和髋关节、Ethicon 缝合材料、内窥镜仪器和血糖测量仪，因此这块业务上面强生的产品种类相对广泛；同时，制药作为强生公司规模最大的业务，其业务中比重超过40%。其部门子公司医疗器械及诊断有 105 家、制药 105 家以及消费者健康护理 37 家。其比例分布如图 7 -6 所示。

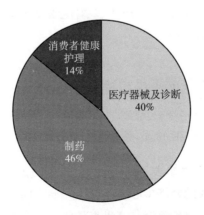

**图 7 - 6　强生主营收入业务分布**

资料来源：强生公司官网。

3. 行业排名。作为医药行业的巨头，强生一直处于医药行业最顶端的位置，在《财富》的全球 500 强的排名中，强生在 2013 年排第 132 名，2014年为第 121 名，在 2015 年为第 118 名。同时，作为全球最具综合性、业务分布最广的医药保健企业，在 2015 年公布的医药排名中，强生的营业收入与利润均名列第一（见图 7 - 7）。同时在 2016 年 6 月美国权威财经杂志《巴伦周刊》所发布全球最受尊崇企业排行榜，强生也跃居第一。可以看到强生不论是在消费者心中，还是行业内部人员心中，强生都是当之无愧的巨头企业。

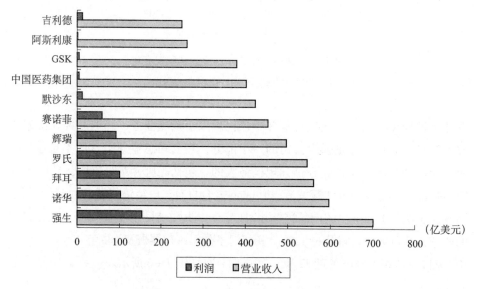

**图 7 - 7　2015 年医药行业公司排名**

资料来源：中国医药信息网。

## 二、强生区位扩张的历程和特征

### （一）强生区位扩张的主要历程

强生公司的扩张历程如表 7 - 7 所示。强生的扩张路径是由北美开始的，英国作为当时欧洲最大的经济中心，是强生开始走向世界的第一步，在此成立了第一个欧洲分公司，之后逐渐打开世界的版图，并在 1985 年进入我国。

表 7 - 7                    强生全球化扩张主要事件

| 年份 | 标志性事件 |
|------|-----------|
| 1886 | 强生兄弟创建公司 |
| 1919 | 加拿大第一家子公司成立 |
| 1924 | 英国成立第一家欧洲子公司 |
| 1926 ~ 1946 | 扩张到墨西哥、南非、澳大利亚、法国、比利时、爱尔兰、瑞士、阿根廷和巴西 |
| 1946 ~ 1966 | 扩张到津巴布韦、奥地利、瑞典、菲律宾、哥伦比亚、波多黎各、荷兰、印度、苏格兰、巴基斯坦、赞比亚、委内瑞拉、意大利、马来西亚和葡萄牙 |
| 1985 | 进入中国 |

资料来源：强生公司官网。

强生的扩张主要分为两个时期。

1. 全球扩张的萌芽时期（1919 ~ 1946 年）。强生扩张范围从北美开始，并逐渐打开欧美一些发达国家。英国作为当时欧洲最为发达繁荣的国家，强生子公司的成立，彰显了其开拓欧洲市场的野心。

2. 全球扩张的成熟时期（1946 年至今）。强生在发达国家的扩张有所发展后，开始了第二阶段的扩张。其重点发展了一些发展中国家，同时也扩大其在欧洲的版图。发展中国家的劳动力成本低廉、经济的不断腾飞以及各国消费者的需求逐渐增加，进一步巩固了强生的霸主地位。

### （二）强生区位扩张的主要特征

强生区位扩张主要是以海外扩张为主，扩张速度迅猛且成果明显。概括其特征主要有以下几点。

1. 立足美国本土以及欧洲，并不断拓展亚洲、非洲等发展中国家市场。强生公司在全球超过 60 个国家和地区中拥有了 265 家子公司，有将近 12.6 万名员工，其产品热销于 175 个国家和地区。其中，美国以及欧洲所占比例最高，接近了 80%。近年来，由于亚洲的市场份额逐渐加大，强生也继续扩大其销售版图，亚洲一些地方和国家也会逐渐成为其一个重点规划的领域。

2. 产销结合。医药行业产业链的上游为研发创新，下游为其销售服务。强生作为医药行业的领头羊，其完善的产业链为其全球化扩张带来了巨大的优势。强生将其研发基地都设在人才、高校聚集现象较为明显的地区，如上海、波士顿、加州、伦敦等地。同时，通过在这些区域扩张销售渠道，进一步打开市场。

3. 产品范围扩张与区位扩张相结合。强生作为一个以多元化为主的医药公司，其产品范围也在不断扩张中。根据 2014 年相关数据显示，强生公司的现金储备高达 140 亿美元。尽管其他公司开始收缩业务规模，但是强生却开始寻求进一步扩张其产品的经营规模。同时，作为一家医药公司，其制药领域与其他公司的差距并不大。因此，强生将会在更多国家及地区创立药厂来加大制药领域的优势。

## 三、强生区位扩张的主要模式及影响因素

### （一）强生区位扩张的主要模式

与大部分跨国企业一样，强生公司的扩张模式主要有以下几点。

1. 直接建厂。这一模式是强生打开除美国本土以外市场最直接有效的扩张模式。虽然受到资源、成本、人才等各方面的限制，但是由于其在资本、技术等方面的优势，决定了强生海外扩张战略以资本和技术输出为主。强生公司扩张之初先后在加拿大、西班牙等国家建厂。1988 年，强生在中国上海直接建厂，打开了在中国的市场（江燕，2015）。

2. 合资建厂。由于直接建厂受到资金以及政府管制等方面的约束，合资建厂是强生进入海外区域的第一选择。合资新建模式适应了多方面需求。如在中国市场，1985 年，强生公司与西安杨森制药有限公司合资建厂。此时，由于改革开放处于萌芽阶段，一个历史悠久的跨国企业合资建厂，增加了市场劳动力的需求以及政府的投资。

3. 兼并与收购。强生的大部分外国公司是通过并购而得到的。过去，公司增长主要来源是这些年中所展开的收购，它们收购的主要目标是那些正在积极开发有前景的新产品的小公司。在过去 20 多年时间内，强生共进行了 60 多次收购，总价值突破 300 亿美元。如今强生拥有的 260 多家公司，大部分是通过母公司直接并购或者由其子公司并购而来。这些并购案例，动辄上百亿美元，每一件都体现了强生对其全球战略的深思熟虑：2006 年，强生耗资 166 亿美元，收购辉瑞公司的消费品业务。通过此次收购，强生将其消费品业务占比从 18% 提升到 25%；2009 年，强生公司并购了 Cougar 生物科技公司来增强自身的研发实力。同年，又收购了荷兰 Crucell 生物科技公司 18% 的股份。Crucell 公司主要进行疫苗研发，这笔交易将为已有 120 多年历史的强生公司

提供一条新的产品线。2008 年 7 月 30 日，上海强生（中国）投资有限公司宣布完成收购北京大宝化妆品有限公司（赵平静，2008）。

4. 有效借助互联网技术。2000 年，强生成立了两家网络公司，分别是"电子强生"以及"电子强生门户"，这两家公司分别侧重于电子商务开发和服务。另外，强生公司还与其他公司合作成立了"全球卫生保健交流网"公司，该公司主要是为了提供全球卫生保健领域的服务和信息。同时，强生建立并有效利用 ECR（Efficient Customer Response，有效顾客反应）模式来实现供销之间的信息交互，ECR 通过对制造商、批发商和零售商之间信息交流的整合和共享，实现对商家的有效补货和对消费者需求的快速反应。将这些技术有效利用，使得强生进入新的市场有了更加便捷有效的手段。

### （二）强生区位扩张的因素

1. 市场因素。医药行业相比于其他行业发展时间短，因此市场前景较为广阔。如中国的市场潜力无限巨大，随着中国改革开放与加入 WTO，进入中国市场的门槛逐渐降低，并且中国市场具有足够的发展规模，很多有开发潜力的地区还未开发完全。同时一些国与国之间的贸易壁垒，包括关税与非关税壁垒都是开拓新市场所要考虑的问题。

2. 成本因素。医药行业的成本集中于研发以及品牌建设，而创造一个新品牌的成本极高。很多跨国公司拥有自己现有的品牌，并在新的市场收购一个已经成熟的本地品牌。强生公司在中国收购较为成熟的品牌大宝，进一步推广了其在中国的知名度以及市场份额。

3. 聚集因素。医药行业是一个极为依托高科技高技术的产业，因此需要大批量的高新技术人才以及强大的教育资源。因此强生公司倾向于将其研发机构等上游产业链环节扩张建立在经济发达、教育资源丰富的地区，如美国的波士顿等地。

4. 政策因素。强生公司作为外资公司，不同国家政府所针对外商投资企业的政策也会影响其战略。如我国早期中央政府的优惠政策，包括鼓励外商投资企业，给予设备免税进口，对外商投资企业实行两免三减半的企业所得税优惠政策等。1992 年，美国强生公司在中国成立首家独资企业，总部设在上海市闵行经济开发区。可以看出，这些政策均为强生在中国内地的扩张打好了基础。

## 四、强生价值链区位扩张分析

在强生多年来的经营和全球扩张的过程中，其所采用的都是以"美国模式"为导向的结构，即以知识和技术为导向，美国总部为各子公司提供技术，子公司为全球提供产品。强生的区位价值链互动模式如图7-8所示。具体我们将从研发、生产以及销售三个方面对强生价值链区位进行分析。

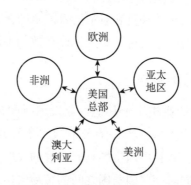

**图7-8 强生全球价值链互动模式**

资料来源：强生公司官网。

### (一) 研发创新

强生公司作为一个多元化的公司，其研发环节重点集中在制药领域，其研发公司名称为杨森有限公司，杨森公司的制药领域包括前列腺癌、精神分裂症、抑郁症、多发性骨髓瘤、类风湿性关节炎、强直性脊柱炎、炎症性肠病、偏头疼、注意力缺陷多动障碍、慢性便秘以及人类免疫缺陷综合征。遍布全球44个国家和地区，并且建立了超过150家的公司，以下是各大洲的国家分布。杨森公司大部分集中在欧洲各国。在北美仅在美国与加拿大有设杨森公司。而在亚洲，则在印度、日本、韩国和中国设有分公司。杨森公司全球机构分布如图7-9所示。

除此之外，强生公司有四个重要的创新中心分别位于加州、波士顿、上海以及伦敦。表7-8是这四个地区的区位分析状况。

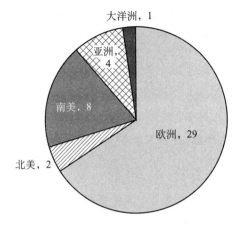

**图 7-9　杨森公司全球机构分布**

资料来源：强生公司官网。

表 7-8　　　　　　　　强生全球研发机构布局及区位分析一览

| 选址 | 概况 | 区位优势 |
|---|---|---|
| 加州 | 世界上生命科学创新最具活力的地区之一。加利福尼亚有超过 2 490 家公司，雇佣 267 000 名高技能人才 | 1. 高校依托。聚集世界知名大学，包括斯坦福大学、伯克利大学、加州理工学院、加利福尼亚大学输送了大量人才以及知识创新；<br>2. 民间研究机构聚集，如斯克里普斯研究所生物医学研究的桑福德伯翰研究所和索尔克研究所生物研究，给公司创新提供了活力以及动力；<br>3. 热门创业以及生命科学发展基地，给研究人员以及投资者搭建了良好的平台 |
| 波士顿 | 美国国家创新经济的重点区域。当地生物制药产业超过 500 家公司和 49 000 名员工 | 1. 高校依托，包括哈佛大学、麻省理工学院，输送了大量人才以及知识创新；<br>2. 国家高级学术和医学研究机构聚集，如布里格姆妇女医院、达纳法伯癌症研究所、马萨诸塞州里总医院；<br>3. 连接美国东海岸，包括芝加哥以及加拿大，将生物技术组织和风险投资有效联合起来 |
| 伦敦 | 作为世界上最强大和最有生产力的地区之一，有近 5 000 家公司，176 000 名从业人员，占世界市场销售额的 6% | 1. 医药聚集效应。牛津、剑桥和伦敦三角是英国最大的生物医药集群，有近 170 家医疗生物技术公司；<br>2. 政府支持。英国政府为英国生命科学的战略制定了措施，以支持生命科学产业和国家的地位，作为生命科学的全球枢纽；<br>3. 作为欧洲经济中心，连接了其他欧洲国家，持续推进了强生在欧洲的地位 |
| 上海 | 医疗保健和生命科学增长占全球市场的 5.6%，医疗价值超过 5 000 亿美元 | 1. 人口密集，科学界出现较大增长，并慢慢促进高质量高科学的员工队伍，扩大全球科学界的影响力；<br>2. 经济发展迅速，政府支持。中国政府大力支持生命科学和生物技术创新，生物技术已被宣布为七大新兴战略产业之一；<br>3. 吸引了包括澳大利亚、日本、马来西亚、新加坡和韩国的投资 |

资料来源：笔者根据资料绘制。

从财政的角度来说，公司研发预算的增长每年都超长 10%，这样大比例的投入研发预算使得强生成为在研发投入上费用最多的公司之一。2015 年第三季度的数据显示，强生的研发费用支出占销售收入的 12.6%，较上年同期增长了 14.5%。随着公司的财政收入节节攀升，以及成本的降低，强生的研发投入将会不断加大。

### （二）生产制造布局

强生公司的子公司中有 121 个生产部门，占地约 2 130 万平方米。其中生产部门共分为三个，分别是消费者个人健康护理、制药以及医疗器械。其占地面积分别为 694.2 万米、793.5 万米以及 691.9 万米。其中各地区的生产部门数量以及占地面积如图 7 – 10 所示。

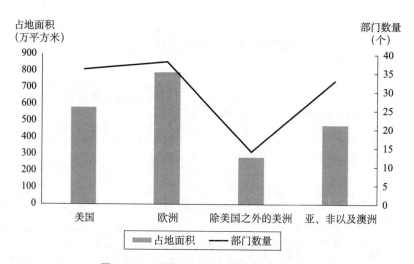

**图 7 – 10　强生公司 2015 年各地生产状况**

资料来源：强生公司 2015 年年报。

图 7 – 10 中数据显示，强生的生产制造布局大部分集中在美国以及欧洲，这两地的区位因素可以归为如下两点。

1. 地理因素，强生总部设在美国，其扩张自然以美国为中心由近及远，向南至美洲中部很容易扩散，而东、西两面分别隔着大西洋和太平洋与欧洲西部和东南亚相邻，将这些地区作为全球扩张市场能够减少运输成本，从而使强生产品在海外市场更有竞争力。

2. 需求面，这里涉及需求的相似性和需求规模。欧洲多发达国家，与美国收入水平接近，消费者之间的需求具有相似性，因此源于美国本土的强生产品能很快适应欧洲市场的需求，产品推广成功概率更大。

对于美洲以及亚洲，在这些新兴市场国家，需求旺盛，市场广阔，并且近年来由于其经济大幅增长，强生公司会更加重视这些市场。

由于非洲等地区一直处于经济发展缓慢、基础设施建设较为落后的情况，强生也在近年来投入大量资金用于改善非洲的医疗状况。2016 年 2 月，强生公司推出"创新思路"的呼吁，意在改善非洲地区的艾滋病传播状况，并投资 8 500 万美元分配给六大非洲重灾区。

（三）销售与服务

图 7 - 11 是强生公司 2013 ~ 2015 年各个地区的销售利润。图中数据显示，其销售利润大部分来自美国。美国作为强生公司总部，成本优势以及品牌效应都较为明显，并且有年年上升的趋势。除此之外的第二大区域来自欧洲，虽然在 2015 年销售利润有下降的趋势，但是其强大的技术优势以及在欧洲多年积累下来的口碑，相信在 2016 年销售利润会得以增加。在美洲、亚洲等一些新兴国家，强生的利润也有下降趋势。最主要的原因是在过去几年，强生一直陷入"致癌门"。这样的丑闻以及本土品牌的崛起，打击了强生在这些国家的销售份额，也挫伤了消费者的积极性。随着强生的战略性调整以及新的技术创新，强生公司会更加注重其产品质量以及创新出贴近消费者需求的商品。

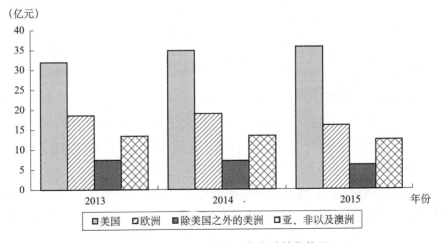

图 7 - 11　强生公司 2015 年各地销售状况

资料来源：强生公司 2015 年年报。

## 五、强生在中国

### （一）强生在中国的概况

强生从 1985 年进入中国市场后，便开始将中国作为它的战略重地，逐步增设营业公司，并开始扩大其产品的中国市场占有率。1985 年，强生公司在中国成立了第一家合资企业——西安杨森制药有限公司。随之先后成立了上海强生有限公司、强生（中国）有限公司、强生（中国）医疗器材有限公司和上海强生制药有限公司。随着业务的不断发展，今天强生在中国已有员工6 000 多名，生产领域广泛，包括消费品及个人护理产品、医药产品和医疗器材及诊断产品①，其扩张路径如表 7－9 所示。

表 7－9 　　　　　　　　　强生在中国的分公司一览

| 公司名称 | 成立年份 | 类型 |
| --- | --- | --- |
| 西安杨森制药有限公司 | 1985 | 合资 |
| 上海强生有限公司 | 1988 | 新建 |
| 强生（中国）有限公司 | 1992 | 独资 |
| 强生（中国）医疗器材有限公司 | 1994 | 独资 |
| 上海强生制药有限公司 | 1995 | 合资新建 |
| 强生（中国）投资有限公司 | 1998 | 新建 |
| 强生视力上海商贸有限公司 | 2006 | 新建 |
| 强生（苏州）医疗器材有限公司 | 2008 | 新建 |
| 北京大宝化妆品有限公司 | 2008 | 收购 |
| 上海嗳呵母婴用品国际贸易有限公司 | 2013 | 收购 |

资料来源：强生公司官网。

经过 30 多年的发展，强生已经拥有十家在华企业，在中国内地与香港共有 6 000 余名员工。同时，西安杨森制药有限公司在过去十年中，已经四次被评为"最佳合资企业"；强生公司荣获"2012～2013 可持续发展在中国"最佳案例奖。目前，强生是中国最大的外资制药有限公司，生产的吗丁啉、派瑞

---

① 强生公司官网。

松、达克宁等药品成为中国老百姓家中常备药，强生婴儿洗护用品更是家喻户晓。总之，强生在中国已具规模且发展势头较为良好。

追溯强生在中国的发展历史可以发现，强生公司从早期的只是简单从事药物制造和代加工的工作，逐步转向业务多元，同时也涵盖了强生的三大业务板块。另外，强生在苏州所建立的最大的生产基地，不仅使得中国扮演了强生公司的最大国际生产机器的角色，同时，强生也在不断加强合作研究方式，以利用中国的科学技术资源，使中国在强生公司战略中角色发生了一定的转变。此外，通过对大宝集团的收购，强生扩大了其在中国市场的深度和广度，以能够进一步在中国医药市场上占领主导地位。

然而，从另外一个方面来看，强生是一个多元化的企业，强生中国和全球一样，表现更好的是其消费领域和个人护理领域产品以及婴幼儿护理方面。然而近年来，强生在中国屡次被曝光质量丑闻，且由于国产的一些品牌，如青蛙王子、宝宝金水等的崛起，强生在我国的销售也尽显疲态。因此，如何把握品牌效应，拓宽销售区位，进一步巩固一个老牌品牌优势，是强生亟须解决的问题。

（二）价值链区位

综合以上信息可以看出强生在中国的区位优势主要有以下几点。

1. 总部位于上海，上海作为中国最为发达的地区之一，经济发达，教育资源丰富，人口密集，发展前景较为广阔。

2. 劳动力成本优势明显，并且大量劳动人口由内陆向东南沿海聚集，同时也吸引了大批外商投资。土地价格低廉，开拓建厂更加便捷。

3. 随着改革开放的深入，经济不断腾飞，人民群众的医药需求增加，使得中国逐渐成为医药市场的发展重点。

4. 具有较高的品牌技术优势，作为百年知名企业，消费者更加倾向于选择该品牌。

强生作为一家具有公益传统的百年跨国企业，多年来一直在全球各地以优质的产品、持续性的公益项目和志愿服务，支持那些帮助他人的人，积极改善全球家庭的健康和生活品质。目前，强生已成为全球最大的企业捐助者之一，仅在 2013 年，强生为 50 多个国家的近 600 个公益项目提供了近 10 亿美元的现金和产品支持。在进入中国市场以来，强生公司在持续不断推动着中国健康产业的发展。一方面，不仅为中国医药市场上的消费者提供优质的产品和服务；另一方面，还坚持积极融入社区发展，积极履行企业义务。2015 年是强生进入中国第 30 年，强生启动了以"因爱而生"为主题的 30 周年品牌传播活动，重申其对中国市场的坚定承诺。强生希望通过企业及其员工的身体力行，号召公众积极参与志愿服务，关爱那些需要关爱的人（丁香园，2013）。

强生公司的品牌标语为"百年呵护，因爱而生"。因此，未来的强生公司将建成全球分布范围最广同时也是最具综合性的健康护理产品制造企业以及健康服务的提供商。并且在强生公司未来的发展中，会把企业打造成为一个有社会责任感和充满爱心的跨国企业。强生未来要不仅仅影响中国乃至全世界的医疗和保健事业，更要影响人们生活的理念，影响人们的生活和态度，构建一个和谐、健康的地球。

## 六、总结与启发

### （一）结论观点

根据前文对强生区位扩张战略的细致分析和简要概括，本书得到以下几点结论。

1. 以"美国模式"为战略，即以美国作为中心区位并向其他国家扩张。美国作为强生总部所在地，其他地区的子公司都以中心为导向，并为中心服务。同时，在发达国家的扩张以知识技术扩张为主，在新兴国家以生产扩张为主。

2. 扩张模式多样化。建厂、兼并与收购是一般公司扩张的最基本模式。随着高新技术的发展，互联网也成为扩张的主流手段之一。强生通过这一系列的措施，打开了新的市场，也增加了自身的实力，增大了新市场的份额。

3. 创新区域多集中于科技发达的国家和地区。科技创新作为医药行业的核心环节，其重要性对于强生这样的龙头企业不言而喻，因此，强生投入大量的资金建立研发基地，并将基地坐落于科技发达的地区，这些地区提供了强大的人才及教育资源，推动了强生的企业创新。

4. 销售份额集中在发达国家并且新兴国家份额逐渐增长。强生作为百年老牌企业，在欧美的发展历史较为久远，因此，在欧美等发达国家市场较为成熟也更利于消费者接受。随着全球化经济的发展，其他新兴国家也逐渐成为强生的重点发展领域。

## （二）借鉴启示

强生公司作为全球医药行业排名第一的企业，其区位扩张的经验对企业制定区位策略具有重要的借鉴意义，尤其是对于我国企业，主要体现在以下几点。

1. 重视开拓全球化以及创新领域。毋庸置疑，强生的快速发展很大程度上有赖于美国与欧洲等成熟市场的贡献。强生在美国起家，在美国上市，是一家美国公司，这是强生在过去120多年里取得成功的重要因素。不过强生也意识到，如果在未来120年强生想要获得同样成功的话，需要更加重视外部创新和以中国为代表的新兴市场。如强生将亚太创新中心视为公司在亚太地区推进创新战略的核心机构，中心将充分利用其在区域内的科技与合作方面的实力，结合强生消费品及个人护理、制药、医疗器材三大业务领域，识别开发最有潜力的产品。强生能够在这一充满活力的创新系统中扮演催化剂的角色，使关键要素——政策支持、学术力量、制造实力、融资能力和人才有机融合在一起，将源自本地和亚太区域的创新推向全球市场。强生在这方面的工作将可以加速在制药、医疗器材、消费品及个人护理领域提供更有效的医疗保健解决方案。

2. 多元化发展战略。随着强生公司业务扩大化的趋势与公司自身的发展需要，自20世纪20年代开始强生陆续于欧洲、美洲、亚洲、非洲以及澳大利亚等地区相继成立国际性公司，并生产高品质的健康产品，不断地推动着全球的健康发展。与其他专注于处方药的跨国医药企业不同，强生旗下的业务可谓"全武行"，主要业务包括消费品和个人护理、制药、医疗器材三大领域。在业务如此多元的背景下，强生依然是保有世界最大、产品最多样的医疗器材公司、第六大生物技术公司和个人护理消费品公司及第五大制药公司的地位。

**参考文献**

［1］郭冬梅. 我国医药产业的区域集聚研究［D］. 沈阳药科大学，2012.

［2］尹宝坤，陈玉文，黄伟. 我国生物医药产业园区发展现状及模式探讨［J］. 亚太传统医药，2010，06（10）：1－3.

［3］于丽英. 我国生物医药产业的集聚态势及其效应的实证分析［J］. 工业技术经济，2009，28（9）：72－76.

［4］王家庭. 产业区域集聚测度：基于我国生物医药产业的实证研究［J］. 创新，2012，6（5）：37－41.

［5］刘光东，丁洁，武博．基于全球价值链的我国高新技术产业集群升级研究——以生物医药产业集群为例［J］．软科学，2011，25（3）：36－41.

［6］文淑美．全球生物制药产业发展态势［J］．中国生物工程，2006，26（1）：92－96.

［7］辉瑞公司．美国辉瑞公司2010~2015年年度报告［R］．2016.

［8］辉瑞．辉瑞公司官网［EB/OL］．http：//www. pfizer. com. cn/.

［9］红梅．辉瑞频繁出手　破解研发困境［J］．创新科技.2011（1）：46－47.

［10］王健聪．生物医药产业发展规律与政策研究——基于产业经济的视角［D］．华中师范大学.2011.

［11］袁跃．辉瑞的三板斧［J］．首席财务官.2012（3）：39－42.

［12］龚立旦，孙艳香．关系营销在辉瑞公司的应用研究［J］．中国市场，2015（44）：25－26.

［13］曾铮．中国医药产业发展概况及其趋势研究［J］．经济研究参考，2016（6）.

［14］刘琳．仿制药时代：最好与最坏［J］．新民周刊.2012（10）.

［15］王英晓，许燚，胡娟娟，陈昕，龚时薇．国内外生物制药产业发展的现状分析.2013年中国药学会药事管理专业委员会年会暨"医药安全与科学发展"学术论坛论文集（上册）.2013（8）.

［16］强生．美国强生公司2010~2015年年度报告［R］．2016.

［17］强生公司官网http：//www. jnj. com. cn/.

［18］江燕．美国强生（中国）公司营销战略研究［D］．西南交通大学，2015.

［19］赵平静．强生全资控股，大宝能否天天见？［J］．中国新技术新产品，2008（13）：89－89.

［20］丁香园．强生的最大竞争者是疾病本身_丁香园－中国医疗领域的连接者［EB/OL］http：//ebd. dxy. cn/industry/people/jnjcnceo.

［21］周伟．基于差异化的企业战略转型路径研究［J］．当代经济管理，2007，29（3）：25－29.

# 后　记

　　写作本书的构想由来已久。早在 2009 年入职暨南大学产业经济研究院之时，时任院长朱卫平教授指定我担任区域经济学的任课教师。他希望我对课程内容的设计做适度的改进，以便更符合产业经济学专业研究生的培养目标。的确，我们一直希望研究生三年在读期间能够盯住一两个产业和两三个企业进行跟踪研究，进而能够结合特定产业及其代表性企业更好地理解产业经济学的理论体系和方法论。经济活动的空间布局是产业经济学和区域经济学研究的交叉领域。这一领域涉及特定的理论框架和研究方法。为此，从 2011 年开始，我在课程内容中增加了"中国制造业区位发展研究报告"这一部分，共计 12 个课时。

　　这一课程内容涉及两项重要的前提工作：其一，筛选代表性的行业和企业。根据中国制造业发展的实际情况，我挑选了电子信息、纺织服装、家用电器、石油化工、汽车制造和生物医药等 6 大行业，覆盖传统优势产业、先进制造业、高技术制造业。每个行业挑选了 2～3 家海外的跨国公司和 3～4 家国内的跨国公司。这些企业均为上市公司，因此，研究所需的数据是非常充分的。其二，确定研究方法和设计研究框架。结合重点文献，我首先给学生们讲授了行业和企业区位研究的重要理论和方法。在解析特定行业的价值链结构的基础上，企业区位战略的研究是关键内容，包括公司概况介绍、区位扩张历程与特征、区位扩张模式及影响因素、价值链区位扩张过程。若是海外的跨国公司，则要分析其在中国的价值链布局；若是中国的跨国公司，则要分析其在海外的价值链扩张。

　　除了 2013 年因我去美国访学耽误之外，截至 2016 年 6 月，这项课程内容累计开展了四次。每届学生均组成 6 个研究团队，独立开展研究工作。大家都非常认真，投入了许多精力。在研究内容、数据更新、研究方法、研究深度等方面，每一届研究生都有新的突破。大家学习和研究效果非常好！每一次课堂

PPT 汇报总是让我感到惊喜。也正因为此，我一直想着要把课程研究转化为书稿。所以，本书的出版首先要感谢这些可爱的学生们！

尽管学生们积累了很多很好的研究资料，但要形成书稿仍然需要耗费大量的时间和精力，事实上，所有的研究工作基本上都要从头开始。由于时间和经费所限，我一直没有启动写作工作。

幸运的是，产业经济研究院院长顾乃华教授在 2015 年年底正式启动了"产业转型升级丛书"的编撰计划。本书的研究工作也是胡军校长承担的国家自然科学基金重点项目"推动经济发达地区产业转型升级的机制与政策研究（批准号：71333007）"的重要内容。的确，经济活动在空间层面的优化配置是产业转型升级的重要方向。另外，本书重点分析了企业的研发和创新等价值环节的选址问题，这项工作得益于我主持的国家自然科学面上项目"知识溢出影响创新地理的理论机制与实证研究（批准号：71673114）"的支持。正是由于这三方面的支持，本书的研究工作才能顺利完成。在此特别感谢！

此项研究工作于 2015 年年底正式启动，由我和我指导的研究生共同完成。此研究内容最终形成两本书稿。另一篇书稿聚焦于从行业层面讨论中国制造业空间演进与转型发展，而本篇书稿则聚焦于讨论公司层面的价值链区位选择行为。在本书写作过程中，首先由我撰写了第一章，分析了全球价值链分工影响企业区位战略的微观机制和宏观影响。然后，在六大行业的国际比较案例研究中，我指导的研究生参与了大量的研究工作，负责撰写了案例研究的初稿，并参与了部分修改工作。他们分别是李洪春、赵锦瑜、朱盼、田甜、刘莹、徐敏。他们的贡献分别标注在本书正文每章的脚注中。另外，李洪春还协助我完成了全书的形式整理工作。在此基础上，本书由我负责最后一轮修改和定稿。

在本书研究过程中，我指导的学生做出了重要贡献。他们投入了很多时间和精力，可喜的是，这项研究工作不仅大大锻炼了他们的研究能力，而且很好地培养了他们的团队合作精神。学生们是勤奋的，是聪明的，更是可爱的！特别感谢他们！愿我这些优秀的学生们均能学有所成！

陶锋

2017 年 8 月 18 日于暨南大学惠全楼